# 新・教職入門

改訂版

山﨑　準二
矢野　博之　［編著］

学文社

## 執筆者

| | | |
|---|---|---|
| ＊山﨑　準二 | 学習院大学教授 | ［序章・第4章・第14章第2節］ |
| 久冨　善之 | 一橋大学名誉教授 | ［第1章］ |
| 早坂めぐみ | 高千穂大学准教授 | ［第2章第1節］ |
| 山崎奈々絵 | 聖徳大学教授 | ［第2章第2節］ |
| 佐藤　千津 | 国際基督教大学教授 | ［第3章］ |
| ＊矢野　博之 | 大妻女子大学教授 | ［第5章・終章］ |
| 玉井　康之 | 北海道教育大学副学長 | ［第6章］ |
| 二宮　衆一 | 和歌山大学教授 | ［第7章］ |
| 久保富三夫 | 和歌山大学名誉教授 | ［第8章］ |
| 望月　耕太 | 神奈川大学助教 | ［第9章第1節］ |
| 川原　茂雄 | 札幌学院大学教授 | ［第9章第2節］ |
| 田中　正代 | 聖学院大学特任講師 | ［第9章第3節］ |
| 佐藤　良 | 東洋大学元非常勤講師 | ［第9章第4節］ |
| 町支　大祐 | 帝京大学大学院専任講師 | ［第9章第5節］ |
| 内海﨑貴子 | 白百合女子大学教授 | ［第10章］ |
| 榎本　淳子 | 東洋大学教授 | ［第11章］ |
| 三上　昭彦 | 明治大学元教授 | ［第12章］ |
| 勝野　正章 | 東京大学教授 | ［第13章］ |
| 町田　健一 | 国際基督教大学元教授・北陸学院大学前学長 | ［第14章第1節］ |

（執筆順，＊は編者）

# まえがき

　本書は，教師養成カリキュラムにおける教職必修科目「教職の意義等に関する科目」のテキストとして編集され刊行されたものである。同科目は，多くの大学・学部などで，教職をめざし学び続ける学生たちが教職課程履修の最初に受講する科目として設置されてきている。本書の前身書ともいえる『教職入門』(柴田義松・山﨑準二編，学文社，初版 2003 年) は，そのような重要な位置づけ科目のテキストとして編集・刊行され，幸い多くの科目担当教員や科目履修学生の皆さんによって活用されてきた。それから 10 年余りが経ち，教職に関する研究的蓄積は増し，また学校と教師をめぐる状況は大きな変化を迎えている。これらのことをふまえ本書『新・教職入門』は，同上書の後継書として，新たな内容構成と執筆陣によって編集・刊行されたものである。

　新世紀を迎えての，『教職入門』から『新・教職入門』までの 10 年余り，学校と教師をめぐる状況の変化，そして教師教育 (教師の養成・採用・研修の各段階を連続させ発達と力量形成を支え促す営み) の改革の動きが，熾烈かつ混迷ともいえる様相を呈してきている。その背景には，以下のような変動が徐々に大きなうねりとなり，学校と教師たちへ影響を及ぼしつつ存在している。

　その第 1 は，教師の人口動態 (世代の入れ替え) に伴う教師文化・教職意識の変動である。新世紀を迎えるころ，その数において最悪であった採用状況は，2005 年度ごろから，再び大きな変化が生まれはじめ好転してきている。主に都市部を中心とした比較的人口の多い地域に限定的な変化ではあるが，若い教師の採用増である。このことによって，学校現場では，世代の入れ替えが起こりはじめており，それは単に平均年齢を押し下げるだけではなく，教師集団全体が有する教師文化・教職意識の大きな変容をも意味している。

　第 2 は，子どもとその保護者の生活実態・意識の変化と多様化の進行である。

そして，それらの変化と多様化の直接的反映として学校や教師に新たな困難な課題が次々ともたらされ，これまで培ってきた教育の考え方や指導の仕方では即座に対応できない状況を生み出している。学校や教師に対しては，社会から，期待の裏返しとしての厳しい批判も突きつけられ，その批判への対応として，学校教育改革が急ピッチで進められることになった。しかし，その新しい改革課題の遂行がさらにまた学校や教師を多忙化へと追い込んできている。

第3は，以上のような事態の進行とともに，1980年代以降，生涯研修体系の一環として整備された各種研修プログラムや研究指定校制度によって促された学校の共同研究活動など，教育行政によって公認化制度化されたフォーマルな取り組みは花盛りとなったが，その一方で，職場の多忙化，同僚性関係の希薄化，自主的研究諸活動の衰退化などによって，日常の教職生活のなかに在って教師たちの発達と力量形成を支え促してきたインフォーマルな"発達サポート機能"の形骸化が進行してきている。

そしてもう1つ，大きな出来事とそれによる変化が，私たちにもたらされている。あの2011年3月11日，日本社会のあり方と私たち一人ひとりの生き方さえも変えるほどの衝撃をもたらした東日本大震災とそれがもたらした社会全体にわたる変化である。地震と津波，さらには原発事故という三重苦を伴う天災であり人災でもある複合的な震災は，人々の苦しみと影響の広がりという点において，今もなお現在進行形という姿を取りながら，日本社会全体のあり方の，そしてそれは当然，大きな物的人的被害を受けた教育界にとっても，これからの学校と教師のあり方の再考を，鋭く私たちに迫るものとなっている。

本書が，教師教育の営みにたずさわっている教育関係者の方々，教職を希望し勉学に励んでいる学生の方々，さらには日々の教育活動に情熱的献身的に邁進している学校教師の方々に，広く読まれ，活用され，そして多くの批評を受けることによってさらにいっそう充実した内容となっていくことを願っている。

2014年3月

編著者　山﨑準二・矢野博之

# 改訂版刊行にあたって

　初版刊行から6年が経ち，ここまで多くの方々の学習に活用していただくことができた。その間，教育職員免許法・同施行規則や教職課程認定基準等の改正（2017年），学習指導要領の改訂（2017・2018年），さらにはそれらの変更をふまえた各大学などにおける教職課程の再課程認定と新教職課程での養成教育の実施（2019年）などがあった。さらには，長時間過密労働ともいえる教職の「働き方改革」政策に関して，「公立の義務教育諸学校等の教育職員の給与等に関する特別措置法」の改正（2019年）が行われ，教職においてはさまざまな問題点が指摘されながらも，いわゆる「一年単位の変形労働時間制」の適用などが実施可能となった。今回の改訂版刊行にあたっては，それら一連の動向をふまえ，内容的に大幅な加筆修正を行った。本書がさらに一層多くの方々の学習に活用されるよう願っている。

　2020年3月

編者　　山﨑準二・矢野博之

# 目　　次

# 序 章 今日の教育課題と教師

## 第1節 教職の成立

　古くは，古代ギリシア時代にソクラテス（Socrates, 前469-前399）が，青年たちに向かい「無知の知」を説き（「問答法」），青年たち自身が自ら真理を産み出すために産婆役を担って（「産婆術」）いたこと，その弟子プラトン（Platon, 前427-前347）は，「アカデメイア」学園を創設し，哲学を基礎とした人間教育にたずさわっていたことは，教職と学校（大学）の起源ともいえる史実である。また，古代ギリシアやローマの時代，奴隷身分でありながらもその学識ゆえに支配者である貴族たちの子弟の家庭教師役を担っていた「パイダゴーゴス（教僕，paidagogos）」という者たちが存在したこと，そしてその名称が「ペダゴーグ（教育者・教師，Pädagoge）」や「ペダゴーギク（教育学，Pädagogik）」の語源であることも教育史上でしばしば語られる史実である。

　こうして発生した教職の原型は，中世ヨーロッパにおける「大学」の成立とその教師たちの登場へとつながっていく。たとえばアベラール（Abelard, P., 1079-1142）が開いた学園は，その哲学講義を求める学徒をヨーロッパ各地から集め，世界最古のユニバーシティの1つであるパリ大学の起源となった。19世紀に至り欧米では産業革命を経て一般庶民を対象とした近代的学校システムによる普通教育制度が成立・普及してくるとともに，そこで教える専門職としての学校教師の養成もまた組織的に行われるようになっていく。プロイセン・ドイツにおけるディースターヴェーク（Diesterweg, A., 1790-1866）のベルリン教師養成所（Lehrerseminar），アメリカにおけるマン（Mann, H., 1796-1859）のマサチューセッツ州レキシントン師範学校（normal school）が，その象徴的存在として成立・発展していった。日本においては，江戸時代に藩士の子弟のた

めの藩校（会津藩・日新館，水戸藩・弘道館，熊本藩・時習館など）や一般庶民の子弟のための寺子屋が存在したが，幕末期には各地に著名な私塾（吉田松陰・松下村塾，広瀬淡窓・咸宜園，緒方洪庵・適塾など）が生まれ，新しい時代を拓く人材育成の場となっていった。明治期に入り，近代的学校制度が成立するとともに，1872（明治5）年，東京に官立師範学校が設立され，米人スコット（Scott, M. M., 1843-1922）が招聘される。彼は，当時のニューヨーク州オスウィーゴー師範学校を中心として興隆していたペスタロッチ主義教授理論を導入し，その理論と実践は附属学校を通して全国の学校現場に普及していった。

　今日，日本に限っても就学前・初等・中等教育段階での「学校教員」は，その数100万人余りにも及ぶ，巨大な職業集団を形成するに至っている。「教員」とは法律（教育職員免許法第2条）で定義された呼称であり，「教育職員」の略称である。「教諭」もまた法律（学校教育法第37条）で定義された呼称ではあるが，学校における校長・教頭などと並んで位置づけられている職階の1つである。「教師」という呼称は法律用語ではなく，いわば日常用語として使われているものである。「師」という漢字が「技芸の人」とか「人をさとしみちびく者」という意味を示しているように（諸橋轍次『大漢和辞典』大修館書店），専門的な知識・技能や人の模範となる資質能力を有して，子ども（大人も）を教え導くことが期待されている存在として意識され使用されているといえよう。

## 第2節　今日の教育課題─主に1990年代以降─

### （1）激動のなかでの「ゆとり教育」路線の推進と転換

　1990年代は，湾岸戦争，ソ連邦崩壊，バブル経済崩壊，阪神淡路大震災など，世界と日本を大きく揺さぶる出来事が続発した時期であった。日本の教育界は，1977年の学習指導要領改訂によって「現代化」教育から方向転換してきていたが，1989年の同改訂は，「生活科」の導入や「関心・意欲・態度」を強調した「新しい学力観」の採用など，いわゆる「ゆとり教育」路線を一層推進していくものであった。しかし，そのような「ゆとり教育」路線推進の一方

表 0.1　1990 年代以降の社会と教育界の歴史的推移

| 年 | ○社会動向 | ●教育動向 | ●社会的な教育事件 |
|---|---|---|---|
| | ○中国天安門事件，ベルリンの壁崩壊，昭和天皇死去('89) | | |
| | | ●学習指導要領改訂：「生活科」導入，「新しい学力観」('89) | |
| 1990(平成 2 ) | ○バブル経済崩壊始まる('90) | ●大学入試センター試験開始('90) | |
| | ○湾岸戦争，ソ連邦崩壊('91) | | |
| | ○非自民細川内閣誕生(55 体制崩壊)('93) | | ●山形マットいじめ殺人事件('93) |
| | | | ●大河内清輝君いじめ自殺事件('94) |
| 1995(平成 7 ) | ○阪神淡路大震災，地下鉄サリン事件('95) | | |
| | ○日本国憲法施行 50 周年('97) | | ●神戸児童連続殺傷事件('97) |
| | | ●学習指導要領改訂：「総合的な学習の時間」新設('98) | |
| | ○不況・企業倒産件数戦後最悪('98) | ●「学級崩壊」の広がり('98) | |
| | | ●就職氷河期，教員採用数減少・教員就職率底打ち('99) | |
| 2000(平成 12) | | ●PISA 国際教育調査開始('00) | |
| | ○9・11 米国同時多発テロ('01) | ●不登校児童生徒数ピーク(13 万 8722 人)('01) | |
| | | ●指導要録改訂：「絶対評価」採用('01) | |
| | | | ●大阪教育大学附属池田小学校事件('01) |
| | | ●文科大臣「学びのすすめ」アピール，完全学校週 5 日制実施('02) | |
| | ○イラク戦争('03) | | |
| | ○自衛隊イラク派遣('04) | ●学校運営協議会制度，国立大学法人化('04) | |
| 2005(平成 17) | ○「郵政民営化」総選挙('05) | ●教員採用状況好転('05) | |
| | | ●教育基本法「改正」，文科省委託「教員勤務実態調査」('06) | |
| | | | ●一連のいじめ自殺事件('06) |
| | ○団塊世代の大量退職開始('07) | ●全国学力・学習状況調査('07) | |
| | | ●教職大学院開設('08) | |
| | | ●学習指導要領改訂：「脱・ゆとり教育」「応用力活用力」('08-'09) | |
| | ○オバマ氏黒人初米国大統領誕生，日本では民主党政権誕生('09) | | |
| | | ●教員免許更新制導入('09) | |
| 2010(平成 22) | | ●「高校無償化」開始，「教職実践演習」導入('10) | |
| | ○「アラブの春」進行('11)　○3・11 東日本大震災('11) | | |
| | | | ●大津市「いじめ自殺」問題('11) |
| | | ●「教員養成 6 年制(修士レベル化)」案 | |
| | | ●中教審答申：「学び続ける教員像」('12) | |
| | | | ●ユニセフ発表「子どもの相対的貧困率」悪化('12) |
| | ○自民党政権復帰('12)， | | 厚労省調査：日本の同上率過去最悪 16.2% |
| | ●OECD「TALIS 国際教員指導環境 2013 調査」('13) | | |
| | ●「いじめ防止対策法」「子どもの貧困対策法」('13) | | |
| | ○特定秘密保護法成立('13) | ●憲法「改正」論議，「アベノミクス」('13) | |
| | | | ●部活・スポーツ界の「体罰」問題('13) |
| | ●集団的自衛権行使可能とする政府解釈変更('14) | | |
| | | | ●「過労死等防止対策推進法」('14) |
| 2015(平成 27) | ○安全保障関連 2 法案成立('15) | | |
| | | ●中教審 3 答申：「教員育成コミュニティ」「チーム学校」「学校と地域の連携・協働」('15) | |
| | ○「18 歳選挙権」法制化('15) | | |
| | | ●学習指導要領一部改訂告示「特別の教科・道徳」誕生('15) | |
| | | ●地方教育行政法改正：新教育委員会制度へ移行，文科省通知：「性同一性障害対応」問題('15) | |
| | ○米・トランプ大統領誕生，初の「過労死防止白書」閣議決定('16) | | |
| | | ●「教育機会確保法」公布，2016 年度教員勤務実態調査結果公表：2006 より勤務時間増加('16) | |
| | | ●学習指導要領改訂：「主体的・対話的で深い学び」('17-'18) | |
| | ●「森友学園」「加計学園」問題('17) | | ●「児童虐待」統計件数：27 年連続増加('17) |
| | ○史上初の米国・北朝鮮首脳会談('18) | | 「Society5.0」未来社会構想と「未来の教室」論議('18) |
| 2019(令和 1 ) | ○新天皇即位(新元号「令和」)('19) | | |
| | | ●OECD「TALIS 2018 調査」，「大学就学支援法」・「改正子ども・子育て支援法」成立('19) | |
| | | ●「教職給与特別法」一部改正(「一年単位の変形労働時間制」適用)('19) | |

で，受験競争は次第にエスカレートしていき，そのストレスも一因としての「いじめ」「不登校」などの現象が顕著になってくる。また，それらを原因とした児童・生徒の自殺事件も相次ぎ，1980年代初頭に外側（学校や教師）に向かって爆発した児童・生徒のストレスは，「管理教育」によって力で押さえ込まれた結果，1990年代には内側（自分より弱い者や自分自身）へと向かうことになった。1998年に学校5日制に対応した学習指導要領改訂が行われるが，「生きる力」の育成を掲げ，学習内容の3割削減，授業時間数の削減，さらには「総合的な学習の時間」創設や「中学校選択教科」の時間数・内容拡大など，「ゆとり教育」路線を一層推進するものであった。しかしその路線は，すぐに方向修正・転換されることになっていく。

（2）混迷のなかでの教育改革

　21世紀に入り，国外では9・11米国同時多発テロ事件やイラク戦争の勃発，国内では不況・大型倒産，耐震偽装，年金記録問題など，不安と混迷の度を深める出来事が続発していった。教育界では，児童・生徒指導要録改訂（2001年）による成績評価法の転換（「五段階相対評価」から「目標に準拠した絶対評価」へ）や，「学力低下」論議の興隆から始まる「ゆとり教育」路線の政策的転換が図られていく（2002年，文科大臣「学びのすすめ」アピール）ようになる。2006年12月の教育基本法「改正」に伴い，学校教育法も「一部改正」（2007年）され，「伝統と文化を尊重する」「我が国と郷土を愛する」ことなどが教育目標として導入・強調された。それらを受けての学習指導要領改訂（2008，2009年）では，上記目標内容が各教科内容にまで色濃く反映されたものになるとともに，授業時間数と学習内容量の増加に象徴されるように，約40年にわたって推進されてきた「ゆとり教育」路線からの転換が現実のものとなった。加えて，OECDによって2000年に始められた（以後3年ごとに実施）新たな国際的教育調査（「生徒の学習到達度調査：PISA」）で提起された「21世紀型学力」とも称される「リテラシー」概念は，基礎基本の習得とともに，「応用力活用力」としてその育成が強調され，約40年ぶりに復活した「全国学力・学習状況調査（全国一斉学力テスト）」においても取り入れられるに至った。入学希

望者数が入学定員数を下回る「大学全入時代」が到来した（2007 年ごろ）とい
われるなかで，社会格差に連動した学力格差（2極化）も進行してきている。

（3）教師教育改革の模索

　新世紀を迎えてからの 10 年余り，教育界に押し寄せてきている大きな変動
（「まえがき」参照）は，子ども・家庭と教師・学校をめぐる諸問題の法制度化
を伴った新たな仕組みづくりをもたらしてきている。

　「開かれた学校づくり」をめざす一環として，保護者や地域の人々が学校運
営に参加していく仕組みとしての「学校運営協議会制度」（2004 年）が生まれ
た。しかし，2011 年 10 月に起きた中 2 男子「大津いじめ自殺事件」は，いま
だ続く学校と教育委員会の隠ぺい体質に対する社会的批判を高めることになっ
た。同時に，それを契機として，厳罰主義的・道徳主義的な問題点を含みなが
らも，いじめを人権侵害と規定し，その未然防止と早期対応を図る「いじめ防
止対策推進法」（2013 年）が生み出されることにもなった。

　新自由主義的政策下での規制緩和は，社会格差の拡大と雇用の不安定化をも
たらしたが，それは子ども・親と教師の生活にも大きな影響を与えてきている。
ユニセフが発表（2012 年）した日本の「子ども（18 歳未満）の貧困率」は先進
35 カ国中ワースト 9 位（14.9％）にまで悪化してきている。そのなかで，2010
年「高校無償化：公立高校授業料無償化と私立高校生への就学支援金制度」が
実現する（これは経済的社会的および文化的権利に関する国際 A 規約 13 条の中等
教育・高等教育への無償教育の漸進的導入規定に適うものであるが，2013 年所得制
限が導入され後退），また「子どもの将来がその生まれ育った環境によって左右
されることのない社会を実現する」（第 2 条）との基本理念を掲げた「子ども
の貧困対策に関する法律」が成立（2013 年）するなどの前進が得られた。しか
し依然，日本の公財政教育支出の対 GDP 比は低く，とりわけ高等教育段階で
は OECD 平均を下回ったままであり，私費負担の割合は高く，家庭の経済的
格差が教育の機会均等原則を実質的に崩してきている。

　2006 年に実施された文科省委託の「教員勤務実態調査」結果は，労働時間
の長さと労働密度の高さの実態をあらわにするものとなった。在職者に占める

病気休職者とそのうちの精神疾患を理由とする者の占める割合が高水準であることに象徴されるように，教師の心身の健康が脅かされるまでになっている。同時に，非正規教員の増加（公立小中学校で 11.2 万人，全体の 16.0%，2011 年度）や一部私学での派遣・請負の導入などによって，教育の質保証や専門職としての教員の身分保障・権利保障などに関する新たな問題が生まれてきている。

　こうした現状のなかで，教師の養成と研修に関する制度改革もまた急速に進行してきている。教員養成の「高度化」と「実践的指導力」育成をキーワードとしながら，教職大学院の開設（2008 年度），教員免許更新制の導入（2009 年度），養成カリキュラム科目「教職実践演習」の導入（2010 年度），そして「教員養成 6 年制（修士レベル化）案」や「教師インターン制案」なども提起されてきている。養成教育段階における「学校参加体験」の導入・普及，教育委員会などが主催する学生を対象とした「教師塾」の誕生・普及が進み，現職教育段階では「優秀教員表彰」制度と「指導不適切教員」制度を含む「教員評価」制度による管理体制もまた強化されてきている。

　「3.11 東日本大震災」を受けて，国は「学校防災マニュアル（地震・津波災害）」の作成（2012 年 3 月）や「学校安全の推進に関する計画」の策定を行ったが，そこでは，大震災の教訓をふまえた今後の防災教育について，児童・生徒の「主体的に行動する態度」の育成と「支援者としての視点」での指導の充実が強調されている。これまで安全神話に囚われてきた「原発・放射能」教育の見直しとともに，今後の重要な教育課題として再認識されてきている。

　以上のような教職の成立と現状の諸課題をふまえ，今後の学校と教師のあり方を考察し，そのなかでの自らの教師としての発達と力量形成のあり様を展望し，そのための学習と経験の計画を構想していくことが必要である。その際に，視野を広く世界の教師教育政策の現状と課題にまで広げ，かつ日本国憲法・教育基本法等国内法や ILO・ユネスコなど国際的勧告・人権規約にうたわれた教職の原理原則に立ち戻りつつ，行うことが不可欠である。以下，各章での論究を参照し学習を進展させ，上記の考察・展望・構想の作業遂行を願っている。

# 第1章　教師の文化と専門性

## 第1節　教師という存在の社会的特性

（1）近代学校に「教える人」として大量に雇用されて

　古代ギリシアのソクラテス，中世パリ大学のアベラール，幕末日本の「私塾」教師たちに名を残した人々がいる。しかし本書のテーマは，そういう教師ではない。市民革命と産業革命を経て成立した近代国民国家で，国家の担い手・働き手を育てる制度として19世紀に登場，20世紀に確立した「近代学校」の教師である。その基礎段階は，社会に生まれた子どもたち皆が通うという意味で「皆学制」がとられた。今日「教師」とイメージするのは，「近代学校制度」に「子どもたちを教える人＝教師」として大量に雇用された人たちである。

（2）教師層の人数の多さと，それがもたらしたもの

　近代学校の教師たちは「人数が多い」という特徴がある。どの社会でも，少子化が進行しても，全体とすればやはり子どもの数は多い。その何人・何十人かに一人の割合で，教師を雇用すると，社会全体の教師数は，どこでも多くなる。

　初等・中等教育学校（国・公・私立）の本務教員数は，戦後日本当初50万人から「子ども数増」「高校進学率上昇」「学級定員上限改善」などによって増加を続け，1990年前後に100万人を超えた。その後の少子化と学級定員上限の改善停止政策から頭打ちとなっており，学校基本調査では近年100万人弱である。公的専門免許が必要な職業は多いが，人数では学校教師と看護師が，近代社会の双璧である。人数的な多さはいくつかの特性を伴っている。

① 教員の継続的養成の必要

　必要な教員数を確保するため，学校教員の継続的養成が，近代学校制度に必須課題となる。戦前日本では「師範学校」という教員養成専門の学校体制が先進諸国に比べても充実して確立され，日本では男性を教師職業に惹きつけ，男性教師比率が今日でも世界的にみて高いことにつながっている[1]。

② 人数の多さが処遇の低さを誘発

　教師の数が社会的に多いことは，雇用する側で，教師たちに第一級の賃金を払う処遇を与えることがむずかしいという制約につながる。その結果，学校教師にはほかの知的専門職業（たとえば「医師」や「法曹」）に比べて相対的に低い給与水準を押しつけている。戦後改革を通じて日本の教師身分は，戦前よりも格段に改善・安定はしたが，1990年代以降に進んだ「教員制度改革」でその不安定化が進んでいることは，残念ながら事実である。


## 第2節　教師の「教える」仕事に特有のむずかしさ

　給与が相対的に低いことは，その仕事がそれだけ「容易である」ことを意味しない。人間の「教える」行為は日常生活で簡単に実現する場合（子どもに靴の着脱を教えるなど）もあるが，近代学校で教師が子どもたちを教えるには，以下のような特有のむずかしさが伴う。

① 学校という間接的文脈で「教える」むずかしさ

　学校では世の中に存在するあまたの諸知識・規範・価値のなかから「これこそ次の時代を生きる子どもたちに身につけてほしい」ものが選ばれ，それらを教えるのにふさわしいかたちに再配置して教える活動が行われる。ここでは，知識が元来生産される文脈や，また生活・労働のなかで生かされる文脈から切り離された場で教えることになる。そのぶん「伝達・獲得」の順序・過程・手段などを工夫・計画することは可能だが，間接性のために「なぜそれをいま学ぶ必要があるのか」「それが何の役に立つのか」が学習者に理解されづらいのである。この意味での間接文脈で教える行為を進めるというむずかしさがある。

② 学校の学習が好きだとは限らない子どもたちもいるなかで教える

　教えるという行為は教える側がよくわかっていても，学ぶ側が獲得しなければ，教えは実現しない。つまり相手頼みのむずかしさをはらみ，準備・計画しても，その時どきの学ぶ側の反応によって，やり方を柔軟に変え即興で「教える」行為を進める必要がある。近代学校の学習者には，その社会に生まれたある年齢の子どもたちが意思・意欲にかかわらずみな集められる。子どもたちが好んでいるとは限らない内容や課題へ向け，知的に集中してもらって，学習・獲得を達成させるのだから，教師たちはほとんど「至難の技」に毎日・毎時間取り組んでいるともいえる。

③「集団規律を確保する課題」がそこに前提として重なる

　すべての子どもたちに学校教育を保障する公的条件には，その社会に応じた一定の制限があるため，1人の教師あたり，1教室あたりの子ども数がどうしても多くなる。そのため，上の「至難の技」には，いちどきに担当する子ども数が多いという条件が加わる。そこではまた「伝達・獲得」への工夫だけでなく，「好きとは限らない課題へ集中する」前提として，子どもたちの「集団規律（discipline）」を維持・確保するというむずかしい課題とその工夫が重なっている。「生徒が騒いで授業にならない」という事態は避けたいのである。

④ 仕事の成果と教師としての力量を明示しづらい

　教師の仕事には，結果として何が達成されたのかが見えづらい面がある。客観テストや子どもの姿を通じて，教師は評価判断を行って次の手も打つだろう。しかし客観テストの結果だけが，教育の成果全体ではないし，そのとき成果と見えたものが，のちに弱点となっているかもしれない。逆に今は見えなくとものちに成果として現れるかもしれない。つまり，教える仕事の成果・達成は，明確には測りがたい面がある。それは，教師たちが「自分が仕事を遂行する上でこれだけの力量がある」ということを，他者にも自己にも明示することがむずかしいという悩みと表裏一体である。教師が生徒たちに課す授業中の発問や指名にしても，宿題にしても，市民社会の人間関係やコミュニケーションからすれば「押しつけがましい」ことが多いので，教師の側に「教える者としての

一定の自信」が，また子ども・保護者側に「教えるにふさわしい人という一定の信頼」がなければ，①〜③の課題を乗り切るのがより困難になる面がある。つまり成果や力量が示しづらいのに，そこである程度の自信と信頼が必要だという循環的矛盾をかかえたむずかしさが，そこにあるのである。

## 第3節　教員文化が形成され，それが支える

### （1）教師の仕事のむずかしさを乗り切る「教員文化」の形成と継承

　教師の仕事がむずかしいばかりでどうにもならないならば，それは職業として成り立たないだろう。歴史的事実として，学校教師は立派に専門職業として成立し，その後継希望者も続いている。だとすれば，困難や課題があっても，なんとかそれらを「乗り切る」そういう道も開かれたにちがいない。

　それは，ある困難をうまく解決した偶然の経験だったかもしれない。課題をなんとか克服しようとして絞り出された知恵・工夫だったかもしれない。学校教員層がそうやって集団的に蓄積した「行動様式とものごとへの意味づけ」は「教員文化」と呼ばれる[2]。そういう「教員文化」の具体例をあげてみよう。

　①「せんせい」という呼称の統一的使用

　教師同士お互いを「せんせい」と呼び合う慣習がある。相手が新米教師でも，校長もベテランも「せんせい」「○○せんせい」の尊称で呼ぶ。それは，教師間の呼び方で「層としての教師が，学校では尊敬すべき存在であること」を象徴化し，教師存在とその仕事に必要な「信頼と権威」を他層（子ども，親，住民）にも見えるように提示している教員文化の姿であると考えられる。

　②「献身的教師像」の形成と教職倫理としての内面化

　大正時代には，教師殉職事件顕彰ブームがあり，それを通じて「担任する子どものためには命も捨てるのが教師という人たち」という「教師像の聖化」がなされたとされている[3]。教師層もその像を内面に受け入れ，それは以後一世紀近くの間，日本の教職倫理の支えとなってきた[4]。あらかじめ教師を「像が語るような存在」として子どもや親・地域が眼差してくれるならば，「教師に

対する信頼と権威」の確保にとって，それは大きな助けになったにちがいない。

③ 感情共同体としての学級と「教え子」主義

明治末期に誕生したとされる「教え子主義[5]」は，教師がその担任する子どもたちを自分の「教え子」ととらえ，呼び慣わし「教育愛」をもって接して，かれらが必要とすることに応えようという教師の行動原理である。それはまた，「一人の担任教師と数十人の子どもたち」で形成される"school class"を「学級共同体」としてとらえるような「学級づくり」の姿でもあった。

**（2）教員文化が子ども・親・住民に浸透すれば「学校文化」に**

たとえば上記3点は「教員文化」が学校という制度に集う人々（子ども，親，住民など）と接触する面の姿であるが，他層に受け入れられれば，かれらもまた「せんせい」「○○せんせい」と呼び，「献身教師像」や「学級共同体」像を共有することになる。そうすると「学校の当たり前」とされる行動様式と意味づけ（＝学校文化）は，たとえば「満6歳になれば，学校に通う」「生徒は，学校がある日には毎朝決まった時間までに登校する」と並んで，教員文化と他層との接触面3点も共有の「学校文化」となり，また「学校では，生徒は教師の指示に従うのが当たり前」もその一部となるのである。

この当たり前（＝学校文化）が安定すれば，あの「至難の技」に毎日・毎時間取り組む教師たちには，大きな助け・支えを得たにちがいない。

もちろんすべての教師がその他層との接触面で形成・定着した「像」のような教師であったかは疑わしい。しかし「像（conception）」は互いのコミュニケーションを枠づけるので，それを下敷きとして教師たちは，「尊敬に値する人々」として子ども・親・地域住民の前に存在できたのである。そうした作用が有効なときは，教師層の「黄金期」ともいえるのである。


## 第4節　教師の専門性の文脈的性格，今日的困難，再確立への道

**（1）教師像の共有関係からその崩れへ**

教室と学校での関係・活動は，その毎時間・毎日・毎学期，毎年の繰り返し

を通して，またその関係・活動が，子どもにも親にもなんらか意味あるものとして感じられる学校体験の繰り返しを通して，「当たり前」として定着しただろう。「教師像」のこうした共同形成とその共有関係は，制度としての学校が地域に定着し，子ども・親・住民にその存在を認められて「地域の子どもが通う学校」「教師・学校が存在する地域」となることを意味する。それが，あの教える仕事の困難の乗り切りを支えてきたといえよう。

　しかし，どんな「黄金期」もいつまでもは続かない。学校制度と教師存在（＝信頼に値する教育の専門家）へのそのような信頼関係は，1970〜90年代の時期から「教師の不祥事」や「いじめ自殺事件」頻発などを通して急速に弱まっている。たとえば「献身的教師像」は，教師たちの自己意識や社会の「教師理念像」としては残存しているが，いま現実の教師たちを「像が語るような存在」と無前提に眼差してくれる子どもや親は少ないだろう。その意味では，教師の信頼と権威を支えるような文化の共有関係は大きく後退している。第2節で述べた教える仕事のむずかしさは，いまや個々の教師や個々の学校の上に直接降りかかる困難になっている。

## （2）教師たちをおそう超多忙と改善策

　2000年代に入ってから枚挙にいとまがないほどの数の「日本の公立小・中・高の教師たちが著しい長時間過密労働の状況に置かれている」という調査結果が民間や組合，研究者グループから，また文部科学省の調査でも繰り返し示され，さらにOECDのTALIS調査では諸外国にないほどと指摘された。

　その事態を改善しようとする「答申」や「指針・指示」などがこの間何度出されたか，すでに数え切れないほどだが，その結果何かが改善したという傾向は今日までみられない。

　教師がこれほど多忙のなかで疲弊していては，その教育活動も十分全うできないことは明らかであるし，児童・生徒への悪影響も重大なので，「業務の見直し」のかけ声だけではない本物の改善策が求められている。

　①第一は何といっても労働の条件面の改善である。教師の人数を増やし，一　　クラスの上限を20人台に改善する。それができるだけの国の予算（現在

GDP 比の教育予算が OECD で最低）を確保することである。

② カリキュラムや評価を安定させる必要がある。この 20 年は「グローバル時代に応える」という教育改革プログラムが上から次々に学校現場に降ろされてきたが，教える仕事は「一定の安定」が必要である。次々と目標・内容が変更・追加され，政策を表現する言葉も変化し，それへの対応が評価される状況は，現場を混乱させ，多忙へと追い込む要因となる。

以上 2 点に関し，教育政策，行政当局に反省と実効ある対処を求めたい。

## （3）「教師の専門的力量の向上」をめざす今日的方向

### ① 伝統的教師像も多忙への歯止めなさの一因

多忙に関わって，教員文化の問題もからまっている。「献身的教師像」をベースに「教師の専門性」の社会的承認を得ようというこれまで教員文化にありがちだった傾向は，「多忙は熱心教師の勲章」という心性を生んだ。これが，教師層自らの行動様式で「多忙」に歯止めが効かない一因となってきた。

「献身的教師像」はなるほど長年，教職倫理の柱となってきたが，今日ではその家父長的性格や多忙を呼び込む弱点も明確になっている。したがって，新たな専門性構築と教職倫理の再構成とが教師層の工夫として求められる。

### ② 教師の仕事のむつかしさをのり超える専門性の今日的構築へ向けて

教師の教える仕事のむずかしさは教員文化・学校文化の共有だけでは乗り越えられない。学校・教師の教育実践活動の中身が意味あるものとして，子ども・保護者たちに実感されることが重要になる。日本の教師たちは個人的・集団的に研究熱心である。官製の研究会，半官・半民，純民間的な教育研究の団体・サークルなどが，他国にないほど多数存在し活動している。

そのあるものは「教育の目標・カリキュラム・教材」を，ある場では「学習主体である子ども理解とその発達」を，さらに「子どもと学習目標・教材との間をつなぐ教育実践過程」を研究している。教師の仕事は，あらかじめ準備・計画することも大事だが，マニュアル化しきれないその時その場の即興的判断・決断も重要になる。教育実践の質と力量を高めるには，計画性と，教育に伴う不確定性[6]に対応する即興性とが必要で，そこでは，不断の経験の反省・

研鑽が求められる。こうした文化的能力の向上には「文化過程の外的具体化」（作品，実践記録など）が効果的である[7]。それは個人の反省・省察を確実にし，集団的省察過程に共有材料を提示するからである。日本では，この面での経験が豊富だが，他国にない多忙・疲弊のために生かされていない。

　以上のことから，教師の専門性の確立には，１つには「教員文化の家父長的性格の克服」，つまり子ども・保護者・住民との間の「（教師権威確保に偏さない）民主的関係づくり」が，２つには「教育条件の抜本的改善による専門職らしい処遇の確立」が，３つには２つを土台とする「教師個々人と教師集団・ネットワークによる"教材づくり・教材研究・授業づくり"の検討・研究の活発化，とりわけそこでの省察・交流・共同研究を容易に可能とする外的具体化（作品化・記録化）を活発にして，教職のすばらしさと喜びを共有し，それが教員世界にも社会にも広まること，この３つがいま重要であると考える。

■課題　教員文化が教える仕事のむずかしさをどう緩和したか考えてみよう。さらに，いま有効な教員文化はどんなものか，考えてみよう。

注記
1)　OECD の報告（OECD, *Teachers Matter: attracting, developing and retaining effective teachers*, 2005.）によれば，20 数カ国の小学校・前期中等学校（中学校）の教員の男女比率で，日本は両レベルともに，女性教員の比率が一番低い（男性教員比率が高い）という結果になっている。この傾向は，その後も今日まで続いている。
2)　英国の D. H. ハーグリーヴスは，「その職業にある人々によって共有され理解されているところの信念，慣習，伝統，ものの考え方，感じ方や他人とのつき合い方などの一つのセットである」と，教師層の職業文化を定義している（D. H. Hargreaves, *The culture of teaching, in The Challenge for the Comprehensive School*, London: RKP 1982, pp.192-193.）。
3)　中内敏夫「『愛の鞭』の心性史」中内・長島編『社会規範』藤原書店，1995 年。
4)　久冨善之・長谷川裕・福島裕敏編『教師の責任と教職倫理』勁草書房，2018 年。
5)　木村元ほか「教員文化の形成：鈴木利貞日記を読む」久冨善之編『教員文化の日本的特性』多賀出版，2003 年，pp.403-536 のⅢ部を参照。
6)　教育の「不確定性（uncertainties）」は，米国のローティの用語（Lortie, D.C., *Schoolteacher: A Sociological Study*, University of Chicago Press, 1975, pp.134-161.）。
7)　J. ブルーナー／岡本夏木他訳『文化としての教育』岩波書店，2004 年，第１章を参照。

# 第2章　教員の地位と育成システム

## 第1節　教員の構成と社会的地位

### （1）教員の構成

　学校教育は国家による壮大なプロジェクトであり，教員はそれにたずさわる公的な職業である。本節は教員の構成と社会的地位についてみていく。

　2018年度には約5万1300の学校で，約1500万人の児童・生徒が学び，本務者と兼務者の合計約138万人の教員および約19万人の職員が勤務した（表2.1）。女性教員は，幼児教育段階で9割を超え，園長職の6割を占める一方，小学校以上の学校段階において，校長，副校長，教頭の管理職を担う女性教員は，いずれの学校種においても3割に満たない（表2.2）。学校が「社会の縮図」であるならば，ジェンダーの観点から現状を見直し，改めていく必要がある。

　教員の勤務実態に関する国際比較の結果（表2.3：国立教育政策研究所編，2019），日本の中学校教員の「仕事時間の合計」は週56.0時間であるのに対し，TALIS参加48カ国平均は38.3時間であった。48カ国のなかで，仕事時間が週平均50時間を超える国は日本を除いて皆無であり，日本の教員は世界で最も長時間の勤務をしている。日本の教員の「指導（授業）」の時間数は，48カ国平均よりもわずかに少ない一方，「一般的な事務業務」「課外活動の指導」はかなり多い。日本の教員の多忙化の背景には授業以外の仕事時間の多さがある。この点は，教員の「働き方改革」を考えるうえで看過できない。とはいえ，教員が授業以外の仕事を捨象することはむずかしい。日本の教員の職務は，授業＝「教えること（teaching）」以外にも及ぶ。職務の無境界性，無限定性は，日本の教員特有の課題である（佐藤・吉岡，2012，p.82-86）。

## 表 2.1　学校種別の学校数，児童・生徒数，教職員数

| | 学校数 | 児童・生徒数 | 教員数 本務者 | 教員数 兼務者 | 職員数 (本務者) |
|---|---|---|---|---|---|
| 幼稚園 | 10,474 | 1,207,884 | 95,592 | 20,502 | 17,022 |
| 幼保連携型認定こども園 | 4,521 | 603,954 | 92,883 | 14,160 | 18,550 |
| 小学校 | 19,892 | 6,427,867 | 420,659 | 44,508 | 66,884 |
| 中学校 | 10,270 | 3,251,670 | 247,229 | 43,665 | 29,765 |
| 義務教育学校 | 82 | 34,559 | 3,015 | 335 | 416 |
| 高等学校 | 4,897 | 3,235,661 | 232,802 | 73,147 | 45,131 |
| 中等教育学校 | 53 | 32,325 | 2,629 | 733 | 369 |
| 特別支援学校 | 1,141 | 143,379 | 84,600 | 5,931 | 14,099 |
| 計 | 51,330 | 14,937,299 | 1,179,409 | 202,981 | 192,236 |

注：本務者とは当該学校の専任の教職員，兼務者とは本務者以外の者（http://www.mext.
go.jp/b_menu/toukei/chousa01/kihon/yougo/1288105.htm）。
出所：文部科学省「平成 30 年度学校基本調査」より筆者作成（政府統計 e-Stat 参照）

## 表 2.2　学校種別の職名別本務教員数

| | 計（人） | 男（人） | 女（人） | 女性の割合 |
|---|---|---|---|---|
| 幼稚園 | 95,909 | 7,030 | 88,879 | 92.7% |
| 　　うち園長 | 9,061 | 3,667 | 5,394 | 59.5% |
| 幼保連携型認定こども園 | 46,872 | 2,975 | 43,897 | 93.7% |
| 　　うち園長 | 2,686 | 1,063 | 1,623 | 60.4% |
| 小学校 | 380,011 | 145,915 | 234,096 | 61.6% |
| 　　うち管理職 | 40,143 | 31,527 | 8,616 | 21.5% |
| 中学校 | 232,513 | 134,093 | 98,420 | 42.3% |
| 　　うち管理職 | 20,100 | 18,365 | 1,735 | 8.6% |
| 義務教育学校 | 864 | 407 | 457 | 52.9% |
| 　　うち管理職 | 81 | 67 | 14 | 17.3% |
| 高等学校 | 226,801 | 156,132 | 70,669 | 31.2% |
| 　　うち管理職 | 12,814 | 11,717 | 1,097 | 8.6% |
| 中等教育学校 | 2,393 | 1,570 | 823 | 34.4% |
| 　　うち管理職 | 140 | 129 | 11 | 7.9% |
| 特別支援学校 | 70,810 | 27,566 | 43,244 | 61.1% |
| 　　うち管理職 | 2,706 | 2,045 | 661 | 24.4% |

出所：文部科学省「平成 28 年度学校教員統計調査」をもとに筆者作成（政府統計
e-Stat 参照）

表 2.3　中学校教員の仕事時間の国際比較

| | 日　本 | 48 カ国平均 |
|---|---|---|
| 仕事時間の合計 | 56.0 | 38.3 |
| 指導（授業） | 18.0 | 20.3 |
| 一般的な事務業務　※1 | 5.6 | 2.7 |
| 課外活動の指導　※2 | 7.5 | 1.9 |

●直近の「通常の一週間」において，従事したと教員が報告した仕事の時間数の平均

注：※1 教師として行う連絡事務，書類作成その他の事務業務を含む。※2 たとえば放課後のスポーツ活動や文化活動など。
出所：国立教育政策研究所編『教員環境の国際比較 OECD 国際教員指導環境調査（TALIS）2018 報告書』ぎょうせい，2019 年，pp.11-12 より作成

　教員には，正規教員と非正規教員とがいる。非正規教員は，期限付きの採用で，フルタイムで働き，担任もできる「臨時的任用教員（常勤講師）」と，主に特定教科の授業を担当する時間給の「非常勤講師」から成るが，平成 17～24（2005～2012）年度まで，公立小・中学校における非正規教員の実数および教員総数に占める割合は増加傾向がみとめられた（金子，2014，p.42）。教員としてのキャリア形成において，非正規教員を経て正規教員になるというキャリアルートが決して珍しくはないことも指摘されている（同上，pp.43-44）。

　近年の正規教員へのキャリアルートの状況をみてみよう（表2.4）。教員採用者に占める「新規学卒者」の割合は，すべての学校種別において平成 21（2009）年度よりも平成 27（2015）年度に増加傾向にある。これに対し，採用前に「臨時的任用及び非常勤講師」であった者の割合は，わずかに減少傾向にある。したがって，近年は非正規教員としてのキャリアを経ずとも，教員志望の新卒者が教員に採用されやすい状況が生じつつある。しかし，とくに中学校と高等学校の教員採用は，採用前に「臨時的任用及び非常勤講師」であった者が「新規学卒者」よりも依然として数が多く，非正規教員という不安定な身分を経て教員になるというキャリアルートが維持されている。

　さらに，学校現場では「教員不足」という問題も現れつつあることが文部科学省の調査によって明らかになった[1]。11 の都道府県・指定都市を対象にした教員の確保の状況に関する調査によれば，11 自治体の小学校で 266 名の常勤，

**表2.4 採用前の状況別教員数と割合** 単位：上段は実数（人），下段は計に占める割合（%）

| | 平成27（2015）年度間 | | | 平成21（2009）年度間 | | |
|---|---|---|---|---|---|---|
| | 計 | 新規学卒者 | 臨時的任用及び非常勤講師 | 計 | 新規学卒者 | 臨時的任用及び非常勤講師 |
| 幼稚園 | 10,686 | 7,618<br>(71.3) | 514<br>(4.8) | 11,364 | 8,063<br>(71.0) | 667<br>(5.9) |
| 小学校 | 18,596 | 8,374<br>(45.0) | 6,418<br>(34.5) | 17,389 | 6,558<br>(37.7) | 6,876<br>(39.5) |
| 中学校 | 11,518 | 4,171<br>(36.2) | 4,778<br>(41.5) | 10,919 | 3,305<br>(30.3) | 4,812<br>(44.1) |
| 高等学校 | 9,793 | 3,306<br>(33.8) | 3,872<br>(39.5) | 8,459 | 2,097<br>(24.8) | 3,817<br>(45.1) |

注：教員採用前の状況として，「新規学卒者」「臨時的任用及び非常勤講師」のほかに，「高
　　等専門学校以上の教員から」「官公庁」「民間企業」の項目があるが，ここでは割愛する。
出所：文部科学省「平成28年度学校教員統計調査」より筆者作成

50名の非常勤，10自治体の中学校で101名の常勤，153名の非常勤の教員が
不足している。この理由のひとつに，臨時的任用教員等の確保の困難さがある。
団塊世代教員の大量退職の影響を受けて，教員採用倍率が低下し，教員志望の
新規学卒者や，非正規教員を続けながら教員採用試験の合格をめざす者が正規
教員になりやすくなった。このように非正規教員の供給が需要に追いつかない
状況が生じつつある。非正規教員の問題や教員不足については，今後も注視し
ていく必要があろう。

**（2）教員の社会的地位**

　前項は，教員の構成に関する量的な変化のきざしを確認した。これに対し，
教員の社会的地位は，長年われわれの社会が文化的に積み重ね，育み，形成し
てきた教師像を反映している。教員の社会的地位に関する先行研究を参照しよ
う。

　SSM調査（社会階層と社会移動調査）の職業威信スコアを分析した油布
（2007）によれば，小学校教員のスコアは，普通よりやや高いレベルで安定し
ており，医師や技術者よりは低いものの，職業全体としてみるとかなり高い威

信をもつ職業である（油布, 2007, p.66）。また，教員の学歴を考察した高野（2012）によれば，小学校教員の 83.0％，中学校教員 89.7％，高等学校教員 92.9％，盲聾養護学校教員の 86.8％が大学・大学院卒の最終学歴を有している。ほかの職業と比較すると，教員の学歴は医師・歯科医師・薬剤師・裁判官・検察官・弁護士などに近い高学歴な職業集団である（高野, 2012, p.100-101）。したがって，教員の職業威信や学歴は，少なくとも低くはない。

　しかし，教員に向けられるまなざしは厳しく，教員バッシングという現象さえある。これは，なぜか。小浜（1999）によれば，「公教育の教師とは，近代社会の成人成員として必要であるとされている知識や人格的資質を子どもに植えつけるために，多くの他人の子どもの生活の一部を一定期間拘束する機能を『委託』された職業である」（小浜, 1999, p.166）。逆説的にいえば，委託された役割を果たさなければ，教員は社会から厳しいまなざしを注がれうるのである。

　では，教員が果たすべき役割とは何か。もちろん子どもに対する教育がその解であるが，教員の仕事の特徴には「仕事の結果・評価を明示しづらいという性質」がある（久冨, 2008, p.21-22）。また，前述のように，日本の教員の職務は無境界・無限定であることから，教員が委託された役割それ自体が広範囲となる。さらに，「東アジア型」教師像を提起した岩田（2008）によれば，「『教えること』がその職能において占める割合が低く，公教育の授業担当者に対して『師』としての高潔な人格性が求められることが多い」（岩田, 2008, p.189）。

　教員の社会的地位は，職業威信や学歴に着目すれば高いが，期待される役割が職務や人格の面にまでわたるからこそ，教員に対する社会のまなざしは厳しい。こうしたなかで，教員が教育行為を行う意味について陣内（2005）は，実像と虚像の双方からの分析を提唱している（陣内, 2005, p.137）。教員は自身が直面している現実（実像）と，教員に向けられているまなざし（虚像）の双方を読み取り，両者を勘案しながら，適切だと思われる教育行為を常に選び取っている。つまり，教員の教育行為は，教員自身の独りよがりでもなければ，社会の言いなりになるわけでもない。社会の要求を教員自身が読み解き，その要求を自身の解釈を通じて生徒に伝達する。教員の教育行為は，社会と教員個人

とが対話した結果を凝縮したものとして見ることができるのではないだろうか。

　教員が直面する実像と虚像のどちらか一方にたつのではなく，双方をかんがみようとする姿勢が，教員の仕事の本質をとらえるのに必要であると考える。


■**課題**　文科省「学校基本調査」「学校教員統計調査」などの教員に関する調査結果を参照して，直近 20 年間の傾向の変化を 1 つ説明し，その変化が学校教育や教員にもたらす影響について考察してみよう。


## 第 2 節　日本の教員養成制度

### （1）　第二次世界大戦前の教員養成

　第二次世界大戦前は，師範学校・高等師範学校・女子高等師範学校・青年師範学校といった，教員養成を目的とする学校が特設されていた。これらの学校は，授業料無償制・学資支給制・服務義務制を原則としていた。公費養成と引き換えに，卒業後は一定期間教職に就かなければならないということである。

　1886 年「師範学校令」により，「順良信愛威重」という三気質の養成が重視された。順良とは上の命令に対する従順，信愛とは年下の至らぬ点を指導する教育的愛情，威重とは下を統制する威厳を意味している。三気質養成のために重視されたのが，寮での教育（全寮制）と兵式体操であった。こうした師範教育に対して，視野が狭く権力に従順で型にはまった「師範型」（師範タイプ）を生み出すといった批判が次第に強まっていき，戦後，大きな改革を迫られることになった。

　なお，戦前は働く学校種に応じて養成する学校が異なっていた。初等教員は，戦前長く道府県立で中等学校程度に位置づけられてきた師範学校で養成してきた（1943 年度に専門学校程度に昇格と同時に官立化）。他方で中等教員は，官立で専門学校程度に位置づけられてきた高等師範学校・女子高等師範学校で養成してきた。また，中等教育と並立してきた勤労青少年のための青年教育を行う青年学校（1939 年度より男子のみ義務化）の教員は，1944 年に設置された官立・

専門学校程度の青年師範学校で養成してきた（それ以前は教員養成所）。

　ただし，戦前は目的養成学校ですべての教員を養成する制度設計ではなかった。小学校教員の場合，養成する師範学校は各府県に最低 1 校設けられていたが，おおまかにいえば単年度当たりの免許状取得者の 6 割強が，師範学校ではなく検定出身者だったといわれている[2]。検定制度を通じたさまざまな資格の教員のほか，無資格の教員も多く存在した。戦後の 1946 年 3 月にまとめられた米国教育使節団報告書は，小学校教員の「せいぜい全体の半分以下」[3]しか師範教育を受けていないが，今後はすべての教員（小学校だけに限らない）が養成教育を受けなければならないとした。戦後，こうした学校は廃止された（ただし，新制国立大学に再編された）。あわせて授業料無償制・学資支給制・服務義務制・全寮制といった制度も廃止された。

### （2）第二次世界大戦後の教員養成

#### ①「大学における教員養成」「開放制」「相当免許状主義」の原則

　戦後教員養成は，1949 年公布の「教育職員免許法」により制度的枠組みがつくられ，「大学における教員養成」「開放制」「相当免許状主義」を原則としてきた。「大学における教員養成」とは，幼稚園から高等学校までの教員は原則として大学（短期大学を含む。以下同じ。）で養成するという原則である。「開放制」とは，特定の学校が教員養成の正系ルートを独占するといった閉鎖制をやめてすべての国公私立の大学・学部・学科が教職課程を設置できるようになったこと，服務義務制が廃止されて卒業生の進路が自由になったことの 2 つを意味している。「相当免許状主義」とは，教職に就くには働く学校種や教える教科等に応じた免許状が求められるという原則である。

#### ② 教員養成系大学・学部の発足

　戦前の師範学校は，同一都道府県内の青年師範学校とともに，各都道府県に原則 1 校ずつある国立の教員養成系大学・学部に再編された。師範学校は，戦前一貫して小学校教員養成を目的としてきたが，戦後 1947 年度に新制中学校が新たに義務化されたのに伴い，小・中学校教員養成を担うことになった。戦前も戦後も一貫して，義務教育教員養成を担ってきたということである。これ

を引き継ぐかたちで，1949年度発足の教員養成系大学・学部も，全科担任の小学校と教科担任の中学校の教員養成を義務教育教員養成としてまとめて担うことになった。

　教員養成系大学・学部の当初の名称は「学芸大学」「学芸学部」「教育学部」の３種類だった。「学芸」とは一般教養を意味している。戦後最初の教育政策審議機関であった教育刷新委員会は，師範タイプ批判に立脚して，目的養成学校の特設を否定し，「教育」大学・学部の名称も否定し，教育内容においても教育者精神の涵養や教育の技術的訓練を重視することを否定した。こうした審議のなかで出てきたのが，一般教養を重視した教員養成という理念である。ただし，小・中学校の教員を大量に養成しなければならない現実にも直面していた。理念と現実との間で生まれたのが，教員養成を「目的」とせずあくまでも「主とする」「学芸」大学・学部であった。大学で教養教育と深い学問研究を通じて，師範タイプでない・主体的で自律的な教員を養成することが，教育刷新委員会の審議ではめざされていた。

　ところが，実際に発足した教員養成系大学・学部には，「学芸」大学・学部だけでなく「教育」学部も含まれた。教員養成と教養教育を「教育」学部と「文理（ほかに法文・理など）」学部に分けた結果であった。そして，「教育」学部だけでなく「学芸」大学・学部も，事実上の目的養成機関だった。各都道府県で必要な教員数を考慮して入学定員が設定され，ほとんどの大学・学部が免許状取得を卒業要件とし，ほとんどの学生が卒業後に教職に就いたからである[4]。それでも教員は大量に不足し，教員養成系大学・学部には教員速成のための２年課程が置かれた。２年課程は，需給関係が改善した都道府県から廃止され，1963年度卒業生をもって全国的に廃止された[5]。なお，1966〜1967年度にかけて，目的養成強化政策の一環として，全国の「学芸」大学・学部は「教育」大学・学部に改称した。大学・学部の名称においても目的養成機能を明確化するためである（のちの筑波大学が当時は東京教育大学という名称だったため，東京学芸大学の名称はそのまま残された）。

　1970年代頃から次第に教員の供給が増え，1980年代頃からむしろ供給過剰

になったが，それ以降も教員養成系大学・学部は，需給関係をふまえてさまざまな改革を迫られてきた。2019 年現在，高等教育と教員養成の改革が矢継ぎ早に進むなかで，改革を迫られているのは教員養成系大学・学部だけでなく，「開放制」により教員養成を担うことになったすべての大学・学部である。

### ③「開放制」の制限

1953 年の教育職員免許法改正で課程認定制度が導入されたことにより，免許状取得のために必要な単位の修得は，文部大臣（現在は文部科学大臣）が適当と認めた大学等でなければ認められなくなって以降，「開放制」は制限されつづけてきた。たとえば 1998 年の教育職員免許法改正で教職専門科目の必要単位数が大幅に増やされたことにより，こうした科目（のほとんど）が卒業必修でない一般大学・学部の学生の場合，履修の負担が増すことになった。2008 年の教育職員免許法施行規則改正によって新設された「教職実践演習」など，免許状取得のために必要な教職専門科目は増える一方である。

戦前の画一的な師範教育に対する反省をふまえて戦後「開放制」が導入されたはずだが，とくに近年は，各大学・学部が独自に多様な教員養成を展開していくことをむずかしくするような政策が進められている。たとえば 2008 年の教育職員免許法施行規則改正により，教職課程について問題がある場合，文部科学大臣により是正勧告・認定取り消しをすることが可能になった。2014 年の同規則改正により，教職課程をもつ大学は教員養成に関する情報の公表が義務づけられた。こうした状況下で各大学は，教員養成の質保証と同時に，学校教育の多様性を保証しうる多様な教員養成（大学や学部・学科それぞれの特色を生かした教員養成）をどのように展開していくのか，再考に迫られている。

### ④「大学における教員養成」の矛盾

教員免許状は普通・特別・臨時の 3 つに分けられる。これらのうち，普通免許状は「大学における教員養成」を経て取得し全国で有効，当初は終身有効だったが 2009 年から 10 年ごとの更新制となった。

普通免許状の圧倒的多数は，教職課程を有している大学等で必要な単位や学位を取得したことを授与権者（都道府県教育委員会）が確認して授与される。

他方で,「大学における教員養成」を経ず, 教育職員検定（以下,「検定」）によって授与される方法もある。授与されるのは普通免許状のほかに, 特別免許状・臨時免許状がある[6]。特別免許状・臨時免許状は授与された都道府県内でのみ有効である。

臨時免許状は, 戦後初期の深刻な教員不足を受けて 1949 年度から設けられてきた。「普通免許状を有する者を採用できない場合に限り」（教育職員免許法第 5 条第 6 項）授与され, 有効期限は当初 1 年だったがすぐに 3 年に延長された。1980 年代頃から免許状所有者が必要教員数を大きく上回るようになったにもかかわらず, 教科や地域によって普通免許状所有者を採用できないといった現実に対応するため, 有効期限は現在も 3 年（しかも特例の場合 6 年）である。

特別免許状は, 1988 年の教育職員免許法改正により, 学校教育の多様化への対応や活性化を図るため, 大学で養成教育を受けていない社会人を教員として迎え入れることを目的に創設された。検定は, 任用しようとする者（教育委員会や学校法人など）の推薦にもとづき行われる。2000 年の教育職員免許法改正により, 普通免許状への切り替えも可能になった。

近年の政策では, 特別免許状の授与件数を増やして活用を一層促進していくような方向性がみられる。2014 年の文部科学省通知「『特別免許状の授与に係る教育職員検定等に関する指針』の策定について」に顕著なだけでなく, 2019 年現在, 同様の方向性で中央教育審議会で審議が進められている。社会人を活用する方法としては, 免許状をもたずとも教科の一部を単独で担任することが可能な特別非常勤講師制度（特別免許状と同様 1988 年の教育職員免許法改正によって創設）や, 免許状をもたない者ともつ者がともに授業を行うチームティーチングといったあり方も実施されるなかで, 特別免許状の必要性を制度の目的と照らし合わせて検証すべき時期にきている。

⑤ 行政との連携のなかで進められる教員養成

2000 年代になって, 教育行政機関が独自に「養成塾」「養成セミナー」「ティーチャーズカレッジ」と呼ばれる養成事業を展開するようになった[7]。とく

に 2004 年から始まった「東京教師養成塾」は，ほかの自治体事業と比べて受講期間が長期にわたるうえ修了者に対する採用優遇措置があるため，突出した事例とされてきた。東京教師養成塾は，都教育委員会が連携する大学から推薦された学生（2019 年現在は小学校教諭一種免許状もしくは特別支援学校一種免許状を取得見込みあるいは取得済みの者）に対して 1 年間の教育を行い，修了者を特別枠で都の小学校・特別支援学校教員に採用する仕組みである。採用された場合，受講料が免除される。

　ただし，近年は，主に大学 4 年生が受講する東京教師養成塾ばかりが突出しているとはいえなくなってきた。たとえば奈良県の「次世代教師養成塾」のように，受講者に高校生も含む事業が散見されるようになってきたからである。このように，比較的身近な職である教職へ興味を抱いた若者を早いうちから囲い込み，教育者精神の涵養や教育技術の獲得，自治体の求める資質・能力の育成を効率的に進めようとする点は，戦前の師範教育に非常に似ている。こうした事業に対して各大学は，幅広い視野や物事を批判的にとらえる力量や教職に就いてからも学びつづけ成長しつづけるための基盤をいかに育成するのかといったことを改めて考える必要性に直面している。

　なお，2016 年の教育公務員特例法改正により，任命権者である都道府県教育委員会等には，教員養成を担う大学との共通認識のもと，教員の育成指標を定めることが義務づけられた。大学側はこうした状況においても，教職志望者に対してどのような力量をどのように育成するのか，改めて問われている。

■**課題**　日本の教員養成制度の歴史的変遷について整理し，意義や課題を考えてみよう。

注記
1)　「教員の不足」とは，学校に配置されている教員の数が，各自治体において学校に配置することとしている教員の数を満たしていない状態をさす。文部科学省初等中等教育局「いわゆる『教員不足』について」2018 年（http://www.mext.go.jp/b_menu/shingi/chukyo/chukyo3/002/siryo/__icsFiles/afieldfile/2018/08/08/1407922_10.pdf（最終閲覧

2019 年 9 月 29 日）。
2)　笠間賢二「近代日本における『もう一つ』の教育養成—地方教育会による教員養成講
　　習会の研究」梶原雅史編『続・近代日本教育会史研究』学術出版会，2010 年，
　　pp.251-281。
3)　村井実『アメリカ教育使節団報告書』講談社，p.91。
4)　教員養成系大学・学部の具体的な事例は，山崎奈々絵『戦後教員養成改革と「教養教
　　育」』六花出版，2017 年，pp.166-181 を参照。
5)　文部省『学制百年史』帝国地方行政学会，1972 年，p.931。
6)　教育職員検定・特別免許状・臨時免許状については，日本教師教育学会『教師教育
　　研究ハンドブック』学文社，2017 年，pp.254-257（山崎奈々絵著）を参照。
7)　同上，p.239（矢野博之著）

**参考文献**

岩田康之「『東アジア型』教師像と教育改革」東京学芸大学教員養成カリキュラム開発研
　　究センター編『東アジアの教師はどう育つか』東京学芸大学出版会，2008 年
岡本洋三『開放制教員養成制度論』大空社，1997 年
海後宗臣編『戦後日本の教育改革 8　教員養成』東京大学出版会，1971 年
金子真理子「非正規教員の増加とその問題点—教育労働の特殊性と教員キャリアの視角か
　　ら」労働政策研究・研修機構『日本労働研究雑誌』56（4），2014 年，pp.42-45
国立教育政策研究所編『教員環境の国際比較— OECD 国際教員指導環境調査（TALIS）
　　2018 報告書』ぎょうせい，2019 年
久冨善之「『改革』時代における教師の専門性とアイデンティティ」久冨善之編『教師の
　　専門性とアイデンティティ』勁草書房，2008 年
小浜逸郎「学校縮小論と教師役割」油布佐和子編『教師の現在・教職の未来』教育出版，
　　1999 年
佐藤千津・吉岡真佐樹「日本の学校教師，その特性」岩田康之・高野和子編『教職論』学
　　文社，2012 年
陣内靖彦「教師の地位と役割」岩内亮一・陣内靖彦編『学校と社会』学文社，2005 年
高野和子「労働力市場のなかの教職」岩田康之・高野和子編『教職論』学文社，2012 年
TEES 研究会編『「大学における教員養成」の歴史的研究—戦後「教育学部」史研究』学
　　文社，2001 年
日本教師教育学会編『日本の教師教育改革』学事出版，2008 年
山崎奈々絵『戦後教員養成改革と「教養教育」』六花出版，2017 年
山田昇『戦後日本教員養成史研究』風間書房，1993 年
油布佐和子『転換期の教師』放送大学教育振興会，2007 年

# 第3章　世界のなかの教師

　これまでに私たちが出会った教師の多くは「日本の学校」で働く教師である。もちろん日本の学校の教師のなかには外国語指導助手（ALT）などを含め，外国籍の教師も存在していたかもしれない。また，日本国内にはインターナショナルスクールなども設置されており，そうした学校で働く教師もいる。いずれにしても，日本の多くの者が出会ってきた「日本の教師」は海外諸国の教師とちがっているのか。ちがっているとすれば，どのような点がちがうのだろうか。

　本章では，日本の教師を世界の教師と比較することで，日本の教師の仕事，資質能力や教師教育などをめぐる問題の特質について考えてみたい。

## 第1節　日本の教師を比較の視座からとらえる意義と課題

　日本の教師を海外の教師と比較する意義を考えてみよう。第一に，比較によって日本の教師を相対化して見ることができる。教師をめぐる問題には実に多くの要因が関係している。それにはその国・地域の歴史や文化をはじめ，政治や経済に関することまでさまざまあるだろう。そうした要因が教師の問題にどのようにかかわっているのか。比較することで，それまでは自明視していた事柄を批判的に検討し，問題や課題を浮き彫りにできるという意義がある。

　第二に，海外の教師をめぐる問題や課題あるいは事例を検討することで，日本の教師の問題・課題を解決するための示唆や手がかりを得ることができる。国や地域がちがえば教師をめぐる問題や課題も異なるが，同時代的な共通性や類似性に起因する内容もあるだろう。相互依存が進んだグローバル社会においては，教育分野に限らず，どの国も同じような問題を共通にかかえているといったことはよく見られる現象である。

第三に，比較を通じて新たなアイデアや価値を生み出すことができる。海外の事例を課題解決に役立てることにとどまらず，既存の枠組みを超越するような理論や実践のモデルを探究するといった新たな価値を創出する可能性も比較の手法がもつ意義の１つであろう。

　その一方で，比較する際にはその「文脈」の固有性や特殊性にも留意しなければならない。各国・地域にはそれぞれに固有の文脈があるから，そうした環境や条件のちがいを考慮せずに海外の事例を無媒介に参照することはできない。それは，海外のモデルを日本に「文脈化」するむずかしさでもある。

　それでは，日本の教師を世界的な視野からとらえるときの観点にはどのようなものがあるだろうか。日本を含む 25 カ国が参加し，2002〜2004 年にかけてOECD（経済協力開発機構）によって実施された教員政策に関する国際的なプロジェクトがある。その成果は『教師の重要性―すぐれた教師の確保・育成・定着―（*Teachers Matter — attracting, developing and retaining effective teachers*[1]）』にまとめられているが，各国共通の政策上の主な懸念事項として，①職業としての教師の魅力に関する問題，②教師の知識・スキルの習得や向上に関する問題，③教師の採用，選考，雇用に関する問題，④すぐれた教師の学校への定着に関する問題の４点があげられている。すべてを網羅することはできないが，これら４つの観点を手がかりに，日本の教師を世界という文脈においたときに見えてくる特質や課題について考えてみたい。


## 第２節　職業としての教師の魅力に関する問題

　教師は，魅力のある職業といえるだろうか。PISA（OECD 生徒の学習到達度調査）で注目されたフィンランドでは，教師は魅力のある職業として人気が高い。日本と同じように資源の少ないフィンランドでは人材育成は国家の重要な課題である。そのミッションを託された教師は尊敬される職業であり，教師もその仕事に誇りをもっている。それは尊敬するに値する高い専門性や職業的能力を教師がもち合わせていることも意味している[2]。

いっぽう，近年の日本の教師には，苦労が多く報われない職業だという社会的イメージがついてまわる。それはなぜか。日本の教師を海外の教師と比較して指摘されることの1つに，職務の「無境界性」「無限定性」がある[3]。日本の教師は，学習指導や生活指導から学校外での指導まで，その職務内容は多岐にわたり，範囲も広い。いわば子どもたちの生活全体を視野に入れるような指導のあり方が想定されているのである。職務や責任が広範囲に及び，しかも終わりが見えないという特徴は，欧米諸国の教師とのちがいとしてよくいわれることである。

　この点を OECD が 2018 年に実施した「国際教員指導環境調査（TALIS：Teaching and Learning International Survey）」[4]（以下，TALIS）のデータから見てみよう。TALIS は，学校の学習環境と校長や教員の勤務環境に焦点を当てた国際調査で，2008 年から 5 年ごとに実施されており，日本は 2013 年調査から参加している。2018 年調査から新たに盛り込まれた項目に「教員になる際の動機」をたずねるものがあり，教職の魅力について調査している。日本の小・中学校の教師は「安定した職業であること」（小学校：91.1%，中学校：85.6%，参加国平均[5]：74.3%）や「確実な収入が得られること」（小学校：89.0%，中学校 84.8%，参加国平均：70.5%）などが教員になる際に重要だと考えており，参加国と比較しても多い[6]。もちろんこうした要件は重要なことであるが，「教師」という仕事に固有の魅力を見いだせるようでなければ，すぐれた人材を安定的に確保することはむずかしくなるだろう。

## 第3節　教師の知識・スキルの習得や向上に関する問題

　前述した『教師の重要性』では，多くの国が教師の「質」に関する問題をかかえているとされている。近年は質の高い教育を提供するための要件として，教師の質への関心が高くなり，各国においてさまざまな教師教育制度改革が行われている。

　教師の「質」のとらえ方の問題として，教師に必要な資質能力をどう定義す

るかということがある。海外諸国のなかには「専門性基準（professional standards）」を策定して教師の資質能力や専門性を定義し，それを教師の養成や研修に活用するところも多い。たとえば，イングランドでは 2012 年から「教師の基準（Teachers' Standards）」が新しい基準として施行されているが，以前の基準をシンプルに改訂し，次の 8 つの基準で教師に求められる専門性を示している。

① 高い期待を設定して，子どもを励まし，動機づけを行い，やりがいを与える
② 子どもの十分な成長と成果を促進する
③ 教科とカリキュラムについての十分な知識を発揮する
④ 十分に構造化された授業を計画・実施する
⑤ すべての子どもの長所とニーズに対して，それに適した指導を行う
⑥ 評価を正確かつ生産的に活用する
⑦ 良好で安全な学習環境を確保するために，子どもの行動を効果的に管理する
⑧ より幅広い職業上の責任を果たす[7]。

この専門性基準を見ると，イングランドでは学習指導が教師の中心的な職務として定義されていることがよくわかる。とくにこの新しい基準は，「子どもが何をどう学ぶか」という観点から改めて教師の「教えること（teaching）」に関する能力を再定義したものである。

同じような基準はオーストラリアにもあり，これまでは州ごとに策定されていたが，全州共通の基準が 2013 年より施行されている。7 つの基準が教師の 4 つのキャリアステージ（「養成教育修了時」「熟達した教師」「高度に熟達した教師」「模範となる教師」）ごとに示されており[8]，生涯にわたって教師として成長していく可能性がその前提とされている。

日本には，海外諸国のように国や州の共通基準として策定された専門性基準は存在しないが，2017 年に「教職課程コアカリキュラム」が作成された。これは教職課程において共通に修得すべき資質能力を示すものとされているが，はたしてそれが「教職課程の質保証」に資するものになるか否かは議論のあるところである。

教師の指導力や専門性のとらえ方には，その時代や社会における子どもの学

力観・能力観も影響する。日本では2020年度より新しい学習指導要領が学校段階ごとに順次施行されるが，いずれの学校段階においても「主体的・対話的で深い学び」の実現に向けた授業改善（アクティブ・ラーニングの視点に立った授業改善）がポイントになっている[9]。しかし，これに対する教師側の準備は十分といえるだろうか。

　前述したTALISでは，教室での指導実践についても調査している。教師が自らの授業において，次のような指導実践を「しばしば」または「いつも」行っていると回答した者の割合で見ると，日本の教師は，たとえば「新しい知識が役立つことを示すため，日常生活や仕事での問題を引き合いに出す」（小学校：55.6%，中学校：53.9%，参加国平均：76.7%）「課題や学級での活動にICTを活用させる」（小学校：24.4%，中学校：17.9%，参加国平均：51.3%）といった指導を実践している教師は少ないことがわかる[10]。また，児童・生徒の学習意欲を高めることに関する自己効力感が日本の教師の場合はかなり低いが，なかでも「勉強ができると自信を持たせる」（小学校：34.7%，中学校：24.1%，参加国平均：86.3%）や「学習の価値を見いだせるよう手助けする」（小学校：41.4%，中学校：33.9%，参加国平均：82.8%）などの項目について「かなりできている」または「非常に良くできている」と回答した者の割合が低い[11]。児童・生徒の主体的な学びを促すための指導・支援に自信がもてないなかで，新しい学習指導要領に基づいた教育に転換していくことが求められているのである。

　社会の変化に即応する「創造的な学び」を実現するため，研究を基盤とする教師教育を整備することは課題の1つである。たとえば，フィンランドで教職に就くには大学院修士課程まで終えなければならないため，すべての教師が修士の学位を取得するが，それはフィンランドの教員養成が研究に基礎をおいており[12]，教師を高度な学問的知識や研究能力を身につけた職業人として養成するためである。研究を行いながら自らの教育実践を改善し，変化を続ける社会のニーズに即応するのみならず，社会を変える力をももちうる創造的な教育活動の担い手としての役割が期待されているのである。

『教師の重要性』では，教員養成が学校のニーズに十分に対応していないことも指摘されている。これにはさまざまな要因が関係するが，たとえば教育実習についていえば，日本は実習期間が諸外国に比べて短いという特徴があり，そのため，入職時に最小限の実践的指導力を身につけることが大きな課題となっている。これに対し，実践志向性の高いイングランドは実習期間が長いことで知られ，教員養成全体の約6割を占める1年制（36週）の学卒後課程（Postgraduate Certificate in Education）の場合は，36週のうち24週が学校での実習の時間に充てられる。また「学校における教員養成（School-Centred Initial Teacher Training）」や「スクール・ダイレクト（School Direct）」といった学校を教員養成の中心的な場とするコースも設けられている。

## 第4節　教師の採用，選考，雇用に関する問題

　今日の日本では，認定された教職課程を有する4年制大学は600校にも及ぶ。特定の地域や教科で慢性的な教師不足に悩むイングランドと比較すると，日本は必要な教師を安定的に供給してきたといえよう。しかし，最近は公立学校の採用試験受験者数の減少や，非正規教員の不足が顕著になり，需給バランスが崩れつつある。TALISの結果では，日本の教師は1週間当たりの仕事時間の合計が参加国のなかで最も長く，小学校が54.4時間，中学校が56.0時間（参加国平均：38.3時間）で，中学校は前回調査の53.9時間よりも長くなっている。教師の長時間労働は「ブラックな仕事」として国内でも「働き方」改革の必要性がいわれているところであるが，こうした要因が「教職離れ」に影響していることは容易に想像できる。

　イングランドでは，2018年の統計調査でみると公立学校の教職員総数に占める教師の割合は約48%に過ぎず，過半数を占めるのは教師以外のスタッフである[13]。授業において教師を補助するティーチングアシスタントをはじめ，授業外における子どもの教育支援，特殊な専門的知識・スキルを必要とする教育活動支援，事務補助など，多くのスタッフが学校の教育活動を支えている。

アメリカでも類似の教職員構造が見られ，これらは近年の「チーム学校」のモデルといえるものである。

## 第5節　すぐれた教師の学校への定着に関する問題

　日本では経験年数の浅い教師の離職が増加傾向にあり，教職へのすぐれた人材の確保と並んでその定着も課題の1つである。これは教師の仕事をどう評価し，それにどのように報いるかといった問題でもあり，前述した教職の魅力に関する課題にもつながっている。

　教師の給与水準も職業としての魅力に関係するだろう。日本の場合は，海外諸国に比べ高い給与水準を維持しているといわれるが，職務範囲が広い日本の教師の場合には勤務時間外の仕事も多くなり，見合った報酬が得られているかという問題がある。ちなみに教師の勤務時間のとらえ方は国によって異なり，日本のように勤務時間全体を「勤務時間」として規定する国もあれば，授業時間[14]によってのみ規定するドイツ，フランス，フィンランド，学校内勤務時間として規定するイギリス，スウェーデン，アメリカ（ただし州によって異なる）などがある[15]。このため単純な比較はむずかしい。

　イングランドでは，教師不足が続く特定の教育段階や教科（数学，物理，化学など）の教員養成課程の学生には奨学金の増額がなされている。また教職にいたるルートの多様化もイングランドの特徴であるが，さまざまなバックグラウンドをもつ教職志望者の多様なニーズに対応できるというメリットがあり，社会人や転職者の教職への入職や定着に貢献している面もある。また，スコットランドでは，教育への信頼が厚く，その担い手である教師の社会的地位も比較的に高いが，島嶼部など一部の地域では教師の確保がむずかしい。そのため，他国・地域から教師を確保し，配置する方策が積極的に試みられている。

　こうした海外の先行事例を参考にしながら，日本の教師をめぐる問題や課題を相対化してとらえ直すことが求められているのではないだろうか。

■**課題**　特定のテーマについて海外の事例を調べ，比較の観点から日本の教師をめ
ぐる問題の特質を考えてみよう。

注記
1)　OECD（2005）*Teachers Matter — Attracting, Developing and Retaining Effective Teachers.*
2)　福田誠治『フィンランドは教師の育て方がすごい』亜紀書房，2009 年。
3)　吉岡真佐樹「職務の『無境界性』『無限定性』―日本の学校教師が抱える特有の問題」（第 4 章第 4 節），岩田康之・高野和子編『教職論』学文社，2012 年，pp.82-86。
4)　2018 年の調査には OECD 加盟国等の 48 カ国・地域が参加（初等教育は 15 カ国・地域が参加）し，日本では小学校約 200 校と中学校約 200 校の校長や教員に対して質問紙調査が実施された。
5)　参加国平均は中学校の教師のみの数値。小学校は参加国が少ないことから平均値が示されていない。以下同じ。
6)　国立教育政策研究所編（2019）『教員環境の国際比較 OECD 国際教員指導環境調査（TALIS）2018 報告書―学び続ける教員と校長―』ぎょうせい，p.160，p.163。
7)　Department for Education（2012）*Teachers' Standards.*『教師の基準』は前文，第 1 部（教育に関する基準），第 2 部（職業上および個人の行動基準）の 3 部から構成される。これらの 8 つの基準は第 1 部の基準である。各基準の構成要素はそれぞれ下位項目に示されている。
8)　NSW Institute of Teachers/Australian Institute for Teaching and School Leadership（2011）*National Professional Standards for Teachers.*
9)　文部科学省（2017）『小学校学習指導要領（平成 29 年告示）解説総則編』pp.3-4。
10)　国立教育政策研究所編（2019）『教員環境の国際比較 OECD 国際教員指導環境調査（TALIS）2018 報告書―学び続ける教員と校長―』ぎょうせい，p.59,p.61。
11)　同上，p.82，p.91。
12)　R. ヤック-シーヴォネン・H. ニエミ編／関隆晴・二文字理明監訳『フィンランド先生　学力世界一のひみつ』桜井書店，2008 年。
13)　Department for Education（2019）*School workforce in England: November 2018,* https://assets.publishing.service.gov.uk/government/uploads/system/uploads/attach-ment_data/file/811622/SWFC_MainText.pdf
14)　授業の準備や採点の時間を含む。
15)　諸外国教員給与研究会『諸外国の教員給与に関する調査研究報告書』（平成 18 年度文部科学省委託調査研究）2007 年。

# 第4章　学習指導の課題

## 第1節　学校教育の構造と学習指導

　日本の学校と教師は，近代学校システムが発足した明治期以来，学習・教科指導のみならず，児童・生徒たちの日常生活（学校生活だけではなく家庭や地域での生活も含めて）における基本的な生活習慣や生活態度の指導（＝生徒・生活指導）までも自らの仕事として担ってきている。いわば，児童・生徒の学力形成と習慣・態度形成の両面を指導することが教師の仕事であると認識し職務遂行してきたのである。このことは学校教育という営みの構造を象徴している。

　一般に，教育活動の機能・形態・内容・目的は図4.1のような関係構造として表すことができよう。まず，その機能別にとらえるなら「陶冶：独語 Bildung」と「訓育：独語 Erziehung」とに区分することができ，陶冶は，主に知識や技能等の習得面を意味し，学校教育のなかでの形態としては，主に教科

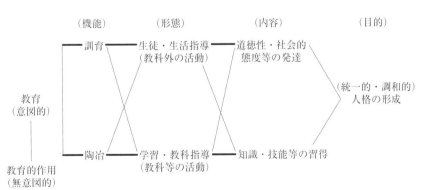

図 4.1　教育活動の機能・形態・内容・目的の関係構造

出所：柴田義松『教育課程』（放送大学教育振興会，1994年）所収の図（p. 39）を参考にして筆者〔山﨑〕が加筆修正作成

等の活動（各教科の授業や「総合的な学習の時間」など）がそれを担っている。同様に，訓育は，主に道徳的・社会的態度等の形成面を意味しており，主に教科外の活動（特別活動や特別の教科「道徳」など）がそれを担っている（図中の━線はその主要な結びつきを示す）。もちろん両機能は，両形態での活動それぞれによって単純に役割分担されているわけではなく，たとえば教科の授業においても集団的活動場面において必要とされる社会的態度が学ばれたり，逆に特別活動や特別の教科「道徳」において活動内容に関連した知識・技能が学ばれたりもしているのである（図中の斜めの─線はそのような副次的な結びつきを示す）。この両機能が統一的かつ調和的に発揮されるような教育活動のなかで，より望ましい「人格の完成」に向けての営みが不断に行われるべきなのである。なぜならば，現在の学校教育は，「日本国憲法の精神にのっとり，我が国の未来を切り拓く教育の基本を確立し，その振興を図るため」とその前文でうたわれている教育基本法（1947 年制定，2006 年改正）第 1 条において示されている教育の目的（「教育は，人格の完成を目指し，平和で民主的な国家及び社会の形成者として必要な資質を備えた心身ともに健康な国民の育成」）に基づき，「人格の完成」という究極的な目的をめざして，学校・家庭・地域・社会全体で不断に営まれる人間形成の主要な一環を成すべきものであるからである。

## 第 2 節　国際的教育調査結果の特徴と「学力」形成

　学校教育の主たる目的は，「学力」の形成であるが，一般日常用語としても頻繁に使われる同用語は，実は多義的である。これまで「学力」は《academic achievement》と英訳される場合が多かったが，そこには学校での学習活動による知識・技能の習得の「達成」や「業績」の意味が込められている。そのことが，ともすると学校での教科学習で教えられる知識・技能の内容領域に限定された下での，獲得の「量」の多さを競ったり，それゆえ詰め込み主義的暗記的な認識の「質」のレベルに終始しがちな傾向を生み出してきた。
　しかし，21 世紀を迎え，そのような「学力」のとらえ方に大きな変化がも

表 4.1　国際的な教育調査（PISA2018 調査と TIMSS2015 調査）の概要と特徴

|  | PISA2018 生徒の学習到達度調査 | TIMSS2015 国際数学・理科教育動向調査 |
|---|---|---|
| 実施主体 | 経済協力開発機構（OECD）<br>（1960 年設立の政府間機関，30 カ国より構成） | 国際教育到達度評価学会（IEA）<br>（1960 年設立の国際学術研究団体，60 カ国・地域の教育研究機関より構成） |
| 参加国 | 79 カ国・地域（うち OECD 加盟国 37 カ国）約 60 万人 | 第 4 学年生：50 カ国・地域，約 27 万人<br>第 8 学年生：40 カ国・地域，約 25 万人 |
| 調査実施時期 | 2018 年 6 ～ 8 月<br>（2000 年第 1 回から 3 年ごとのサイクルで継続的実施，前回は 2015 年実施） | 2015 年 3 月<br>（1964 年第 1 回から 4 年ごとのサイクルで継続的に実施，前回は 2011 年実施） |
| 調査対象 | 義務教育修了段階の 15 歳児（日本では高校 1 年生等，約 6,100 人） | 第 4 学年生（日本では小 4：約 4,400 人）<br>第 8 学年生（日本では中 2：約 4,700 人） |
| 調査項目 | ・読解力を中心に，科学的リテラシー，数学的リテラシー（2015 年調査より筆記型調査から PC 使用型調査に移行）<br>・生徒の学校・学校外における ICT 利用に関する質問紙調査も実施 | ・算数・数学，理科<br>・児童生徒の「算数・数学，理科」の学習意識に関する質問紙調査も実施 |
| 調査内容 | 知識や技能等を実生活の様々な場面で直面する課題にどの程度活用できるかを評価（調査問題の他に，生徒自身や学校に関する状況の質問紙調査） | 学校のカリキュラムで学んだ知識や技能等がどの程度習得されているかを評価（調査問題の他に，児童・生徒，教師，学校を対象とした質問紙調査） |

PISA：Programme for International Student Assessment
TIMSS：Trends in International Mathematics and Science Study
出所：文科省資料および PISA/TIMSS 報告書をもとに筆者が加筆修正作成

たらされ，学校教育の基本政策と学習活動のあり方にも大きな転換がもたらされてきている。その背景には国際化高度情報化の進む社会的変動があるが，より直接的な要因としては 21 世紀に入ってからの 2 つの大規模で継続的な国際的教育調査の実施とその結果の公表がある。1 つは，国際教育到達度評価学会（IEA）が実施する「国際数学・理科教育動向調査（TIMSS：Trends in International Mathematics and Science Study）」であり，もう 1 つが，経済協力開発機構（OECD）が実施する「生徒の学習到達度調査（PISA：Programme for International Student Assessment）」である。両調査の概要と特徴を表したものが表 4.1 であるが，TIMSS 調査は，小学校 4 年生および中学校 2 年生を対象者として，1960 年代から実施されてきた数学や理科の教育調査を 1995（平成 7）

年調査以降同上名称に改め，継続的な調査を目的として掲げ直し4年間隔で実施されてきている。PISA 調査は，義務教育修了段階の 15 歳児（日本では高校1年生）を対象者として，主に読解・科学的・数学的の3問題分野を設定し，2000 年以降，3年間隔で継続的に実施されてきている。

　また両調査はともに，筆記型の問題のみならず，生徒や学校長などに対する質問紙調査も実施し，学習環境条件などの諸要因との関係をとらえようとしている。しかし，その調査対象者の年齢段階のちがいもさることながら，それ以上に重要なちがいは調査内容にある。TIMSS 調査が，学校のカリキュラムで学んだ知識や技能などがどの程度習得されているかをとらえようとするものであるのに対して，PISA 調査は，既存の学校教育・教科の枠組みではなく，「リテラシー（Literacy）」という概念で問題分野を構成し，知識や技能などを実生活のさまざまな場面で直面する課題にどの程度活用できるかをとらえようとしている。そこで問われている「リテラシー」こそが，マスコミなどでは「PISA 型学力」とか「21 世紀型学力」と呼ばれ，その国別成績の公表とも相まって，日本をはじめとして世界の国々の教育のあり方に大きな影響を与えることになってきているのである。しかし，そのような状況には米国を中心とする教育学者たちから OECD 教育局次長・A. シュライヒャー博士に対する意見表明文が提出されている。すなわち，PISA 調査が，量的に計測されるものへの依存度を高め，参加国がその順位向上ばかりに関心を強め，同調査対策に傾斜することによって教育を貧しくすることになるなどの懸念・批判である。

　「リテラシー」は，狭義には「識字能力・読み書き能力」を，広義には口承文化に対しての「書字文化」を意味している。しかし，PISA におけるそれは，国際化・高度情報化する現代社会において，個人が人生をうまく生き，社会が良好に機能するうえで重要なキー・コンピテンシー（competency：能力・行動特性，①相互作用的に道具を用いる，②異質な集団で交流する，③自律的に行動する，の3つのカテゴリーに整理）の国際標準化をめざして，その具体的な能力内容として位置づけられているものである。①における「道具」とは，コンピュータのような物理的な道具だけではなく，言語・情報・知識といった社会的文

化的な道具をも意味し，個人と環境との間の能動的な対話を生み出していく（相互作用的）のに欠かせないものとして価値づけられているものである。たとえば「読解力（Reading Literacy）」は，「自らの目標を達成し，自らの知識と可能性を発達させ，効果的に社会に参加するために，書かれたテキストを理解し，利用し，熟考し，これに取り組む能力」と定義づけされており，その「テキスト」は，物語，解説などといった「連続型テキスト」ばかりではなく，図・グラフ，地図，宣伝・広告などといった「非連続型テキスト」をも含んでいる。その定義は，日本の学校教育で馴染んできた「国語科」や「読む力」のイメージを超え，単に文章を読むための知識・技能の習得だけではなく，自らの生活創造と社会参加のためにそれを用いることができるという目的を明確に打ち出している点に，大きな特徴をもっている。その特徴は，数学的リテラシーや科学的リテラシーの定義づけにおいても同様であり，日本では学校という閉じた世界のなかだけで暗記主義的に獲得されがちであった「学力」概念を大きく転換する必要性を再認識させるものであるといえよう。

　こうした新たな「学力」概念の下でのPISA調査結果は，1960年代以降一貫してTIMSS調査等ではトップレベルの結果を残してきた日本にとって，満足いくものとならなかった。第1,2,3回と調査が進むにつれて，3領域とも成績（平均得点と国別順位）は低下していったのである。とりわけ「読解力」分野での成績が，他分野での結果と比較しても振るわず，2000年調査：31カ国中8位（522点，OECD平均500点）→ 2003年40カ国・地域中14位（498点，同494点）→ 2006年56カ国・地域中15位（498点，同492点）であった。文科省は，国語だけではなくすべての教科等において文章や資料やデータを解釈し論理的に思考できる力の育成方針（「読解力向上プログラム」）を打ち出すとともに，そのほかの学習領域も含めて「活用力」という呼称でその育成を，2008・2009年改訂学習指導要領において主要な重点課題の1つに掲げた。

　2009年，2012年の第4,5回調査では，3分野とも次第に成績は向上し，上述の改善施策が功を奏し，学力回復傾向は次第に鮮明になってきたとの評価もある。しかし，PC使用型調査に移行した2015年，2018年の第6,7回では，

数学的および科学的リテラシーに関しては「世界トップレベルを維持」しているものの，読解力は国別順位及び平均得点が低下し（2015：8位・516点，2018：15位・504点），「習熟度レベル1以下の低得点層が有意に増加」している。日常生活において，SNSでの会話・交流やネット上でのチャット・ゲームなどの利用頻度などが他国に比べて高い一方で，学校の授業におけるデジタル機器の利用時間が短いこと，本や新聞など一定量の文章にふれ・読む機会が減少していることなどが，読解力低下の背景にあるといわれている。

さらに，PISA調査やTIMSS調査では，学習態度等に関する質問紙調査も実施しているが，日本の児童・生徒の特徴も浮き彫りになっている。たとえばPISA調査（2015年）における「科学の楽しさ」指標の肯定的（まったくそうだと思う＋そうだと思う）平均値は，「科学の話題について学んでいる時はたいてい楽しい」では日本が50%，OECD平均が63%，「科学についての本を読むのが好きだ」については日本が35%，OECD平均が52%となっている。TIMSS調査（2015年）においても同様の特徴がみられ，「算数・数学が楽しい」と思う日本の児童・生徒の割合は，2003年調査以降増加はしてきているものの，いまだ小・中学校ともに（小：75%，中：52%），国際平均（小：85%，中：71%）に達していない。楽しさや喜びの抜け落ちた学習観の広がりである。


## 第3節　2008・2009年改訂学習指導要領と学習指導の課題

教育基本法の「改正」（2006年）と学校教育法の「一部改正」（2007年）を受けて改訂された2008・2009年改訂学習指導要領は，教育目標から各教科内容にまで及ぶ「伝統と文化の尊重」「我が国と郷土を愛する」という基調の徹底と，授業時間と学習内容の増加による基礎基本の確実な習得（マスコミなどでは「脱・ゆとり教育」）の提起という，2つの基本的特徴をもっている。加えて，学習指導の新たな課題の1つとして，上述のPISA・リテラシーを意識した「基礎的基本的な知識及び技能の活用を図る学習活動」が重視されている。たとえば「見通し・振り返り学習活動（「授業の冒頭で目標を示す活動」「授業の最

後に学習したことを振り返る活動」など）」「言語活動や総合的な学習の時間（「学級やグループで話し合う活動」「総合的な学習の時間における探究活動」など）」を積極的に行った学校ほど教科（とくに記述式問題）の平均正答率が高い傾向がみられること，また「学習方法（テストのまちがいを振り返って学習する）に関する指導」「探究活動」などを行った学校ほど家庭での学習習慣が身についている傾向が指摘・報告されている。確たる検証作業はさらに必要であろうが，「見通し・振り返り学習活動」や「学級やグループで話し合う活動」などは，PISA のキー・コンピテンシーにおける基本的考え方（「反省性：reflectivity」「異質な集団で交流」）にも重なる学習形態であるといえる。

　2017・18 年改訂学習指導要領の基本的考え方を示した中教審答申（2016 年 12 月 21 日）は，「育成すべき資質・能力の三つの柱」として，①知識・技能（何を理解しているか，何ができるか），②思考力，判断力，表現力等（理解していること・できることをどう使うか），③学びに向かう力，人間性等（どのように社会・世界と関わり，より良い人生を送るか）を提起した。それを受けた改訂学習指導要領では，この「育成すべき資質・能力」を教育目標として詳細に規定し，その指導方法として「主体的・対話的で深い学びの実現」を提起した。

　このようななかで，教師には次のような点での検討と実践が求められている。

　第一は，育成すべき「学力」の中身についての検討である。PISA 調査における「リテラシー」概念を，単に従来のテスト的「応用問題」を解く力であると矮小化することなく，社会生活において状況を読み解くと同時に自分の考えを形成し表現し発信していく力としてとらえていくことである。そのような力を獲得してこそ，児童・生徒たちは現実の社会的営みへ積極的に参加し，よりよく改善していくための意欲や態度も形成していけるのである。

　第二は，「学力」の育成方法についての検討である。とりわけ基礎的・基本的な知識・技能の習得方法を多様に創造していくことである。単に反復練習活動に矮小化したり，あるいは「主体的・対話的で深い学び」を形態だけが真似られた「活動主義」的な学習活動に矮小化したり，さらには知識・技能の習得を徹底したあとに思考力・判断力・表現力等の育成へと進むといった一方向的

段階論的な指導過程に矮小化してしまうことにも陥ってはならないのである。

　第三は，「カリキュラム・マネジメント」についての検討である。それは，「社会に開かれた教育課程」という考え方（学校の目標を社会とも共有し，連携・協働し実現する）をもとに，その実現に必要な教育の内容などを教科横断的な視点で組み立てること，その実施状況を評価し改善していくこと，その実施に必要な人的および物的な体制を確保し改善していくことを，若い教師も含めたすべての教師の課題として提起されたものである。これを単に政策的課題の遂行のためではなく，新しい実践の創造へとつなげていかなければならないのである。

　そして第四は，今日，最も重要な実践課題であるが，すべての子どもへの学力保障の検討である。現代における社会的格差（家庭の経済的・文化的貧困の拡大）を背景とした学力格差問題を，単に受験学力の獲得問題に矮小化するのではなく，将来の社会創造を担う次代の主権者育成のための中心的課題としてとらえ，問題解決への方途を探り，見いだしていかなくてはならないのである。

■**課題**　PISA 調査，TIMSS 調査，学力・学習状況調査の問題例や結果について，過去の調査報告書（市販報告書，文科省および国立教育政策研究所の HP などに掲載）も含めて，自分で直接調査報告書を吟味し，本章で紹介した事柄のほかにもどのような特徴があるのか，また今後の学習指導上の課題は何かを整理してみよう。

**参考文献**

国立教育政策研究所編『生きるための知識と技能7　OECD 生徒の学習到達度調査（PISA）2018 年調査国際結果報告書』明石書店，2019 年。同編『TIMSS 2015 算数・数学教育/理科教育の国際比較』明石書店，2017 年。さらには，文部科学省および国立教育政策研究所のウェブサイトに所収されている，過去の PISA 調査や TIMSS 調査，および日本国内の全国学力・学習状況調査の結果など

日本教育方法学会編『学習指導要領の改訂に関する教育方法学的検討―「資質・能力」と「教科の本質」をめぐって』図書文化，2017 年

A. シュライヒャー著・OECD 編／鈴木寛・秋田喜代美監訳『教育のワールドクラス―21世紀の学校システムをつくる』明石書店，2018 年

東京大学教育学部教育ガバナンス研究会編『グローバル化時代の教育改革―教育の質保証とガバナンス』東京大学出版会，2019 年。

松岡亮二『教育格差―階層・地域・学歴』（ちくま新書）筑摩書房，2019 年

# 第5章　生徒指導の課題
## ―教育問題を考えていくために―

## 第1節　社会的関心の高い教育問題

　最初に，近年の児童生徒をめぐる問題事象を取り上げて概観しておこう。「いじめ」問題は，日本に限らず，世界各国でも問題とされる。日本では，2018年の文部科学省調査によると総計54万3933件（小学校で42万5844件，中学校で9万7704件，高等学校で1万7709件，特別支援学校で2676件）の認知件数が報告されている。件数は，過去の調査結果をみれば1986年，1995年，2006年と悲しく痛ましい事件を引き金に社会的問題としても高い関心が示されてきたが，その後，2011年以降増加はすさまじく，過去最高を更新しつづけている（調査結果を読み解く際には，いじめの定義の仕方，発生件数から認知件数へと調査方法に変更があったことに留意したい）。

　2011年の大津いじめ自殺事件があり，事件の内実と学校や教育委員会の対応も問題視され，報道でもさかんに取り上げられ，社会的反響も大きかった。結果，「いじめ防止対策推進法」（2013年6月28日法律第71号）が成立し，学校と行政による連携や調査報告などの責務が策定されるに至った。

　そこでは，いじめの定義を，「児童等に対して，当該児童等が在籍する学校に在籍している等当該児童等と一定の人的関係にある他の児童等が行う心理的又は物理的な影響を与える行為（インターネットを通じて行われるものを含む。）であって，当該行為の対象となった児童等が心身の苦痛を感じているものをいう」（第2条1項）と示している（参考：2006年文部科学省定義「当該児童生徒が，一定の人間関係のある者から，心理的，物理的な攻撃を受けたことにより，精神的な苦痛を感じているもの」とする。なお，起こった場所は学校の内外を問わない）。

　「体罰」問題もまた，とりわけ学校現場に散見される問題として，議論を呼

んできた。2012〜13年にかけては，大阪市の公立高等学校の部活動において，体罰に起因する男子生徒の自死事件が社会的関心として大きく扱われた。当該者の顧問は勤務校を懲戒免職に，関連協会から公認コーチ資格を取り消され，検察庁は在宅起訴の刑事罰に処し，この事件の社会的意義の大きさを物語った。

　いじめや体罰のような教育問題はセンセーショナルにマスコミでも取り沙汰されるが，児童・生徒が安全かつ健やかな日常・学校生活を送れない事態は，過去にもさまざまに取り沙汰された。1970年代末には「校内暴力」，1980年代はいじめや「不登校」（当時は"登校拒否"と論じた），1990年代は，さらに，「学級崩壊」や授業不成立といった"荒れ"がさかんに報じられた（ただし，2000年ごろからのいわゆる「学力低下論争」のなかで，世間の関心やマスコミの論調はその視線を逸らしていった）。

　これらの対処を考えていく際のキーワードに「指導」があげられる。上記のような状況は，児童・生徒における問題行動とみなされ，その対応や原因分析に際しては，自ずと学校側・教員側の「指導」のあり方が問われる。

## 第2節　「指導」概念と「生活指導」「生徒指導」

　「指導」ということばは，きわめて限られた，学校的かつ日本的な概念であると考えたことはあるだろうか。

　日常何気なく使う用語やことばの用い方には，その背景となる考え方や価値観，ものの見方の視点が見え隠れする。そうした集団や特定の社会の文化のちがいを考えるのに役立つ研究方法の1つに質的研究がある。そのなかに，日本とアメリカの教員の「指導／teaching」のことばの使い方をみた研究がある[1]。日本の「指導」は，教員から児童・生徒への知識やスキルの伝授といった認知的側面も，態度や生活面への教員からのはたらきかけもすべて含めて使われるのに対して，アメリカではそうではなく，teachingはしつけや学級経営は含まず，限られた使い方であると指摘される。ここから見えてくるのが，日本の「指導」という概念が，適用される幅の広さと境界線のゆるやかさである。

よく混同されるが,「生徒指導」と「生活指導」を取り上げてみよう。学校生活の大半を占め,主たる目的となるのが,「学習指導」や「教科指導」,すなわち授業場面であろう。いっぽう,このほかの諸場面で,教員がその専門性を発揮するのが「生活指導」である。この「生活指導」という用語は,大正時代に新しい教育を求めた自由主義教育の機運のなかで使われるようになった。それは,児童・生徒の,教科の学習だけに留まらない,生き方や暮らし方にまでつなげて教育を考える発想であり,民間教育研究運動でさかんに論じられた。戦後,新教育体制が始まると,生活指導は,輸入されてきた新語「ガイダンス」の訳語として充てられ広まっていく。しかしその後,行政用語として,1958 年の学習指導要領改訂以後,広く学校現場で多義的に用いられてきた生活指導と区別するために,「生徒指導」との呼び分けが始まった[2]。

　当時,文部省は,生徒指導の意義として,「青少年非行等の対策といったいわば消極的な面にあるだけではなく,積極的にすべての生徒のそれぞれの人格のよりよき発達を目指すとともに,学校生活が,生徒の一人一人にとっても,また学級や学年,さらに学校全体といった様々な集団にとっても,有意義にかつ興味深く,充実したものになるようにすることを目指すところにある」と示した（文部省『生徒指導の手引（改訂版）』1981 年)。

　この方向性は今も変わらない。現在まで,「生徒指導」ということばは,学校社会において,しつけや訓練などの意味には留まらず,学校生活全体を視野に入れた児童・生徒の発達を促す側面として,学習指導と対をなして使われている。生活指導や児童指導と呼ぶ場合もあるが,行政用語としては,小中高特別支援校の別なく,この生徒指導が用いられる。


## 第3節　現代の生徒指導の考え方

　2010 年,文部科学省は,生徒指導について『生徒指導提要』を著し,現代の学校教員が取り組むべき生徒指導の考え方と方策を示した。そこで生徒指導は「一人一人の児童生徒の人格を尊重し,個性の伸長を図りながら,社会的資

質や行動力を高めることを目指して行われる教育活動」と定義されている。

　その実践の方向性として，教員が児童・生徒を十分に理解すること，教員間で指導についての共通理解を図ることを軸として，児童・生徒には全体に向けた集団指導と個別指導の両方を用いること，そのいずれも①成長を促す指導，②予防的指導，③課題解決的指導の３つの目的で迫ることが奨められている。

　とはいえ，生徒指導は，その内容や領域，方法論が限定されるものではない。各教科や道徳・特別活動といった時間や場所でとらえやすい学習指導に対し，生徒指導は，児童・生徒の個性を伸長し人格を発達させ，学校や学級という社会・集団に適応させる目的で働きかけるために，この時間この場面で，と限られたり特化されるものではない。学校生活の諸場面を見渡しながら，児童・生徒に，①自己決定の場を用意すること，②自己存在感や自尊感情を与えること，③他者との共感的関係を基盤にすることが求められる（「生徒指導の３機能論」）。

　さらに，生徒指導の具体的なかたちをめぐって，管理・厳罰と寛容・受容の二項から考えておこう。すなわち①ゼロ・トレランスにみる管理や規律を徹底し重視する指導，②児童・生徒の内面にまでかかわるきめ細やかな個別指導の２つの論点である[3]。

　①のゼロ・トレランスとは，1990年代アメリカで流行った，遵守すべき規律を示して，違反者には厳しい罰則規定を適用する，まさにトレランス（寛容さ）をゼロとする厳格な指導スタイルである。公共性や社会規律を求め，規則やルール遵守の徹底を突き詰めていく先に想い描きやすいかもしれないが，反面，抑圧や強制，管理主義といった視点において批判を受ける。②は，一人ひとりの児童・生徒の内面を理解し，指導に役立てようとする方向性である。それは，児童・生徒の小さなサインに気づくこと（徴候の理解）や，相手の立場や枠組みに立って受容すること（共感的理解）に重点がおかれる。遡れば，1997年の神戸連続児童殺傷事件（通称"酒鬼薔薇事件"）や1998年の中央教育審議会の「幼児期からの心の教育の在り方」答申の議論を経て，カウンセリング・マインドやスクールカウンセラーの重要性が注目されていった（2001年度からスクールカウンセラーの設置）。これらを視野において，「教育相談」が生徒

指導の一環として位置づけられ，その活用と体制の整備が期待されている。

　現代の教育現場では，厳罰主義の強硬論ではなく，受容や共感をキーワードとした内面理解が主流となっている。ただし，児童・生徒理解が，「児童・生徒の心の動きや悩みを理解すること」に限定的に用いられやすくなっている傾向にも留意しておきたい。


## 第4節　「いじめ」「体罰」への生徒指導

　では再度，「いじめ」「体罰」について，生徒指導論をふまえて考えてみよう。まず，いじめをめぐる学術的知見からみていこう。

　森田洋司は「いじめの四層構造論」を示し，いじめは加害者・被害者だけの問題でなく，それをとりまく観衆・傍観者の存在性を論じた。また，他国との比較研究からは，日本の場合傍観者が多く，仲裁や通報を果たす役割が少ないことも指摘している[4]。また内藤朝雄は，人間関係や学級といった社会制度のなかに組み込まれ，集団心理のダイナミクスによっていじめが起きるのだとその構造のメカニズムを論じた[5]。

　2006年「スクールカースト」（学校カースト）が話題となったが，これは現代の学校社会がかかえている，固定的に階層構造化した人間関係の指摘であり，その危惧がうかがえる。さらに高度情報化社会の成熟とあいまって「学校裏サイト」のような，目には見えないが人間関係を包囲するしかけもその危険性を増長していることは否めない。なによりも，教員は絶対的にいじめに対しては毅然と根絶へと向かわねばならない。まずは教員こそが学校生活の安全と安心を保障しようとする一番の牽引者でなくてはならない。

　いっぽう，体罰や「スクールセクハラ」といった問題を考えるうえで，教員側が絶対的な上下・強弱の優位がおかれた権力構造のなかにあるということも自覚しなければいけない。体罰は当然のごとく学校教育法第11条「校長及び教員は，教育上必要があると認めるときは，文部科学大臣の定めるところにより，児童，生徒及び学生に懲戒を加えることができる。ただし，体罰を加える

ことはできない」において禁じられる。ところが，その体罰の内容や解釈をめ
ぐって誤解や理解不足はいまだ見受けられる。

　文部科学省は，2007 年，「問題行動を起こす児童生徒に対する指導について
（通知）」を出し，体罰と懲戒をめぐる指針を示した。以下，要約して示す。

　　　○ 学校教育法第 11 条に規定する児童生徒の懲戒・体罰に関する考え方
1 体罰について
（1）学校教育法第 11 条ただし書にいう体罰は，いかなる場合においても行っ
てはならない。懲戒の行為が体罰に当たるかどうかは，当該児童生徒の年齢，
健康，心身の発達状況，当該行為が行われた場所的及び時間的環境，懲戒の態
様等の諸条件を総合的に考え，個々の事案ごとに判断する必要がある。
（2）懲戒が身体的性質のもの，すなわち，身体に対する侵害を内容とする懲
戒（殴る，蹴る等），肉体的苦痛を与えるような懲戒（正座・直立等特定の姿
勢を長時間保持させる等）に当たると判断された場合は，体罰に該当する。
（3）個々の懲戒が体罰に当たるか否かは，単に，懲戒を受けた児童生徒や保
護者の主観的な言動で判断するのではなく，（1）の諸条件を客観的に考慮し
て判断すべきで，特に　児童生徒一人一人の状況に配慮を尽くした行為であっ
たかどうか等の観点が重要である。
（4）児童生徒に対する有形力（目に見える物理的な力）の懲戒は，その一切
が体罰として許されないというものではない。（＊裁判例「昭和 56 年 4 月 1 日
東京高裁判決」「昭和 60 年 2 月 22 日浦和地裁判決」が例示される）
（5）有形力の行使以外の懲戒は，例えば，以下のような行為は，児童生徒に
肉体的苦痛を与えるものでない限り，通常体罰には当たらない。
○ 放課後等に教室に残留させる（用便のためにも室外に出ることを許さない，
又は食事時間を過ぎても長く留め置く等肉体的苦痛を与えるものは体罰に当た
る）。
○ 授業中，教室内に起立させる。／○ 学習課題や清掃活動を課す。
○ 学校当番を多く割り当てる。／○ 立ち歩きの多い児童生徒を叱って席につ
かせる。
（6）なお，児童生徒から教員等に対する暴力行為に対して，教員等が防衛の
ためにやむを得ずした有形力の行使は，もとより教育上の措置たる懲戒行為と
して行われたものではなく，これにより身体への侵害又は肉体的苦痛を与えた
場合は体罰には該当しない。また，他の児童生徒に被害を及ぼすような暴力行
為に対して，これを制止したり，目前の危険を回避するためにやむを得ずした
有形力の行使についても，同様に体罰に当たらない。（正当防衛，正当行為等
として刑事上又は民事上の責めを免れうる。）

体罰問題を，部活動において考えてみよう。部活動は，元来教育課程外の課外活動であることから，その運営や指導方法については，各顧問教員や指導者の自由裁量の側面が大きい（1998・1999 年版の学習指導要領で初めて教育課程との関連性が記された）。「競技力の向上」を至上命題にするときに，行き過ぎた指導や体罰に至る危惧が考えられるだろう。部活指導者は，その競技の指導テクニックをどこで・どのように，正当に学ぶのか。教育論的に“経験を活かす”方法は確立されているのだろうか（“名選手が必ずしも名コーチたりうるのか”）。

　部活動が教育活動の一環である以上，教員・指導者は常に教育的であるかどうかを自問自答しなければならない。教育的な意図のもとでは，より強く・より速くなどの一元的な価値に全児童・生徒を揃って向かわせることだけを奨励するとはかぎらない。一部の成功者ではなく，成功に届かない者への手立て（敗者や途上にある者，その応援や支援，慰めや励まし）も含むのが教育であろう。

　成功という結果へと方向づけることを，競技性の向上をうたって正当化してはいないだろうか。その最たるものが勝利至上主義であろう。それは結果のためには，手段を選ばないという指導をも生み出す。はたしてそこで，児童・生徒の自主性や意図，ましてや人権は保障されていると言い切れるのだろうか。教育活動であることを揺らがない大前提として，体罰を必要としない指導方法を研鑽していくのが教育者の務めであろう。建て前と本音ではなく，体罰を容認する考え方に対して，厳然たる姿勢で取り組まねばならない[6]。

## 第 5 節　権利主体としての児童・生徒を見すえて

　生徒指導においては，教員は児童・生徒の人権を保障するという考え方を信念のレベルでしっかりともたねばならない。1994 年に日本は「子どもの権利条約」に批准したが，はたしてこの児童・生徒の人権保障は，空虚な美辞麗句になってはいないだろうか。教員にとって，児童・生徒の権利を守ることは当然の遂行義務である。教員は，その専門性の名の下に，児童・生徒を権利主体として認めることを当然の前提としながら教育活動にあたる。保護者や社会か

ら託された教育要求を公的なものへと高め，その教育活動が児童・生徒の「最善の利益」となるようその責務を果たしていくのである。

　児童・生徒は，それぞれが一人の人格も権利も備えた"にんげん"である。教員によって，"指導"という名の下に何もかもがまかり通るわけではない。時間や場面，方法論が目に見えにくく，学校生活を広く包括する生徒指導であるからと，教員の独善的な非教育的"指導"がまかり通るものではない。

　学校教育は，児童・生徒に，自らを律し，自分を含めた学校・学級集団のなかで，合意を形成する能力も育てていかねばならない。そのために，教員は，差異性を相互に承認できる集団のあり方を考えながら，一人ひとりの発達やその集団形成に取り組んでいかねばならない。教員自らの実践を常に相対的に見返しながら，その教育的な意味や正当性を考えつづけていくものなのである。


■**課題**　「指導」ということばがどのような場面で使われているのか見渡してみよう。またそのとき，それを行使する主体（教員）は，児童・生徒に対してどのような強権性をもちうるのかを考えてみよう。


### 注記

1)　酒井朗「文化としての『指導／ teaching』　教育研究におけるエスノグラフィーの可能性」平山光義編『質的研究法による授業研究』北大路書房，1997 年，pp.86-103

2)　磯田一雄「生活指導」，横須賀薫編『授業研究用語辞典』教育出版，1990 年，pp.32-33。高田清担当「生徒指導」，日本教育方法学会編『現代教育方法事典』図書文化，2004 年，p.418

3)　油布佐和子「生徒指導の変化と困難」『転換期の教師('07)』放送大学教育振興会，2007 年，pp.50-53

4)　森田洋司・清永賢二『いじめ—教室の病い』金子書房，1986 年。森田洋司『いじめとは何か—教室の問題，社会の問題』中央公論社，2010 年

5)　内藤朝雄『いじめの社会理論—その生態学的秩序の生成と解体』柏書房，2001 年

6)　部活動をめぐる実態調査や教育社会学的な考察は，西島央編『部活動　その現状とこれからのあり方』学事出版，2006 年を参照。体罰を歴史的に考え直すには，江森一郎『新装版 体罰の社会史』新曜社，2013（初版 1989）年が参考になる。

# 第6章　保護者・地域住民との連携と教師の役割

## 第1節　開かれた学校づくり時代の保護者・地域住民との連携と教師の役割

### （1）開かれた学校づくり時代の教師の役割の広がり

　学校教育は，しばしば閉鎖的であるといわれてきたが，2000年度から学校評議員制度が導入，2007年からは学校評価制度も導入され，保護者・地域の声が学校に反映されるようになった。学校は，保護者・地域住民に学校教育活動を公開し，さまざまな意見やアイデアを聴きながら，教育活動を進めていくことになった。学校から保護者・地域住民に情報が伝わり，同時に保護者・地域住民からさまざまな協力を得ることで，学校の教育活動や子どもの発達環境も豊かになっていく。このように開かれた学校が求められる段階になってくると，教師・学校も家庭・地域と連携していく発想と力量が求められる。

　また法律上は，学校教育は学校教育法で，家庭教育・地域教育は社会教育法で位置づけられているように，学校教育と社会教育は，法的にも行政的にも別の領域として扱われることが多かった。しかし，子どもの発達は，学校・家庭・地域を通じて多面的に発達している。このことを教師も認識しておかなければ，教師が学校教育以外での子どもの発達の機会を見逃したり，その結果別途教師が負担を被る傾向も生じている。このような状況を鑑みても，今後の教師の役割として，保護者・地域住民と連携できる発想と力量を培う必要がある。

### （2）教育職員免許法の限界と教師教育の課題

　保護者・地域住民との連携が求められているにもかかわらず，教育職員免許法には，保護者・地域連携を担うことの必要性や方法に関する免許科目は，設定されてはいない。そのほか，総合的な学習や小学校英語も含めて，新たに学校教育で導入された科目や教育活動が，必ずしも教育職員免許法で規定されて

いるわけではない。教育学部などでの教員養成教育も，高等教育機関の総単位数の上限からすると，これ以上必須科目を増やすこともできないのが現状である。したがって多くの教師は，地域連携の必要性を大学で学ぶこともなく，学校現場に赴任することになる。

　学校現場においては，現実に保護者対応や地域学習など保護者・地域住民と連携しなければならないのであれば，教育職員免許法に規定されていなくても，保護者・地域住民との連携を教師の職務の一環として意識しておかなければならない。保護者・地域住民と連携できる力は，子どもを指導する力と同じではないが，子どもを指導する力を補完する力として関連している。

## （3）保護者・地域住民との連携における教師のコーディネート能力

　保護者・地域住民と連携する力として求められる教師の力は，保護者・地域住民とコミュニケーションをとり，子どもにとって必要な保護者・地域住民の力を引き出すコーディネート力である。保護者・地域住民にはいろいろな人がいて，教師にとっては，教育活動をあまり熟知しないで学校・教師に意見を言ったり批判したりする迷惑な存在とも受け取れる。とくに保護者に関しては，"モンスターペアレント"などの造語も生まれ，担任教師にとってはあまりかかわりたくないという気持ちも本音である。

　しかしそのような保護者の声も，子育ての不安と焦りに起因しているととらえ，教師が保護者の声を受け取りながら，保護者に共感していく姿勢と傾聴する力量も必要である。保護者への共感が結果として，教師への理解者を増やし，教師の教育活動を多様な面で支える条件となる。

　また地域住民に対しては，多様な専門性と職業をもった人が住み，それらの人の経験にもとづいたリアルで専門的な話しを子どもたちにすることなど，総合的な学習の調べ活動に協力してもらうこともできる。さまざまな職業経験や人生経験が，教科や道徳・特活の背後にある"生きる力"を提供してくれることも少なくない。これらの地域のさまざまな住民の力を引き出して，子どものためにコーディネートしていく力が教師に求められている。

## 第2節　子どもの家庭生活習慣の確立と保護者との連携の役割

### （1）子どもの生活習慣の確立に向けた保護者との連携の役割

　家庭での食生活・生活時間・生活規律などの生活習慣が乱れている子どもは，学習活動においても，生活行動においても，あらゆるところで規律と忍耐力を低下させ，結果として授業が理解できなかったり，人間関係づくりや生活モラルが乱れたりする。そのため家庭での子どもの生活習慣を確立して，規律ある行動を促していくことも重要になる。教師は，子どもの家庭生活習慣を高めるように，保護者にも協力を求めていくことが重要になる。

　保護者自らが子どもの家庭生活習慣を高めていくためには，家庭で守るべき生活習慣に関する情報を学校から提供していくことも重要である。保護者懇談会・研修会の開催や学級通信・保健だよりの配布などを通じて，保護者に子育ての情報提供を行い，自覚的に子どもの生活習慣を正すように啓発していくことが重要である。

　子どもの生活習慣の乱れがもたらす悪影響としては，たとえば，朝寝坊している子どもや朝食抜きの子どもが午前中の授業に集中できない問題や，テレビを見続けている子どもの脳波が白昼夢波と同じ現象を引き起こしていく問題などがある。また遅刻を頻繁に繰り返す子どもは，生活の自己コントロール力が低下して，不登校傾向や人間関係にも悪影響をもたらす傾向があることも伝えておく必要がある。これらの家庭生活の改善は，保護者の理解と協力がないと進まないために，多くの保護者から協力してもらえるように，教師・学校が働きかけていくことが重要になる。

### （2）子どもの読書・学習習慣の確立に向けた保護者との連携の役割

　家庭生活でもう1つの重要な要素は，読書や学習時間を規則正しく確保することである。読書は，読解力の基礎として言語認識を高め，あらゆる学力の基礎となる。とりわけ近年の携帯電話・スマートフォンの普及に伴い，読書離れ・活字離れは激しく，日常的には雑誌・本・新聞にふれる機会がますます減少している。したがって，家庭・地域においても，意識的に子どものテレビ・

携帯電話などを利用する時間を抑制し，読書を促していかなければならない。

　家庭学習に関しては，エビングハウスの忘却曲線でも指摘されるように，完全忘却になる前に覚え直しをすることが，知識の定着や理解にとって重要である。そのため，毎日の授業で習ったことを復習し，自分なりに解き直してみることによって，解答プロセスを理解し，普遍的な理解に高めていくことができる。このような家庭学習に関しても，家庭生活のなかで規則正しく時間をつくるように保護者にも協力を求めていくことが，教師の役割として重要である。

### （3）保護者支援とネットワークづくりの役割

　保護者同士の人間関係が疎遠になるなかで，子育ても孤立化していく傾向にある。保護者が学級 PTA 活動やレクリエーションにも参加しなくなる傾向もある。そのため，日常的な子育ての経験的な情報が入らず，保護者が子育てに不安になったり，親子活動・学級レクリエーションなどでも相互協力がなくなったりしている。その結果，孤立的な生活を送る保護者ほど，ますます保護者の育児ストレスが溜まったり，子どもの生活が乱れたりする傾向がある。また保護者同士の人間関係が悪いと，子ども同士の関係も悪くなる傾向にあり，逆に保護者同士の人間関係がよいと，子ども同士の関係もよくなる傾向にある。

　このような保護者同士の関係も，相互協力的な関係づくりを促していくなど，保護者のネットワークづくりを進めていく必要がある。そのために，学級 PTA による学級レクリエーションを開催したり，保護者同士の連絡網や声の掛け合いを促進していく必要がある。このようなネットワークづくりのなかで孤立しがちな家庭にも誘い合う雰囲気ができ，子育ての情報交換や子育ての協力関係も高まっていく。このような保護者のネットワークづくりの働きかけも，教師の役割として重要になってきている。


## 第3節　学校行事・地域活動における保護者・地域住民との連携の役割

### （1）運動会・文化祭・学校祭等学校行事における保護者の参画と連携の役割
　学校行事には，運動会・文化祭・学校祭・スポーツ大会・学習発表会・新入

生歓迎会・卒業式・授業参観日・七夕節句などの年中行事・お楽しみ会・学級レクリエーション日など，年間を通じて，10回程度は設定されている。これらの学校行事において，子どもの参加意欲・達成感を高めるためにも，保護者が参画し，子どもに期待する雰囲気をつくっていくことが重要になる。学校内だけで実施していた行事も，保護者・地域住民に開放し，より多くの保護者が参加・準備協力できるように促していく必要がある。

　保護者が参加・協力してくれることを子どもに伝えることによって，子どもも期待されている気持ちが励みとなり，行事・活動の達成感も高まっていく。また保護者の行事への参画を通じて，保護者同士の人間関係も高まっていく。レクリエーション日も，学級単位で開催する学級レクリエーション（たとえば，茶話会・餅つき大会・料理づくり・ゲーム大会など）として開催すると，学級内の保護者同士の関係も親密になり，さまざまなPTA運営や教育活動もより円滑に連携して進めやすくなる。

　このような学校行事に保護者が参加しやすくするためには，開催日時の設定も，土日・祝日・夕方開催など，多くの保護者が参加しやすい時間帯を選んで，年間行事日程を柔軟に対応していく必要がある。

### （2）子どもの放課後地域活動と地域住民との連携の役割

　子どもの放課後は，かつては子ども同士の集団遊び・スポーツや自然に触れた遊びなどが多かったが，電子ゲーム機が小型化し携帯電話も普及するようになると，子どもたちはいっそう個々別々に電子ゲーム機を持って遊ぶようになっている。家庭に戻っても，テレビやゲームなどに埋没し，放課後の子ども同士の会話や集団遊びが減少している。

　このようななかで，子ども本来の遊びや仲間づくりの機会を設定していくことも重要になっている。文部科学省も2007年から放課後子ども教室推進事業を開始し，子どもたちの集団的な遊び・学習・スポーツなどを取り入れた放課後発達保障の機会を設定している。この事業を受けて，各自治体では，放課後の学校の空き教室などを利用して，チャレンジ教室など，さまざまな遊び・体験活動・学習活動・読書活動などを行っている。

この事業では，各学校の保護者や高齢者・元教師などの地域住民が，放課後に空き教室に集まり，さまざまな体験的な活動を指導したりしている。たとえば，集団遊び・身体を使った遊び・昔遊びなどを指導したり，料理・物づくり・サイエンス実験・工作などの体験活動をしたり，読書・読み聞かせ・宿題補助をしたり，ドッジボールなどのスポーツ・一輪車・竹馬などの体力づくりといった活動を行っている。また土曜日を使ったサタデースクールで，体験活動や補充学習活動などを行い，土日で崩れがちな休みの日の過ごし方を有効にしようとする取り組みもある。

　このような放課後活動では，地域のボランティア・高齢者・元教師などの地域住民の力を借りる必要がある。そのためにも，日常的に子どもを支える地域住民が学校に出入りするような"開かれた学校づくり"の雰囲気をつくることが重要で，このような開かれた学校ほど，多くの地域住民の協力が得られる傾向にある。多くの地域住民に放課後活動にかかわってもらえるように，学校から地域に働きかけて，地域住民が学校に気軽に出入りすることによって，結果的に学校での子どもの活動も，活発かつ意欲的に展開させることができる。

**（3）防犯・防災などの子どもの安全と保護者・地域住民との連携の役割**

　子どもの安全を守る活動も，子どもが学校から出たあとの活動であるため，地域住民の役割は大きい。防犯活動では，地域住民が声をかける挨拶運動や見守り隊なども重要な防犯活動となる。学校の責任は，子どもが自宅に戻るまで責任を負っているが，それは単純に子どもが早く学校を出れば守れるということではなく，地域のあらゆる場面で住民が見守ることがなければ，安全を確保することはむずかしい。

　そのため，教師・学校は，地域の団体・町内会にも防犯の協力をお願いしつつ，地域住民との交流活動も続けながら，信頼関係を築くことが求められる。不審者情報や防犯マップなど，防犯に関する定期的な学校と地域の協議・情報交換と対応策の検討も必要になってくる。

　学校を出たあとに起きる災害や交通事故などに対しても，子どもを守るうえで地域住民の役割は大きい。暴風雨・竜巻・土砂崩れ・大波・河川増水・鉄砲

水・交通事故など，突然起こる災害・事故に関しても，地域の大人の判断・誘導が重要になる。自治体も防災マップを作成して地域住民に配布しているが，災害時には学校は通常避難所となる。その場合の学校を基盤とした地域住民の行動マニュアルや子どもへの支援・配慮なども，学校と地域住民が連携しておく必要がある。地域住民は災害時に学校を利用するとともに，地域住民が学校・子どもの安全を支えるという関係づくりを地域にも提起していく必要がある。

## 第4節　地域を活かした総合的な学習活動と保護者・地域住民との連携の役割

### （1）地域素材の発掘と専門機関・社会教育施設と連携したカリキュラムづくり

　子どもが理解しやすい内容は，見たこと聞いたこと触ったことがある身近な地域の内容である。子どもは地域で経験したことを元にして，より普遍的全国的な内容に認識を広げていく。そのため，地域素材を教材化することは，単に子どもが楽しく感じるだけでなく，文字上の理解を実感的な認識に発展させ，教科書の記述と現実社会を照らし合わせながら考えさせる意味をもつ。

　このような地域素材を教材化していくためには，地域の専門施設・役所の出先機関・図書館・博物館・科学館・史料館・生涯学習施設・生活環境施設・上下水道施設・防災施設などの社会教育施設と連携したり，役場や専門施設の出前授業を有効活用したりするなどの連携が不可欠である。専門施設の職員にも協力依頼することで，教師が説明するよりも具体的で奥深い内容の説明が提供でき，子どもたちは教科書の記述の背後にある複雑な要素をとらえられる。

　学習活動を補ううえでも，体験学習や地域活動は，重要な教育効果をもたらす。体験学習では，農林漁業体験学習・自然体験学習・環境保全体験学習・職場体験学習・社会福祉体験学習・乳幼児教育体験学習などがある。これらの体験学習を地域調べ学習と連動させて取り組めば，地域の産業・自然・生活・福祉・文化・教育などのテーマを中心にして，地域総合学習を展開することができる。このためには，教師・学校が専門施設・社会教育施設が提供する教材や話題について，前年度の早い段階で内容を調整し，年間カリキュラムのなかに

組み込んでいくことが不可欠となる。年間カリキュラムは，総合的な学習活動だけでなく，各学年教科・単元のなかで関連する箇所を結びつけていく必要があり，教科横断的なトータルな関連性を追求していくことが求められる。

**（2）地域体験学習・地域活動における保護者・地域住民との連携**

地域体験学習や地域学習は，道徳や特別活動とも関係させながら，子ども同士の協同的な関係をつくったり，他人や地域に奉仕したりするなど，道徳性を培ううえでも，重要な役割を担っている。このような体験活動は，多くの保護者・地域住民による密接な指導も必要であり，子ども同士が協力する活動を見守るうえでも保護者・地域住民の協力は大きな役割を果たしている。

地域奉仕活動は，子どもだけでなく，保護者・地域住民も一緒になって参加したり，子どもの活動を保護者・地域住民が応援したりするなかで，子どもも真剣に地域活動などに取り組む意欲が生まれてくる。これら学習活動の成果を子どもから保護者にも伝え，保護者から子どもに声をかけたり，家庭でこれらの活動を聞いてもらうなど，子どもの活動への精神的支援や協力活動が重要になる。教師・学校は，保護者・地域住民に向けて，子どもの地域活動を支援し，心を育む活動を見守るように，働きかけていく役割が求められる。

以上のように，子どもの学習・生活・安全・学校カリキュラム・体験活動・地域活動などあらゆる部分で学校と地域の連携が重要になる。それらをコーディネートする教師の役割がいっそう強く求められるようになっている。

■**課題** 子どもの家庭生活・地域生活を充実したものにするため，どのような活動に取り組みたいと思うか。また教師・学校と保護者・地域住民とが信頼関係を高めていくためには，どのように対応すればよいか考えてみよう。

**参考文献**
住田正樹編『子どもと地域社会』学文社，2010 年
岡崎友典・玉井康之著『コミュニティ教育論』放送大学教育振興会，2010 年
長澤成次編『社会教育』学文社，2010 年
佐藤晴雄編『学校支援ボランティア』教育出版，2005 年
日本教師教育学会編『教師とは—教師の役割と専門性を深める』（講座教師教育学第 1 巻）
　学文社，2002 年

# 第7章　放課後の子どもたちの生活を支える保育活動との連携

## 第1節　学童保育とは何か─その歴史と社会的意義─

「娘は今4年生です。4年前，入学を前に期待と不安でいっぱいでした。保育園も生まれてからすぐに入れ，6年間入所させていました。そのときの私は，学童保育という存在も知らず，"仕事をやめなければならない"という不安と，ひとりっ子である娘を春から1人で家においておくという不安で泣いていた日もありました」[1]。

　仕事や病気など，なんらかの理由により，学校から帰ってきた子どもたちを「おかえり」と迎え，放課後をともに過ごすことができない。そんな子どもたちに寂しい思いをさせたくない。子どもたちが安心して楽しく過ごせる場所が欲しい。わが子を思う，そうした親たちの願いに応え，親の働く権利を守り，かつ子どもたちの生活と成長・発達を保障するために生まれてきたのが「学童保育」である。学童保育は，憲法によって定められている私たちの社会権にその成立の根拠をもち，その権利を実現する公共的な営みであるといえる。

　2018年の時点で，全国の学童保育数は2万3315カ所，入所児童数は121万1522人にのぼっている[2]。今や，低学年の子どもの3～4人に1人は学童保育に入所している。そして，学童保育に入所した子どもたちは，年間平均283日，平均時間数でいえば1682時間も学童保育で過ごしており，それは小学校で過ごす時間よりも460時間も多い。今や，学童保育は日本の子どもたちの生活と成長・発達の場として欠かせない存在となっている。

　しかしながら，学童保育がここまで増え，多くの人に知られるようになったのは，ここ最近のことである。たとえば，1998年の時点では，全国の学童保育数は9627カ所，入所児童数は33万3100人と今の半分にも満たない状況で

あった。世間一般での学童保育の認知度が低かったことはもちろん，関係の深い小学校の教員ですら，その存在を知らない例も少なからずあった。その理由は，学童保育に対する公的な支援が十分に行われてこなかった点にある。

学童保育の起源は，いまだ明らかになっていないが，少なくとも 1948 年には大阪の今川学園保育所において卒所児を対象にした学童保育が開始されたことが確認されている[3]。しかし，学童保育が社会制度として法制化されたのは，1997 年の児童福祉法の改正においてであり，今川学園で学童保育が誕生して以降，実に半世紀近くを経てからのことであった。

学童保育は，1997 年の児童福祉法改正によって「放課後児童健全育成事業」という呼称の下で公的な支援を受け，営まれてきた。その後，「小学校に入学しているおおむね 10 歳未満の児童」とされていた規定が，2015 年の法改正によって以下のように小学校 6 年生までの子どもたちへの支援に拡張された。

> 放課後児童健全育成事業とは，小学校に就学している児童であって，その保護者が労働等により昼間家庭にいないものに，授業の終了後に児童厚生施設等の施設を利用して適切な遊び及び生活の場を与えて，その健全な育成を図る事業をいう。
> (児童福祉法第 6 条 3 )

ここで注目したいのは，同法が「健全な育成を図る」ためには「適切な遊び及び生活の場を与え」る必要があるとの認識を示している点である。1997 年以前の子どもたちの放課後に対する国の施策は，学童保育の拡充ではなく，児童館や児童遊園などの拡充に重点があった。児童館などの児童厚生施設は，「児童に健全な遊びを与え」ることで，「健康を増進し，又は情操をゆたかにすることを目的とする」と位置づけられている。つまり，従来，子どもたちの放課後に対する国の施策のなかには，「遊び場」の提供という視点はあっても，「生活の場」を提供するという視点は，存在しなかったのである。

こうした国の姿勢に対して，学童保育の法制化を求める指導員と親たちが要求してきたことの 1 つは，子どもたちの放課後生活には「遊び」だけでなく，おやつを食べたり，休息をとったりと，心も体も安心して過ごせる「生活の

場」が必要であるということであった。児童福祉法のなかに「適切な遊び及び生活の場を与えて，その健全な育成を図る」という文言が明記されたのは，そうした歴史的な運動が実を結んだ結果であった。

　児童福祉法の文言，そしてこれまでの学童保育実践と運動の成果に学ぶならば，学童保育とは，少なくとも次の2つの役割を担う場となっている。1つ目は，何よりも放課後の子どもたちの安らぎと安心のある居場所であり，生活の拠り所となることである。学童保育は，「おかえり」と学校から帰ってくる子どもたちを迎える第二の家庭であり，その意味で子どもたちの日々の生活を保障しようとする営みなのである。2つ目は，子どもの遊び・文化活動の場となることである。学童保育指導員は，保育活動の中心として「遊び」を位置づけ，子どもたちの遊び文化をいかに豊かにしていくのかという問題意識を共有して実践を蓄積してきた。その意味で，学童保育は子どもたちの遊びや文化が花開く場となっており，与えられた遊びや文化の消費者ではなく，子どもたち自身による遊びと文化の創造と継承をめざす営みなのである。


## 第2節　子どもたちの生活の危機―生活の崩れと貧困の広がり―

### （1）子どもたちのライフ・バランスの崩れ

　今，これまで存在しなかった欠乏感が子どもたちのなかに広がっている。それは，「ウェルビーイング（well-being）」の欠乏である。「ウェルビーイング」とは「幸福感」「充実感」と訳され，身体的な健康のみならず，精神的・社会的に充実している状態をさす用語として福祉関係者のなかで使われてきた。

　子ども社会学会が2004年に5・6年生を対象に行った調査では，「楽しい一日だった」と振り返ることができる子どもたちの割合は54.1％と半数でしかない（「いつもそう思う」と答えた子どもは19.1％）[4]。「明日もきっといいことがある」と感じられている子どもたちは29.1％しかおらず，「そう思えない」子どもは50.5％にものぼる。一日の終わりの感慨として最も多かったのは，「疲れた（63.8％）」であり，その次は「明日学校が休みだったらいいのに

（62.6％）」という感想だったそうである。この調査が示すように，多くの子どもたちの「今」は，「充実」や「満足」「希望」とはかけ離れた状態にある。

その理由の１つは，子どもたちのライフ・バランスの崩れにある。子どもたちの毎日の幸せと成長・発達にとって，バランスの取れた生活は不可欠である。しかしながら，高度経済成長期以降の日本の社会における子どもたちの生活は，「時間・空間・仲間（三間の喪失）」という言葉が表すように，バランスを欠く状態に陥った。子どもたちの生活において，学校や教育の占める割合が増え，遊びや文化活動の割合が減ってきたのである。

こうしたなかにあって，学童保育指導員は「生活づくり」を合い言葉に，子どもたちに多彩な生活活動と遊び活動，文化活動を保障する実践を展開してきた。全国各地から寄せられる学童保育実践をみてみると，「低学年から高学年までが一緒に遊ぶ活動」「自分たちで何かをつくって食べる活動」「手と道具を使ってつくる活動」「けん玉やコマ回し，縄跳びなど新しい技に挑戦する活動」「祭りなど行事を計画し集い合い，話し合う活動」など，それは総合的で自治的・集団的な活動によって彩られている[5]。

子どもたちのライフ・バランスの崩れは，社会の構造的な問題に起因する。そのため，それは学童保育に通う子どもたちだけに限られる問題ではなくなってきている。すべての子どもたちの「生活」に今一度目を向け，そのあり方を問い直すとき，学童保育実践は子どもたちに必要なバランスのとれた豊かな「生活」とは何かを考えるための手がかりを私たちに示してくれる。

（２）子どもの貧困の広がり

子どもたちのライフ・バランスの崩れに加え，近年，深刻な問題として指摘されているのが，子どもたちの「貧困」問題である。この問題は，2008年の経済協力開発機構（OECD）による先進国の子どもの貧困に関するデータ公表をきっかけに，日本においても注目されるようになった。

日本の子どもの貧困率は，国際的にみても高い水準にあり，厚生労働省によれば2015年時点での日本の子どもたちの貧困率は13.9％となっている[6]。これは，17歳以下の子どものうち貧困世帯で暮らす子どもの割合である。厚生

労働省の示す「貧困線」は，2人世帯で172万円，4人世帯で244万円と設定されており，およそ7人に1人の子どもが，そうした貧困線以下の生活を送っているのである。なかでも深刻なのは，一人親世帯である。その貧困率は50.8%に達しており，この数値は他の国々と比較しても，非常に高くなっている。これらのデータが示すように，日本の大多数の子どもたちにとって「貧困」は，今や身近に存在する，ありふれた問題になろうとしているのである。

　子どもたちの貧困を問題にしなければならない理由は，それが経済的な困難にとどまらず，発達の貧困を子どもたちにもたらすからである。この間，刊行された「子どもの貧困」に関するルポには，その実態がリアルに描かれている。そうしたルポの1つから，ある父子世帯のケースを要約し，紹介しておこう[7]。

　　ある土曜日の朝，養護教諭の河野のもとに父親の昇平から電話があった。「学校だと安心だから，奈緒を一日中，運動場にいさせようと思うんです」。普段なら学童保育がある土曜なのであるが，その日はインフルエンザによる学級閉鎖にあわせて学童保育が閉所となっていた。4年生の奈緒は軽い発達障害をかかえていることもあり，1人で留守番をするのが難しい。しかし，この日の仕事を休めない父親の昇平は困りはて，河野に電話してきたのである。やむなく休日出勤をした河野は，奈緒を保健室で預かる。午後はみぞれ。父親が作ったお弁当と河野が買ってきたシュークリームを食べながら，奈緒がつぶやいた。「校門で待っている間，『先生が来なかったらどうしよう』ってすごく心配だった。保健室にいられて本当に良かったよ，先生。ここで預かってもらえなかったら，私，どうなってたかな。外にずっといようかと思ってたから」。
　　自殺未遂を繰り返す妻と離婚したことを機に，父親は育児のために転職をした。仕事は毎日，18時に終わるようになったが，転職前は600万円あった収入は3分の1にまで激減した。その結果，子どもを食べさせるのがやっとの生活になり，学校への納付金や学童保育の保育料なども滞納することになる。学校での眼科検診のたびに，斜視と視力の低下を指摘される奈緒に眼鏡を買ってやる余裕もない。父親の昇平は「勉強のことを考えると眼鏡は買ってやりたいけど，安くて七千円から八千円はするでしょ。二週間分の食費に当たる。食べることが先で，眼鏡の順番は後に回すしかない。ドライに割りきらないと生活していけないんです」という。

「貧困」に起因するさまざまな不利益が，どのように発達の貧困に結びついていくかを，このケースは見事に物語っている。眼科にかかることができない，

眼鏡が買えないことにより，奈緒は視力の低下を防ぎ，斜視を矯正する機会を奪われている。同時に，視力の低下は，黒板の文字が見えないなど，学習機会の剥奪，そして学力低下へとつながっていく。また，子どもを育てるために仕事で無理をせざるをえない父親は，奈緒と過ごす時間を十分に取れないため，彼女は父親から十分にケアされていない状況にある。実際，河野は「あの子はつらいことがあっても，いつも『我慢しないと』と思っている。本当は甘えたり，すがったりしたいんです。でも行き場がなく，頼れる人がいない。どうしたらいいのか分からないんだと思います」と奈緒の気持ちを代弁し，奈緒の情緒的な成長・発達を心配している。

　このように貧困世帯に属する子どもたちは，経済的な困難をかかえるがゆえに，社会生活に必要なさまざまなものの欠乏状態に陥りやすくなり，結果的に成長・発達の節目に必要なさまざまな物資や経験を得る機会を奪われることになる。子どもたちの貧困が大人たちの貧困よりも深刻な問題とされるのは，成長・発達の節目で被った不利益がその後の成長・発達にも影響を与え，累積的な不利益となり子どもの心と身体を蝕む発達の貧困になるからである。

　こうした子どもの貧困問題が明らかになって以降，これを放置するわけにはいかないという考えが広まってきた。そうした社会的認識の広がりを背景に，2013年には「子どもの貧困対策の推進に関する法律」が成立した。しかしながら，子どもの貧困率の低下は，わずかにとどまっている。子どもたちの貧困は，憲法25条によって定められている「健康で文化的な最低限度の生活を営む権利」を脅かすものであり，現代の日本社会では，今も7人に1人の子どもが，そうした見過ごしてはならない問題をかかえ，生活していることを直視する必要がある。


## 第3節　教師と学童保育指導員の連携
### ─求められる発達援助者としての協働─

　子どもたちの生活に広がりつつある「貧困」に現行の学校や学童保育制度は，

防波堤の役割を果たしているのだろうか。残念ながら，その役割を十分に果たしているとはいえない。

　その理由は，現行の学校教育制度や学童保育制度が，生存権を保障する福祉的な観点を十分にもっていないからである。貧困研究にたずさわる多くの論者が指摘するように，これまで「子どもの貧困」は家庭崩壊に陥ったなど，一部の特殊な家庭にみられる問題と一般的にはとらえられてきた。それゆえ，教育のなかに福祉が組み込まれることはほとんどなく，児童養護施設の子どもたちを対象とするような特殊なケースにのみ，福祉的な対応の必要が論じられてきた。しかしながら，近年の「子どもの貧困」の広がりは，福祉的な援助を必要とする子どもたちが，もはや特殊なケースではなく，どこの学校，学級にも存在することを示している。今，学校や教師に求められていることの1つは，「貧困」によって引き起こされている子どもたちの生存権の危機ともいうべき事態と正面から向きあうことであり，その意味で教育と福祉を積極的に結びつける役割を引き受けることである[8]。

　では，教育と福祉を結びつけていくためには，どのような姿勢が必要なのか。河野教諭など，現場で「子どもの貧困」と向き合い，格闘してきた教師や学童保育指導員，あるいはスクール・ソーシャルワーカーの人たちから学べることが少なくとも2つある。1つ目は，「子どもの貧困」を食い止めるための第一歩は，「貧困」のなかで育つ子どもたちの声に耳を貸し，それを代弁する大人が必要であるということである。大人とちがい，子どもたちは「苦しさ」や「辛さ」をかかえていたとしても，それをうまく表現できない。子どもたちの声にならない声に耳を傾け，彼ら彼女らが被っている不利益に目を向けようとしない限り，「貧困」はみえてこない。言い換えるならば，子どもたちの「貧困」は，子どもたちにかかわる大人の代弁なしには，その存在そのものが隠されてしまうのである。子どもたちの育っている環境や生い立ちにまでさかのぼり，かかえている「苦しさ」を明らかにし，代弁することが教師には求められる。それらの蓄積が現行の学校教育や学童保育制度を捉え直す視点となり，子どもたちの生存権を保障する制度への礎となるのである。

2つ目は，子どもにかかわる専門家たちによる「協働」という視点である。「子どもの貧困」に立ち向かってきた実践家の誰もが強調するのは，教師や学童保育指導員が一人で問題をかかえ込むのではなく，さまざまな専門家と協働する必要性である。そうした「協働」を紡ぎだす役割を期待されるスクール・ソーシャルワーカーが配置されている地域では，彼ら彼女らを中心に「ケース・カンファレンス」などを開き，学童保育指導員や地域の民生委員や看護士，ホームヘルパーなど多彩な専門家が協力し，子どもがかかえる「苦しさ」や「辛さ」を理解・共有し，家族支援にまでつなげる事例が生まれてきている。

　近年，こうした教育と福祉を結びつける動きが，学校教育と学童保育の双方で生まれてきている。たとえば，学校教育では，スクール・ソーシャルワーカーの配置や「チームとしての学校」の構想などのなかに，そうした動きをみることができる[9]。「チームとしての学校」とは，2015年の中央教育審議会答申「チームとしての学校の在り方と今後の改善方策について」のなかで提起された学校組織のあり方である。

　「チームとしての学校」とは，教員同士だけでなく，教員と学校外の多様な専門家が連携・協働し，教育活動に従事することをめざすものである。学校外の専門家としては，スクール・カウンセラーやスクール・ソーシャルワーカー，部活動指導者などが具体的にあげられ，そうした専門家を学校の教職員として採用する方針を示している。同時に，医療的ケアを行う看護師や言語・理学・作業療法士，保健所や児童相談所などとの連携・協働を推進できる学校組織づくりが提起されている。

　学校が連携する多様な専門家のなかに学童保育の指導員を加えることが，生い立ちや家庭の状況なども含め，複眼的に子どもを理解するために重要となる。なぜなら，指導員は，教師と同様に長い時間，子どもたちに接している専門家であるとともに，家族支援を仕事の1つとして位置づけているため，親の就労状態や子育ての状況などを教師よりも熟知している場合があるからである。

　近年，そうした学童保育指導員の専門性を公的に認める動きも急速に進んでいる。学童保育は，2012年の子ども子育て支援制度の構想のもと，この間，

改善が進められてきている。2014年には，新たな「放課後児童健全育成事業の設備及び運営に関する基準」が定められ，2015年には，学童保育の保育指針ともいうべき「放課後児童クラブ運営指針」が設定された。そして，それらと並行し，指導員の専門性を社会的に認める「放課後児童支援員」資格が創設され，各都道府県で認定資格研修が始まっている。

　そうしたなかで，指導員の仕事として，保護者支援や学校との連携が明示されてきている。たとえば「放課後児童クラブ運営指針」の1章3では，「子ども自身へ全ての支援と同時に，学校等の関係機関と連携することにより，子どもの生活の基盤である家庭での養育を支援することも必要である」と，学校と連携し，子どもたちの家庭生活そのものを支えることが明記されている。

　学童保育では，実践的蓄積にもとづき，そうした家族支援のあり方を提起する動きもある。たとえば，日本学童保育士協会では，家族支援のための基本的な姿勢として「親は，誰もが我が子によりよく育ってほしいと願っていることに信頼をよせる」「子どもの輝く場面を学童保育の中でつくりだす努力をし，その場面やその子の持ち味を親に伝える」「保護者同士の援助関係（行事・保護者会活動・懇談会）を作っていくことを大事にする」ことを提起している[10]。

　今，子どもたちはさまざまな困難や生きづらさをかかえている。貧困問題に代表されるように，そうした困難や生きづらさは，子どもたちの生活に由来するものであり，その解決には，多様な専門家の協力が欠かせない。教師は学校での生活，指導員は放課後の子どもたちの生活にかかわる専門家あるため，両者が手をたずさえることで，子どもを複眼的に理解することができるようになる。子どもたちの育っている環境や生い立ちにまでさかのぼり，複眼的に子どもを理解することで，はじめて子どもたちがかかえている「辛さ」や「苦しさ」を代弁することができる。そして，そうした協働こそが，生活に由来するさまざまな困難から子どもたちを救うセーフティネットとなる。

　「貧困」を典型とする，子どもたちの生存，成長・発達を阻む諸問題に立ち向かい，バランスのとれた豊かな「生活」を保障し，子どもたちの成長・発達と「幸せ」を支える専門家として子どもたちにかかわることが，今，教師や学

童保育指導員に求められている。学校や学童保育という枠にとどまるのではな
く，教育や福祉，医療など子どもにかかわる多様な専門家と互いに手をたずさ
え，「発達援助専門職」として「協働」する意識と力量が必要となっている。

■**課題** 学校と学童保育との連携が求められるのはなぜか。また，学童保育の指導
員と日常的に連携していくために，どんなことを教師は行えばよいか考えよう。

### 注記

1) 真田祐「学童保育の現場から」浅井春夫・金澤誠一編著『福祉・保育現場の貧困』明
石書店，2009 年，p.83。
2) 全国学童保育連絡協議会『学童保育情報 2018-2019』全国学童保育連絡協議会，
2019 年を参照。
3) 学童保育の歴史については石原剛志「学童保育の概念・歴史・制度」学童保育指導員
研修テキスト編集委員会編『学童保育指導員のための研修テキスト』かもがわ出版，
2013 年が参考になる。
4) 深谷昌志・深谷和子・高旗正人編『いま，子どもの放課後はどうなっているのか』北
大路書房，2006 年。
5) 学童保育実践の分析は，増山均「現代日本社会と学童保育」日本学童保育学会編『現
代日本の学童保育』旬報社，2012 年を参照した。
6) 松本伊智朗・湯澤直美他編著『子どもの貧困ハンドブック』かもがわ出版，2016 年
を参照。ユニセフの試算においても，2000 年代半ば以降の日本の子どもたちの貧困率
は 13～15％となっている。
7) 保坂渉・池谷孝司『ルポ 子どもの貧困連鎖』光文社，2012 年，pp.190-200 を要約し
た。
8) この点については，教育と福祉をつなぐ重要性を早くから説き，「教育福祉論」を提
唱していた小川利夫の論に学ぶことが多い。たとえば小川利夫・高橋正教編著『教育福
祉論入門』光生館，2001 年。また近年では竹内常一も同様の主張を行っている。竹内
常一・佐藤洋作編著『教育と福祉の出会うところ』山吹書店，2012 年。
9) たとえば，山野則子・峯本耕治編著『スクールソーシャルワークの可能性』ミネルヴ
ァ書房，2007 年／山野則子「スクールソーシャルワークからみた『チーム学校』」『教
育と医学』64（6），慶應義塾大学出版会，2016 年／安藤知子「『チーム学校』政策論
と学校の現実」日本教師教育学会『日本教師教育学会年報』25 巻，2016 年を参照。
10) 日本学童保育士協会 学童保育における子育て・家族支援研究会（2016）『いっしょ
に育てらええねん』日本機関紙出版センター，2016 年。

# 第8章　教師の権利と義務

　「権利」や「義務」という言葉は，そもそもどのような意味なのだろうか。『広辞苑』（第6版，2008年）によると，「権利」とは「一定の利益を主張し，また，これを享受する手段として，法律が一定の者に附与する力」，または「ある事をする，またはしないことができる自由・能力」とされている。それに対して，「義務」とは「自己の立場に応じてしなければならないこと，また，してはならないこと」と記されている。また，「権利」と類似した言葉である「権限」は「公法上，国家または公共団体が法令の規定に基づいてその職権を行いうる範囲。また，その能力」（「私法上，ある人が他人のために法令・契約に基づいてなしうる権能の範囲」）とされている。しかし，本章においては「権利」と「権限」をとくに区分せずに記述するので，この点，留意されたい。

## 第1節　市民的権利とその制限

### （1）教師の市民的権利

　教師である前に人間であり日本国民であるから，日本国憲法や国際人権規約，そのほかの国内法が規定する権利は，当然のこととして教師にも保障されるものである。たとえば，日本国憲法（第3章　国民の権利及び義務）に規定する「奴隷的拘束・苦役からの自由」（第18条），「思想及び良心の自由」（第19条），「信教の自由」（第20条1・2項），「集会・結社・表現の自由」（第21条1項），「学問の自由」（第23条）などの自由権的基本権とともに，「生存権」（第25条）や「勤労の権利（・義務）」（第27条1項），「勤労者の団結権・団体交渉権その他の団体行動権」（第28条）などの社会権的基本権がそれであり，人権保障を実現するための諸法律の適用を受ける。これらの基本的人権は，「公共の福祉

に反しない限り，立法その他の国政の上で，最大の尊重を必要とする」（第13条）ことも，教師以外の国民と原則的にはまったく変わりがない。

## （2）市民的権利の制限

戦後，日本国憲法と教育基本法のもとに出発した日本の教師たちには市民的権利が広く保障されていた。しかし，1948年7月の政令201号を大きな転換点として，公立学校教師であるがゆえの市民的権利に対する制約が次の2点について設けられた。第一に，労働基準法（以下，労基法）の適用と労働基本権が一部制限され，第二に，政治的行為が厳しく制限されるようになった。

政治的行為の制限規定については第3節で述べることにして，本節では，労基法の適用と労働基本権にかかわる制限についてみておこう。まず，労基法は公立学校教師にも基本的に適用されることを確認しておきたい。

すなわち，労働時間は，労基法第32条にもとづき，さらに，国家公務員の場合の「一般職の職員の勤務時間，休暇等に関する法律」第5・6条に関連する地方公共団体の条例により，1日7時間45分，1週38時間45分と定められている。しかし，公立学校教師には労基法第37条に規定する「時間外，休日及び深夜の割増賃金」は適用されず，給料月額の4％を基準として条例で定める教職調整額が一律に支給されている。なお，政令で定める4つの業務（いわゆる限定4項目）に従事する場合で「臨時又は緊急のやむを得ない必要があるとき」を除いて「原則として時間外勤務を命じないものとすること」とされている[1]。

民間企業に働く労働者も，労基法などの労働関係法が適正に適用されているとは必ずしもいえないが，公立学校教師の時間外勤務については法的保護が希薄である。傷病死や自死についても，労働災害（公務災害）として認定されることは，一般公務員や民間労働者と比べてさらに困難である。

つぎに，労働基本権については，団結権は認められているが（職員団体制度。地方公務員法（以下，地公法）第52条および教育公務員特例法（以下，教特法）第29条），団体交渉権は大きく制約されている。すなわち，当局と交渉はできるが，団体協約を締結することができない（地公法第55条1・2項）。また，争

議行為等については全面的に禁止されている（同第 37 条）。

　この問題を考える際には、少なくとも 3 つのことに留意する必要がある。第一に、「公教育の教師」としては、公立学校教師と私立学校教師には差異がないにもかかわらず、前者には公務員であるという理由で特別な制限が課せられていることである。第二に、わが国の公務員および公務員教師に対して課せられた制限は、先進資本主義諸国のなかでは特異なことである。第三に、教師に対するこれらの制限が、未来の主権者としての子どもの成長・発達に寄与しているのか、あるいは阻害しているのかという視点で考えることである。

　労働基本権に関するこのような制限については、国際労働機関（ILO）からその是正がたびたび勧告されている。また、政治的行為に関する厳しい制限については、日本政府も参加した特別政府間会議（1966 年）において全会一致で採択された「教員の地位に関する勧告」（以下、地位勧告）第 80 項が、「教師は、市民が一般に享受しているすべての市民的権利を行使する自由を有し、かつ、公職に就く資格を有するものとする」と規定していることにも留意したい[2]。

## 第 2 節　職能上の権利・権限

　本節で述べる「職能上の権利・権限」は、教師自身の利益追求も含みながら、しかし、究極の目的は子どもの成長発達・学習権を保障することである。いわば、子どもの成長発達・学習権保障のための教師の義務と一体化した権利・権限であり、義務性を濃厚に帯びた（承役的）権利・権限であるということができる[3]。それは、「子どもの最善の利益」（子どもの権利条約第 3 条）の実現に限りなく接近するための職能上の権利・権限である。「子どもの最善の利益」に接近することは、きわめて高度の専門性が要求される行為であり、それゆえに、教師にはその獲得が要求されるとともに、それを発揮するための専門職としての権利・権限や身分が保障されなければならないのである。

### （1）教師の教育権

　これは、教育基本法第 1 条、第 2 条の「教育の目的」「教育の目標」および

学校教育法の各学校の目的・目標規定にもとづき，学校教育法第37条11項
「教諭は児童の教育をつかさどる」を直接の法的根拠とする権限である。2006
年12月に全面改正されるまでの旧教育基本法第10条1項では，「教育は，不
当な支配に服することなく，国民全体に対し直接に責任を負って行われるべき
ものである」と規定し，さらに2項では，「教育行政は，この自覚のもとに，
教育の目的を遂行するに必要な諸条件の整備確立を目標として行われなければ
ならない」と規定していたことにも留意したい[4]。

　また，地位勧告は第6項で，「教育の仕事は専門職とみなされるものとする。
教育の仕事は，きびしい不断の研究を通じて獲得され，かつ，維持される専門
的知識および特別の技能を教師に要求する公共の役務の一形態であり，また，
教師が受け持つ児童・生徒の教育および福祉に対する個人および共同の責任感
を要求するものである」と規定し，教師を「専門職」として位置づけている。
さらに，「専門職」としての教師を実現するための要件として，「学問の自由を
享受する」「教材の選択および使用，教科書の選択ならびに教育方法の適用に
あたって，不可欠の役割を与えられる」「新しい課程，教科書および教具の開
発に参加する」ことなどを重視している。一方では，教師に対する監視・監督
制度が教師の自由・創意・責任を減じないこと，教師評価における客観性と当
該教師への告知，不服申し立ての権利などを明記している。地位勧告が採択さ
れてから半世紀が経過するが，その規定と日本の教師がおかれた実態には大き
な差異が存在する。「専門職」としての地位保障は，いまだ未達成の課題であ
る。

（2）研修の権利

　教師の仕事は，地位勧告が定めるように「きびしい不断の研究を通じて獲得
され，かつ，維持される専門的知識および特別の技能を教師に要求する公共の
役務」であるから，教育実践のなかで生起し直面する課題にもとづいて，絶え
ず自己の力量を教師生活の生涯にわたって向上させる営みが必要であり，それ
が研修（研究と修養：study and self-improvement）である。そこでは，所与の内
容を定められた方法で教える教師ではなく，理論と実践の往還のなかで教育内

容・方法をともに研究しつづける教師であることが重要である（「研究的実践者」としての教師）。さらに，教師はその専門的力量を身体を通して発現させていくものであるから，学問的見識とともに人間性も絶えず磨き続けることが求められる。そこに，教師にとっての修養の意義が存在する。

　戦後教育改革期において，前述のような教師の力量形成努力を義務づけ，その機会を保障するために制定されたのが教特法研修条項（当時は第3章第19・20条。現在は第4章第21・22条）である。第21条は1項で研究と修養に努める義務を教育公務員に課し[5]，2項で研修条件整備義務を任命権者に対して課している。そして，第22条は1項で研修の機会保障を任命権者に義務づけ，2項で教師の勤務時間内校外研修，3項で長期派遣研修を規定している。

　第4章　研修
（研修）
第21条　教育公務員は，その職責を遂行するために，絶えず研究と修養に努めなければならない。
2　教育公務員の任命権者は，教育公務員の研修について，それに要する施設，研修を奨励するための方途その他研修に関する計画を樹立し，その実施に努めなければならない。
（研修の機会）
第22条　教育公務員には，研修を受ける機会が与えられなければならない。
2　教員は，授業に支障のない限り，本属長の承認を受けて，勤務場所を離れて研修を行うことができる。
3　教育公務員は，任命権者の定めるところにより，現職のままで，長期にわたる研修を受けることができる。

　同法第21条1項に規定するように，教育公務員の研修は職責遂行のために必須のものであり，これが地公法などの研修規定と著しく異なる点である。すなわち，地公法第39条は「職員には，その勤務能率の発揮及び増進のために，研修を受ける機会が与えられなければならない」と規定しており，研修（training and education）の目的は「勤務能率の発揮及び増進」である[6]。

　教特法が公布・施行された1949年以来，1960年ごろまでは自主的研修が中

心であったが，しだいに，文部省（文部科学省）や教育委員会主催の研修会（以下，行政研修会）が増加し，1989年度以降は初任者研修，2003年度からは10年経験者研修（2017年度から中堅教諭等資質向上研修）が法定研修として実施されている。そのほか，教科・領域別，校務分掌別，経験年数別の行政研修会が網の目のように張り巡らされ，一方で，自主的研修は，学校現場の多忙化ともあいまって，今日では逼塞状態にある。とくに，2002年度以降は，長期休業中ですら同法第22条2項にもとづく勤務時間内校外研修が厳しく制約され衰退してきている。いまや，多くの教師にとって，「研修」とは強制されるもの，受身のものという印象でとらえられている。このことは，「専門職」としての教師の力量形成のうえで大きな障害となっている。もちろん，自主的研修だけでは欠落する領域もあるので，行政研修会はそれを補完するうえで独自の意義を有している。ただし，行政研修会においても研究の場にふさわしく自由闊達な議論が保障されることが大切である。

　今後，「専門職」にふさわしい研修（「研究的実践者」としての研修）に改めていくために重視すべき6つの事柄を確認しておきたい。

　　①「研修」とは「研究と修養」を縮めた言葉であるから，研修を「受ける」のではなく「行う」のである。「受ける」のは「研修の機会」である。
　　②教師にとって研修は職責遂行のために必須の営みであるから，基本的には職務としての位置づけがなされるべきである。
　　③研修機会はすべての教師に開かれたものでなければならない。大学院などでの長期研修機会を人事管理政策に利用することは戒めなければならない。将来的な課題としては，10年程度の勤務年数を経た教師には，基本的に1～2年間の長期研修機会を附与する制度の創設が望まれる。
　　④研修課題・機関は基本的に自由であり，研修内容を教育政策の枠内や担当教科・生徒指導・道徳教育などに狭く限定しないことである。また，「研修」は「修養」を含むのであるから，人格的・精神的な成長を図ることをめざす活動も広く研修として認められてよい。
　　⑤研修成果を「予定調和」に委ねるのではなく，子どもや保護者，同僚教師に還元する意識的取り組みが重要である。学校や地域に適した方法による研修課題・成果の公開・還元が求められている。
　　⑥教師の研修を奨励・支援するために教特法研修条項が設けられたその立法趣旨にもとづく運用を行うことである。

## 第3節　教師の義務

　第2節で述べた「職能上の権利・権限」は，一方では，子どもの成長発達・学習権保障のための（「子どもの最善の利益」の実現に限りなく接近するための）教師の義務でもある。たとえば，第2節において「研修の権利」として述べたことは，教育基本法第9条1項や教特法第21条1項では，「研修の義務」として定められている。本節では，それら「職能上の権利・権限と一体化した義務」とは異なる「教師の義務」について述べることにする。

### （1）安全配慮義務と教科書使用義務

　まず，教育活動全般と授業（教科）における教師の基本的な義務として2つのことを確認しておきたい。第一に，教師は，子どもが学校生活において生命を失ったり身体を損なったりすることのないように，その安全に配慮しなければならない。これを安全配慮義務という。しかし，不幸にして事故が起こることがあり，その場合には教師の「過失」の有無をめぐって，家族・遺族と教師・学校が厳しい対立関係に陥ることが多い。今日，無過失の場合でも被害者に対する賠償が行われる制度（無過失賠償責任制度）の創設が課題となっている。第二に，教科の教授にあたっては，教師には，学校教育法第34条（その他準用規定）により教科書（教科用図書）を使用する義務がある。ただし，これは教科書以外の教材の使用を妨げるものではない。

### （2）教師の服務上の義務

　公立学校教師は地公法第30～38条に規定される義務を負い，あるいは市民的権利の制限を受ける。また，教特法により，一般の地方公務員とは異なる義務・制限規定が存在することにも留意したい。それらの義務・制限は，「身分上の義務」と「職務上の義務」とに区分される。前者は，職務の内外を問わずその身分に伴って遵守すべき義務であり，教師であるかぎり常に課せられる義務である。それに対して，後者は，職務の遂行にあたって遵守すべき義務であるから，職務遂行時間外においては課せられない。

　まず，「身分上の義務」としては，①信用失墜行為の禁止（地公法第33条），

②秘密を守る義務（同第34条。職を退いたあとも，この義務は継続する），③政治的行為の制限（同第36条。ただし，教特法第18条により公立学校教師には一般の地方公務員よりも厳しい制限を課している），④争議行為等の禁止（同第37条），⑤兼職・兼業の制限（同第38条（営利企業等の従事制限）。ただし，教特法第17条により一般の地方公務員よりも制限が緩和されている）があげられる。つぎに，「職務上の義務」としては，①服務の宣誓義務（同第31条），②法令等及び上司の職務上の命令に従う義務（同第32条），③職務に専念する義務（同第35条。法律または条令による免除規定がある）がある。

　法定されているこれらの義務・制限の重要性はいうまでもないが，日本国憲法や国際教育条約との整合性を保持していることがその前提であることを確認しておきたい。


■**課題**　教育基本法全面改正により教師の権利と義務にどのような法的および実践的変化が生じているのか，「子どもの最善の利益」と関連させて考察してみよう。


注記
1）　「公立の義務教育諸学校等の教育職員の給与等に関する特別措置法」第3・6条および「公立の義務教育諸学校等の教育職員を正規の勤務時間を超えて勤務させる場合等の基準を定める政令」を参照されたい。
2）　ユネスコ第45回国際教育会議宣言（1996年）も参照されたい。河内徳子が「教師の役割と地位に関するユネスコ勧告」（教育科学研究会編『教育』No.612，国土社，1997年4月，pp.103-117）において，宣言の紹介と考察を行っている。
3）　結城忠『教育の自治・分権と学校法制』東信堂，2009年，p.153・155参照。
4）　これらは，「教育の直接責任性」と「教育行政の教育条件整備義務」として，学校教育法第37条11項の規定と合わせて，行政解釈との鋭い対立が存在しながらも教師の教育権，教育活動における自由・自律性の法的根拠とされてきた（教育法学説）。
5）　教育基本法第9条1項は，「法律に定める学校の教員は……絶えず研究と修養に励み，その職責の遂行に努めなければならない」と規定している（2006年12月改正）。
6）　ただし，この差異を強調することには抑制的でありたい。なぜなら，一般公務員の場合にも，学校事務職員や社会教育・医療・福祉関係職員を中心に自主的な研修が長年にわたって営まれており，その公的・制度的保障が求められているからである。

## 第9章　日常生活と課題

### 第1節　初任期の課題

　多くの教師は大学を卒業すると同時に，第1ステージとなる教師生活をスタートする。初任教師の多くは，それまでの学生生活とのちがい，イメージしていた教師像とのちがいなどから，初任期特有の課題に直面する。教師は日々の仕事に取り組むなかで，まわりの教師，家族，友人などに助けられながら，成長を遂げていく。

　公立学校の正規の教師として採用された場合，日々の教育活動に加え，初任者研修にも同時に取り組まなくてはいけない。とくに小学校教師の場合は，初任教師が学級担任を担当する場合も少なくない。やっとの思いで初任1年目を乗り越えたとしても，2年目，3年目と担当する仕事が次第に増えていくことが多い。昨今では，保護者対応，地域との連携など，教師に求められる役割が増加している。また，初任期の教師は2年次，3年次，5年次など，各年次に合わせ，教育委員会主催の研修に取り組むことが求められる。

　本節では，これまでの研究や調査などの結果をふまえ，初任期特有の課題とその課題を乗り越えるためのヒントを述べていく。また，本節でいう初任期とは，教師になったその日から「中堅」期へと移行するまでの期間のことをさす。そのなかでも，本節では主に正規採用1年目のことを取り扱う。

（1）リアリティ・ショックへの対応

　初任教師は教師になったその日から，それまで思い描いていたイメージとは異なる現実の教師の姿や，日々取り組まなくていけない多くの仕事を目の当たりにする。初任教師はそれまでのイメージとのちがいに，ショックを受けることが多い。このショックは，リアリティ・ショックと呼ばれる。その後，試行

錯誤しながら無我夢中で教育実践に取り組んでいく。日々の仕事に取り組むことを通して，次第に自分の実践上の課題が明確になっていく。教育実践に取り組む際には，無意識のうちに，1つのモデルとして自らの被教育体験のなかで出会った恩師の態度・実践の様子，小説やテレビなどの影響によって形成した教師の姿を思い描いている。そして，教師としてのアイデンティティの初期形成を行っている[1]。

　公立学校に正規の教師として採用された場合，最初の1年間は条件附採用の期間である。これは，職務を十分に行うことができるか教育委員会や学校長などに確認される期間である。教師生活が始まると，教育実習では経験しなかった仕事や，それまでの教師のイメージとは異なる仕事にも取り組むことになる。近年では，大学在学中に教育実習とは別の活動として，大学や教育委員会が主催する地域の学校の教育支援を行う学校ボランティア活動が盛んになっている。これらの活動では，長期に渡って実際に学校とかかわりながら教師の仕事内容を体験することができるため，リアリティ・ショックを緩和することに一定の効果がある。

　しかし，これらの活動で体験できる学級経営や授業は，すでに活動先の先輩教師の教育観にもとづいて行われてきたものである。そのため，日々の教育活動の流れやその活動の背景にある考えは，活動先の教師の仕方や思いをもとにしている。このことから，活動のなかで体験できることは，あくまでもその仕方や思いにもとづく教育活動をサポートすることである。たとえ学校ボランティア活動などで教育現場を体験していても，いざ自分が実際に教師になったあとに，戸惑い，リアリティ・ショックを感じることはどの教師も体感することである。小学校では，初任教師であっても学級担任を担当することが多いため，自分で子どもたちの行動に対し，どこまで許してどこから叱るのかに関する境界を見極め，定める必要がある。

　教師の境界の見極めが，実際の教育実践に及ぼす影響の大きさを示す例として，小学校教師2年目のAの体験を紹介する。Aには，筆者らが2011年8月に聞き取り調査を行った。Aは大学生時代，継続的に地域の小学校を訪問し

ており，教師の仕事を手伝う活動に取り組んでいた。大学卒業後すぐに教師に
なり，初任時は３年生の学級担任であった。初任の際に担任した学級には，他
人とほとんどコミュニケーションが取れない子，誰かれ構わず暴力をふるう子
などがおり，Ａは４月当初からその子どもたちの対応に悩んでいた。その後，
先輩教師の助言から，自分の対応について「ダメなものはダメ」であるという
態度が中途半端であったことに気づいた。６月に入り，自分のなかで「許せる
ラインと許せないライン」を明確に決め，子どもたちに「絶対に許さないこ
と」の内容を伝え，許さないことは授業を止めてでも対応することを徹底した。
その結果，次第に子どもたちは落ち着いていった。Ａは自分の実践を振り返
り，対応の変化が１年目における「一番大きな転機」であったと述べている。
この事例から，教師自身の境界の見極めとそれに伴う子どもたちへの対応の重
要性がわかる。初任教師の多くは，この見極めと対応に苦労をするが，そのこ
とが子どもたちの行動に大きな影響を及ぼす。

（２）多様な子どもと信頼関係を築くために

　日常的な子どもとのかかわりについても，その仕方のコツをつかむまでは時
間を要する。採用１年目の初任教師が感じる子どもとの関係づくりのむずかし
さは，自分がそれまで「当たり前」と思っていた「教師・生徒関係」や「子ど
もの姿」が，現実には通用しないことである[2]。また，子どもとの関係づくり
には「集団として学級を『動かす』ための関係づくり」と「とくに手のかかる
子どもとの関係づくり」がある。前者は「自分の学級だけがスムーズに動けな
いことにより『周囲に迷惑をかけている』という焦り，そこから子どもたちに
威圧的に接してしまう自分への嫌悪感として体感される」ことの困難さである。
後者は「手のかかる子どもへの対応に追われるなかで学級のほかの子どもたち
との関係を悪化させる，というかたちで困難がより増幅する」ことである[3]。

　現実にはさまざまな理由から特別な支援を要する子どもがおり，多くの場合
特別支援学校・学級ではなくとも，学習障害や高機能自閉症の子どもがいる。
また，障害の認定はないが疑いのある子ども，日本語の使用がままならない外
国籍の子ども，家庭に問題をかかえる子どもなど，さまざまなかたちで支援を

要する子どもがいる。このような，多様な子どもたちをほかの子どもたちとともに指導することは，教師の仕事におけるやりがいでもあり，困難さでもある。

　さらに，一人の子どものみに対応をしていると，集団を見ることができない。その一方で，特定の子どもの対応をおろそかにしていると，学級全体の雰囲気の悪さにつながってしまう。子どもの対応で失敗をすると，授業が成立しなくなることもある。たとえば一人の子どもが，教室を出て行ってしまったとき，その子どもを追えば教室に残された子どもたちの授業ができなくなり，もし出て行った子どもをそのままにしておけば，出て行った子どもの教育活動を放棄することになる。そのため教師には，日々むずかしい判断が迫られる。そして何よりも，子どもたちとの関係を築くうえで，教師は自分の話を聞いてもらうことが必要である。そのために，まず子どもの話を親身になって聞くことが大切である。さらに，教師は伝えたいことをわかりやすく明確に伝えなければならない。また，子どもと関係を築いていくうえで，子どもから信頼されることも必要である。信頼されるためには，子どもにはその場で可能なかぎり対応をすることが有効であり，そのような細かい対応の積み重ねが，次第に信頼につながっていく。

### （3）初任期特有の多忙感とゆきづまり

　初任期にある教師は，目の前の仕事に取り組むことに必死であるため，気づいたら一日が終わっていることがよくある。初任期の多忙感を示す例として，筆者らが2011年8月に聞き取り調査を行った特別支援学校に勤務する教師Bの事例を紹介する。Bもまた，大学生時代に継続的に地域の小学校に訪問をして，教師の仕事を手伝う活動に取り組んでいた。大学卒業後すぐに教師になり，初任時は特別支援学校の中学部1年の担当になった。Bは初任1年目の生活を振り返り，学生生活からの環境の変化，初任研と同時に進行する日々の教育活動に対して「本当にすべてにいっぱいいっぱい」であり，体力的にも苦労が多かったことを述べている。仕事に慣れるまでは「やろうとしていることに集中してしまって，子どもの実態をあまり見れていない」ことや「何のためにこれをするのかということが大切」であるが「これをやらなければという感じで突

き進む」状況であったことも述べている。

　1年目は仕事の見通しがつかないため，ただ目の前の仕事をこなしていくという感覚になることは，多くの初任教師に共通することである。教師は授業以外にも，校務分掌として，各学校で学校全体にかかわる児童・生徒の指導や特別活動などを行う業務が割り当てられる。また，先にも述べたように，1年目は初任者研修がある。その分，ほかの教師に比べて担当授業数や校務分掌は軽減されるが，まだ仕事に慣れていないため，ほかの教師に比べて仕事の進み具合が遅くなってしまう。そのため，仕事の処理能力の低さをカバーするため，休日に出勤することもしばしばある。しかし，それが結果として日々の多忙感や疲労感を増大させていく。

　筆者らが2010年に20歳代前半から30歳代前半の若手教師208名（男性69名，女性138名，不明1名）を対象に行った調査では，教育活動を実現するうえでの阻害要因について，約半数（男性57.4%，女性40.2%）が「仕事量の多さ」を回答した。また，教職生活について半数以上（男性63.2%，女性54.5%）が「非常に忙しい」と回答していた。「子どもとの関係」について，半数以上が「非常によくある」または「たまにある」と回答していたものは「子どもに対する指導がうまくいかないこと」（約82%），「自分の指導力に無力感を感じること」（約77%），「学校の仕組み自体が変わらないと今の子どもに対応できないこと」（約66%），「自分の実践自体が変わらないと今の子どもに対応できないと思うこと」（約65%）であった。さらに，仕事に対し対象者全体の84.1%が「ゆきづまりを感じたことがある」を回答しており，そのゆきづまりの内容は「子どもの能力差に対応すること」（20歳代前半57.9%，20歳代後半54.2%，30歳代前半44.4%）が最も多かった。そのなかでも20歳代前半の教師は，そのほかに「授業全体を組み立てて展開すること」（50.0%），「障害児や問題児の指導」（40.8%）にゆきづまりを感じる傾向にあった。そして，そのようなゆきづまりを克服するためには「経験豊かな年輩教師の励ましやアドバイス」（20歳代前半39.5%，20歳代後半41.7%，30歳代前半31.1%）が有効であったという回答が最も多かった[4]。

多くの教師は，1年間仕事を経験することにより，仕事の見通しがつくようになる。仕事の見通しがつけば，次第に日々の子どもの変化もとらえられる心の余裕が生まれる。また，何より1年間責任をもって教師を行ったという自信がつく。さらに，毎日子どもと接することによって，子どもの成長をとらえるための視点がもてるようになっていく。子どもの成長を実感することは，自分の教師としての成長を感じることにもなる。

### （4）2校目における困難さ

若手教師における課題として，初任校から異動したあとの学校における勤務の困難さがあげられる。関連したことでいうと，医療機関に訪れた教師のなかで，異動1年目の者の割合が，初診者数とそのなかの休職者数において圧倒的に多い[5]。これは初任教師に限ったデータではないが，教師は異動先の学校で，大きなストレスを感じていることがわかる。それは1校目の学校でやっと仕事に慣れても，2校目ではまたやり直しという気持ちになってしまうためである。日常的な仕事の多くは，学校の教師集団で進められていくが，その仕事の進め方はそれぞれの学校によって大きく異なる。そのほかにも，異動に伴うストレスの要因として，「生徒指導上の問題がない落ち着いた学校からいわゆる荒れた学校（生徒指導の困難校）への転勤」が大きいことも指摘されている[6]。

また現在では，教師の大量採用が落ち着きを見せているため，講師経験を経て正規採用される教師も増えている。講師経験ののちに正規採用となると，ほとんどの教師がこれまでの学校とは異なる学校に移り，教師生活をスタートさせる。大学卒業後に（非常勤）講師として勤務し，その後新採として別の学校に採用された教師が，講師のときの勤務校と新しい学校における仕事の進め方のちがいに悩むケースは少なくない。

### （5）教師同士の支え合い関係

初任教師の支えは，仲間の教師であることが多い。かつては，教員組合などでほかの学校の教師と知り合う機会もあったが，近年では組合の組織率が年々落ちている。また，教師同士の自主的な研究サークルが盛んな時代もあったが，こちらの活動も下火になりつつある。そのようななかで，現在注目されている

活動は，若手教師が中心になって，特定の学習課題を設定せずに悩みを互いに話し合うサークルである。

　そのサークルでは，教育実践においてつまずいた事柄をメンバー同士で話し合い，「苦しいのは自分だけじゃない」と救われたり，自分の苦労と悩みを受け止めてもらったり，ほかの人の経験から学んだり，子どもや同僚との関係づくりについて適切なアドバイスをもらったりすることができる。そのような活動を通して，子ども観や教師観が変化したり，教育活動に対する新たな視野をもてたりすることもある。実際に「気の許せる仲間同士で苦労を吐露し合うことは，困難な状況の解決方法や教員としての成長につながる新たな視野の獲得に寄与する」ことになると報告されている[7]。このことは，学校内外の仲間の教師が初任教師を支える役割を果たしていることを示すものである。

　初任教師は，仕事に慣れるまでに多くの課題があるが，それを乗り越えることによって一人前の教師になっていく。課題を乗り越えていく途中では，それまでの教育観，教師観，子ども観が修正されていく。課題の解決には，より高い能力を身につけるだけではなく，周囲との人間関係も重要である。教師は思うように指導できないつまずきを経験すること，よき仲間の教師と出会うことを通して，教師としての専門的能力を形成する。初任期の学びや成長が，その後の長い教師としての学び方や仕事の進め方に大きな影響を与えるのである。

■**課題**　自分の被教育経験を振り返り，今後自分はどのような先生になりたいかについて考えてみよう。また，そのなりたい先生になるためには，今後どのような学習を進めていく必要があるのかについて書いてみよう。

## 第2節　こだわりの実践創造―私の授業づくり―

　本節では，筆者が高等学校の教員として行ってきた授業づくりの実践を省察してまとめたものを掲載する。

## 1．私の授業づくり

　高校の教員として35年と5カ月の間仕事をしてきました。

　この間，休日と行事の時以外は，ほぼ毎日授業をやってきました。一週間の授業の持ち時間を平均16時間くらいとして，年間35週を35年間やってきましたので，ざっと計算して1万9600時間，授業をやってきたことになります。授業以外の教師としての仕事で，とても疲れて教師を辞めてしまいたいと思ったこともありますが，やっぱり授業が好きで，授業がやりたくて，ずっと教師の仕事を続けてきました。

　生徒の前で授業をするだけでなく，授業を準備する教材研究も，授業のあとに生徒が書いた感想文やレポートを読むのも大好きでした。そういった意味で，私の35年あまりの高校教師としての期間は，つらいこと苦しいこともありましたが，大好きな授業を思う存分やらせてもらえましたので，本当にいい仕事に就かせてもらえたなと思っています。

　そんな授業大好きの教師であった私ですが，最初から自分のやりたいような，満足できるような授業ができたわけではありません。35年あまりの間，私がどのように授業づくりに取り組み，生徒たちとともに授業を行ってきたかについて振り返ってみたいと思います。


## 2．教師になったばかりのころ

　私が高校の「社会科」の教師として採用され，最初に赴任したのは，北海道の北部にあるちいさな商業高校でした。そこで，私が担当することになったのは「地理」と「日本史」と「政治経済」の3科目でした。いちおう高校の「社会科」の「教員免許」を取得し，「社会科」の教員として採用されたのですが，私の大学での専門は「哲学」であり，「倫理」ならばある程度自信をもって授業することができましたが，「地理」も「日本史」も「政治経済」も私にとっては専門外であり，それをすぐに4月から生徒の前で授業をしなければならなかったのです。

　とにかく最初は，この3科目の授業をするための「教材研究」をすることに必死でした。とにかく，まず自分自身が，この3科目の教科内容を勉強するのが大変でした。毎日遅くまで職員室に残って，机にへばりついての「教材研

究」。退勤後も教科書や参考書を下宿に持ち帰って「ふろしき残業」ならぬ「ふろしき教材研究」で，明日の授業で何を教えるのかを前日に準備するというような自転車操業の日々がしばらく続きました。

　もう1つの大きな問題は，「授業秩序」を確立することでした。私が教師になったのは，ちょうど1980年，日本中の中学・高校に「校内暴力」の嵐が吹き荒れていたころでした。私が赴任した学校も例外ではなく，ほんの数年前まで「荒れて」いた学校でした。私が赴任したときにはもう落ち着いていましたが，先生方には緊張感があり，大学を出たばかりの若造教師に対して，「生徒に甘い顔を見せるとナメられるから，最初からビシッとシメていきなさい」というご忠告をいただきました。

　授業中に生徒たちが立ち歩くというようなことはありませんでしたが，ちょっとでも油断すると「私語（おしゃべり）・居眠り・内職」が広がっていきました。そのつど，生徒に対して注意をしながら止めさせていきましたが，それらを放っておくと「授業秩序の崩壊（授業崩壊）」に陥る危険が常にありました。しかし，教師の側からの「厳しい指導」も，その教師の授業に対する「教材研究」の裏づけがないと威力はありません。しっかりと「教材研究」をして，自信をもって授業に臨んでいるときは，生徒たちも授業に集中して，ほとんど「私語」をすることはありませんが，前日飲み会があって「教材研究」が不十分なままに授業に臨むと，こちらの自信のなさを生徒たちは敏感に感じて「私語」が広がるのでした。

　教師の側に，授業を通して「伝えたい・教えたい」という強い思いと，「教材研究」に裏打ちされた授業に対する自信さえあれば，生徒たちは必ず授業に集中して聞いてくれるということを実感しました。


## 3．教師の「話し方・話術」を磨く

　教師なったばかりのころ，あるときなにげなく見ていたテレビ番組（お笑い番組）での漫才師・落語家たちの「話し方・話術」が"凄い"ことに気がつきました。彼らが，観客の注意を5分間以上ひきつけるために，いかに話し方や話術，話の進め方の展開に工夫をしているのかということに気づいたのでした。

　とくに当時絶頂期だった「やすしきよし」の漫才の"凄さ"には驚かされました。このネタは，前に見た番組でやっていたものと同じだなと思って見ていた

ら，基本の話は同じなのですが，観客の反応を見ながら，どんどん話をちがう展開に進めていくのでした。そうやって観客の笑いを引き出しながら，最後にはきちんと同じ「オチ」に着地させていくのでした。

　これは，まったく授業の展開と同じだと思いました。教師は，同じ授業を，いくつものクラスでやることがありますが，それぞれのクラスの構成や雰囲気はちがっていますし，同じクラスでも午前中か午後か，その日の天気や気温，体育の授業のあとかどうか，というように授業のコンディションはさまざまです。教師は，クラスのちがいや，コンディションのちがいをふまえながら，その授業を，生徒たちの様子や反応を見ながら，その展開を変えていく必要があることに気づかされました。

　そのような目で，改めて「お笑い番組」や「バラエティ番組」を見てみると，漫才師や落語家たちだけでなく，タモリ・たけし・さんま，といったバラエティ番組の司会者たちの「話し方・話術」がいかに"凄い"ものであるかにも気づかされました。彼らが，その見事な「話術」で見る者への集中をつくりながら，その場その場での出演者や観客の「対応」と「反応」をみて，自在に番組の「展開」を変えていくやり方は，そのまま授業に活用できるものだと思いました。ある時期私は，授業づくりのための「話し方・話術」の研究として，まじめに真剣に「お笑い番組・バラエティ番組」ばかり見ていました。

## 4．「現代社会」での「授業づくり」

　でも，やっぱり授業は「中身」で勝負！ということで，授業づくりの基本は，1時間1時間の授業の内容と展開の構成を，しっかりとした「教材研究」をベースにしてつくり上げることです。しかしながら，教師になって最初の1～2年は，とにかく明日の授業をどうするかという切羽詰まった状況に迫られて，なんとかその日の授業を成立させることに必死であり，本当の意味で生徒にとって「わかりやすく・おもしろい授業」をつくるところまで手が回りませんでした。

　教師になってちょうど3年目のとき，学習指導要領の改訂によって，高校の社会科に「現代社会」という科目が新設されることになりました。この新しい科目は，それまでの社会科＝暗記科目というイメージを変えて，「教え込む科目」から「考えさせる科目」への転換をめざすという基本理念をもっていまし

た。

　そのころ，ようやくなんとか授業の「かたち」だけは成立させることができるようになっていた私にとって，この新科目「現代社会」の誕生は，本当の意味での生徒にとって「わかりやすく・おもしろい授業」をつくるための「授業づくり」に挑戦する絶好のチャンスでした。

　そのような新科目「現代社会」を授業で教えるにあたって，当時文部省からいわれたのは，学問的な系統性を順序立てて教えていくのではなく，「現代」の「社会」をとらえるための「切り口」としての「テーマ」を設定して，そこから１時間１時間の授業を組み立てていくという方針でした。

　このようなことから新科目「現代社会」の「授業づくり」では，「現代」の「社会」をとらえていくための「切り口」としての「テーマ」を「単元」というかたちで設定し，その「単元」を構成するために１時間１時間の授業をどのように有機的につなげていくのかを意識していきました。

　そのような「現代社会」の「授業づくり」のなかから，「青年期と人生」「戦争と平和」「原発とエネルギー」「公害問題と地球環境問題」というようないくつかのテーマにもとづいた「単元」を設定し，そこからその「単元」を「わかりやすく・おもしろく」教えるための授業の構成を考えていきました。本当の意味での私の「授業づくり」は，この新科目「現代社会」の「授業づくり」から始まったといえるでしょう。

## 5．「倫理」での「授業づくり」

　私自身は，本当は高校で「倫理」を教える教師になりたいということで，この仕事に就いたのですが，最初の学校でも，次の転勤先の学校でも，「倫理」を担当することはできませんでした（小規模校なので設置されていなかった）。しかし，幸いなことに新科目「現代社会」をこの２つの学校で担当することができたことで，この「現代社会」こそが自分のやりたい「授業」のスタイルに最も合っている社会科の専門科目だという自覚をもつことができました。

　ところが，３校目の転勤先の学校に異動して，私は初めて念願の「倫理」を担当することになったのでした。ようやく本当の専門である「倫理」を担当できるようになったのは嬉しかったのですが，すでに「現代社会」の「授業づくり」を10年以上やってきた私にとって，「倫理」の授業で「思想史・哲学史」

に沿って思想家・哲学者の「思想」を系統的に教えていくという授業よりは，「切り口」としての「テーマ」による「単元」を設定して，そこから授業を構成するという「現代社会」的な「授業」のスタイルの方が，自分にあっていると思い，そのような「倫理」の「授業づくり」に取り組みました。

「現代社会」を担当したときもそうでしたが，教科書に書いてあることをすべて，最初から順番に授業で教えていくのではなく，大胆に教科内容を精選し，私が本当に大事だと思うところ，本当に教えたいと思うところに時間をかけていきました。

年間指導計画の前半では，「青年期」の問題を取り上げて，生徒自身が自分の「人生」について考えるきっかけを投げかけ，「思想史」のところでは，取り上げる「思想家」の数を絞込み，その分その思想家の「思想」について深く学んでいくようにしました。最後に「家族・家庭」をテーマにした授業も行い，生徒たち自身のこれからの「生き方」を考えてもらうようにしました。このように年間指導計画全体を見通した「単元」の構成を考えて教育内容を自主編成し，ただ単に「わかりやすく・おもしろい授業」をするだけでなく，生徒たちが「生きること」を実感できて，深く「考える」ことができるような「倫理」の授業づくりに取り組んでいきました。

## 6．私の「授業づくり」がたどり着いた「究極の授業」

40歳のときに，思い立って「大学院」に進学しました。20年近く教師としての仕事をしてきて，それなりに授業も生徒指導もこなせるようにはなってきましたが，もう一度「教育」というものを根本から学び直し，考え直してみたいと思ったからでした。

教師の仕事を続けながら「大学院」に通って学ぶことは，本当に大変でしたが，「教える立場」から「学ぶ立場」になって，改めて「学ぶこと」のおもしろさ，「学べること」の喜びを感じることができました。

この「大学院」での「学び」の経験は，その後の私の教師人生にとって非常に大きな財産を与えてくれましたが，一番の収穫は，大学での指導教官の卒業論文・修士論文指導を間近にみて，自分自身もその指導を直接受けることができたことです。

卒業論文・修士論文を書くためには，まず「テーマ（題目）」を決めること

が必要ですが，私の指導教官は，大学生にも大学院生にも徹底した「対話」によって，この「テーマ（題目）」を決めることに時間をかけていました。その学生・大学院生が，自分はこの「テーマ」で論文を書きたいというものをつかんだとき，人は本当に真剣に「学び」始めるのだというのを目の当たりにしました。自分自身も大学院で経験したこの「学びの体験」を，なんとか自分の「授業」でも生かせないだろうかと考えて始めたのが，「倫理」での「自由課題研究発表」の取り組みでした。

　高校2年生の「倫理」の「冬休み中の課題」として，私の授業を受けている8クラス約320人一人ひとりに，自分が「研究」したいテーマを決めさせて，それについて調査研究してまとめレポートを休み明けに提出させました。その「テーマ」の条件は「人間の生き方に関するもの」ということだけでしたが，2学期末テストが終わったら，生徒全員と一人ひとり「面接」してその「テーマ」を決めていきます。「テーマ」が決まったら，冬休み中に生徒一人ひとりが「調査・研究・レポートづくり」を行い，3学期の始業日に完成したレポート（B4版2枚）を提出してもらいます。そして，3学期の私の「倫理」の授業は，すべて生徒たちによる「研究発表」にあてられます。一人10〜12分の「研究発表」は，それぞれが個性的・独創的で，パワーポイントなどを駆使したすばらしい「授業」が続きます。生徒一人ひとりの「学び」が，クラス全員40人の「学び」になって広がっていきました。

　そのクラスで一番「評価」の高かった「研究発表」をした生徒は，クラス代表として私の「倫理」の最後の授業である「全体発表会」に出場することができます。この「全体発表会」では，各クラスの代表者8名が，順番に各自の「研究発表」をしてもらいます。さすがにクラスで一番になっただけあって，どの生徒の「研究発表」もすばらしく，下手な教師の授業よりも「わかりやすく・おもしろい」ものばかりでした。クラス代表一人ひとりの「学び」が，2年生全員約320人の「学び」となって広がっていきました。

　私の「倫理」の最後の「授業」で，私がやることは発表時間が終了したことを知らせる呼び鈴を「チン」と鳴らすことだけでした。私の「授業づくり」がたどり着いた「究極の授業」は，教師である私が教壇に立っていない，私がなにも教えない「授業」だったのです。

# 第3節　子ども理解と学級づくり

　子どもたちは，それぞれ異なる個性やバックグランドをもっている。そのような子どもたちを一人ひとり理解するのは容易なことではない。しかし，教師にとって「子どもを理解する力」は不可欠である。なぜなら，この力が学級づくりを左右するからである。採用された翌日から，小学校教師は担任として学級を任されることになる。そうなったとき，教師はどのような力を身につけていけばよいだろうか。本節では，これまでの経験をふまえた中堅教師による子ども理解と学級づくりについて述べていく。

## （1）教師として子どもを理解するということ

### ① 子ども一人ひとりを知る

　子どもの一般的な発達に関して，ピアジェ，エリクソン，ヴィゴツキーなどの発達心理学の知識を得ておくことは重要である。しかし，それ以上に大切なのが，自分の受け持つ子どもが年齢に応じた発達をしているのか，少し先んじていたり遅れたりしているのかを考えていくことである。実際の授業では，子どもたちの発達段階をふまえて教材を選び，授業を組み立てていく。また，学校生活の指導法を決めるうえでも，子どもの個性や特性を知っておくことが必要になってくる。一人ひとりの子どもの成長をしっかり受け止め，さらなる成長のためのかかわりに最善を尽くしていくこと，それが学校の第一義であり，それをかなえるためにも，子どもの現在の発達をとらえることが，子どもを理解することへの第一歩となる。

### ② 組織（チーム）で子どもを育てる

　近年，子どもたちの実態やとりまく状況は多様化・複雑化している。そこで，教師同士，保護者や地域との連携で子どもを育てる学校組織のあり方が重要視されている。しかし，若手の教師は，組織で子どもを育てる意味が理解できず，一人で突っ走ったり悩んだりしてしまう。たとえば，学年会での些細な話が子どもの問題行動の解決策へつながることがある。また，ほかの教師のとらえ方が自分とはまったく別の視点からとらえていたり，思わぬよいところを発見し

てくれていたりする。それらを聞くだけでも，自分の気づきを高めることになる。教師の同僚性（教師同士の協働関係・援助）により，お互いが支えあい成長し，高めあう関係となって自分の教師としての成長につながっていくのである。ゆえに，その子をどのように導きたいかをほかの教師に話し，考えや方向性を共有して，組織（チーム）として複数の目でその子の育ちを見ていくことが大切である。

### （2）学級づくりを考えた子ども理解

### ① 学級開きの前に

　新しい学年が始まり子どもたちと教師が出会う初日を，とりわけ，「学級開き」と呼ぶ。受け持つ学級が決まると，まず，自分の学級の子どもたちの家庭環境・成育歴に注目してほしい。子どもをとりまく環境や，家庭や地域でどのような方針で教育されてきたかなど，調査票や指導要録に目を通して把握しておきたい。調査票の自由欄には，保護者からの方針や要望などが書かれている。気になることがあれば学級開きのあと，早めに保護者と面談し，説明を受ける必要もある。また，前担任から個々の子どもたちの様子（障がいや食物アレルギー，家庭環境など，さらにその配慮の仕方など，留意事項は多岐にわたる）を聞いておくことも大切である。前担任からは，マイナス面の情報が入ることも少なくない。しかし，新学年・新学級になり，子どもたちも新しい気持ちで学級開きを迎えている。これまでの自分を知らない先生と出会い，今までの自分を白紙に戻し変わろうと思っている子どもも多いはずである。そうした子どもに対して，前年度担任からの情報を鵜呑みにし，マイナスイメージだけで見ることは絶対に避けなければならない。マイナス面の情報を頭におきながらも，先入観をもって接するのではなく，自分なりにその子を理解しようとすることが大切である。

　学級替えのない学級は，その雰囲気や人間関係，学力面もしっかり聞いておかねばならない。前年度担任はどのようなねらいをもって学力づくりに力を入れていたのか，またこれまでの授業のなかでのルールや，よく行っていた授業形態などを聞き，よいものは積極的に引き継いでいく。一から構築しなおすよ

り，ある程度まで積み上がっているものを引き継いだほうが，やり方ががらりと変わることでの混乱を招く危険を低くできることも念頭においておきたい。

② 学級集団からの子ども理解

**教師の姿勢**　教師の姿勢はとても大切である。学級開きから1カ月ほどの間に教師自身の思いや考えを伝え，子どもたちにしっかり受け入れられれば，それ自体が学級のルールとなり学級がまとまってくる。また，授業以外の場面でかかわる機会をもつことも大事である。休み時間のようすや給食での子ども同士の会話など，授業では見せない顔を見せることも多く，子どもをより理解することにつながる。

また，教師の叱(しか)り方・褒(ほ)め方もぜひとも考えておきたい。たとえば，授業中私語の止まない児童Aがいるとする。その子に毎回「Aさん，静かに！」と言っても効果はない。教師の側のイライラも募るし，「Aさんが注意されるから授業が進まない」と考える子どもが増えてしまうと，学級のなかで児童Aは問題児化してしまう。A自身も"自分＝注意される存在"と考え，学級から孤立していくかもしれない。注意ばかりしていると，あの児童は問題児だとか，この学級はいつも怒られてばかりの悪い学級だと思いこんでしまい，子どものやる気も失せ，学級そのものの成長が滞ってしまう。このような場合は，注意は個別に呼んで行うことがベストであるが，学級全体の前で注意をするケースと，個人的に注意するケースを使い分けることが重要である。

いっぽう，褒めることはどうだろうか。褒めることは全体の前でも効果がある。周りの子どもにも「私も褒められたい」という気持ちを芽生えさせ，よい行いや勉強をがんばろうという意欲を生む。一人ひとりが褒められるような行動をとるようになれば，学級に明るい活気やよい雰囲気をもたらす。「褒める」「褒められる」ことは，教師にとっても子どもにとっても素敵な経験となり，多くの産物をもたらすだろう。子どもの叱り方，褒め方は，教師にとって大事な技の1つなのである。とりわけ「上手に褒める」という行為は，よりよい学級づくりに欠かせないコミュニケーション術だといえる。

**発達障がいの子のいる学級集団**　現代の学校では，学習面または行動面で

著しい困難を示すとされた児童・生徒の割合が推定値6.5％（平成24年文部科学省調査）といわれており，30人学級ならば2人含まれることになる。発達障がいの子どもを担任したら，まずは，専門書などから知識や特徴を知ろうとするだろう。しかし，そこに書かれた指導法が正解のすべてだと思ってはいけない。子どもは個々成長速度もちがい，また重複した障がいをもっていることもある。教師は専門知識を備えつつ，その子をきちんと理解しようとしながら，何を選択し，何を活用すればいいか考えていかねばならない。いっぽう，発達障がいの子にはどうしても注意する機会が多くなる。前述したように学級内で“悪い子”的なイメージをもたれやすい。「あの子がいるから…」とならないよう，周りの子がその子を認め，受け入れていけるよう，その子の得意なことやみんなのためにやってくれていることを知らせるなど，学級の一員として認められるよう支援していく基本線を忘れてはならない。

**日々の子どもメモからの子ども理解**　　日々の子どもの記録を取りたい。取り方はいろいろあるが，たとえば，名前別のページに日付と気づきやかかわったときのこと（褒めたこと，注意したことなど），保護者からの連絡などを記していく。教師にとってマイナス面は気づきやすい。1週間つけたあとにメモを見て，マイナス面の特記事項で埋め尽くされていることもある。そのときは，次の1週間はプラス面を見るように心がける。マイナス面にとらわれていると，その子どものプラス面が見えなくなるからである。すると，自分がうまくいかなかったことまでその子の行動のせいにしたくなってしまう。これでは，その子どもの本質を見失いがちになる。また，思いつくままメモを書いていると，メモに偏りがでてくることもある。気になる子ども（問題行動があり，うまくかかわれないなど）の記述が増える一方，1週間や1カ月もの間，何の記録もない子どもも出てくる。何も記入されない子どもは，教師にとってつい見過ごされがちな存在である。メモを見返し，白紙のページの子どもが見つかった場合は，たとえば今日は「Bさんデー」と決め，その子のよいところを探す日に当ててみる。すると，見過ごしていた子どもの意外な一面や新しい発見をすることもある。こうした日々の小さな“気づき”を積み上げ，子どもを理解すること

が，学級づくりには不可欠な作業である。

**女性教師として**　小学校ではとりわけ，母親的存在として女性教師はとらえられやすい。話しやすく，しっかり受け止めてもらえると思うようである。日常でもよく話しかけてくるし，宿泊行事などでは体調のことや心配事など，担任でなくとも訴えてくる。女性教師だから必ずそうであるというものでは決してないが，このことから，子どもにとって，話を受け止めてくれる存在が身近にいることの意味の大きさをあらためて心得ておきたい。その意味では，看護や援助の世界で重視されているケアリングの発想も参考になるだろう。

（3）授業で子どもとつながるということ

「教えること」，つまり学校での授業は，一見すると学級づくりや子ども理解とは関係がないように思える。しかし，子どもたちの学校生活の大半は「授業」である。彼らにとって授業が楽しいものであり，「わかった」「もっと学びたい」という感覚と経験をもたせることが，学校生活全体の充実の基盤となる。授業がおもしろければ，子どもたちは授業によって教師とつながり，教師への信頼を深める。さらに，それによって学級全体がまとまってくるという効果もある。また，日々の授業研究，教材研究をするにも，予想される子どもの反応，つまり一人ひとりの子どもを理解しているかどうかが左右する。よって，授業を充実させることが，よりよい学級づくりに欠かせない第一の要素といえる。

① 教材・教具

「教材・教具」は，発達段階に応じながら取捨選択する。たとえば，子どもの実態によっては，子どもの興味のありそうな物語の世界で課題を提示したり，手づくり教材教具が必要だったりする。つまり教師は，通り一遍の教え方を正解としてとらえるべきではない。調整ができ，工夫の余地のあるさまざまな教え方を身につけていくことが必要になってくる。

② 授業の組み立て

授業時間45分，同じような活動を続けるだけでは，子どもたちの集中は続かない。「作業」「発言」「見る」など，いろいろな活動をうまく組み合わせて授業を組み立てていく。その際も，子どもの実態と発達をふまえながら，「考

える」「書く」「話し合い交流する」「発表する」の4つの活動をどのような形
態で行うかを決める。それゆえ，授業で行う学習活動のバリエーションをたく
さん習得し，実践していくことである。むろん，教材研究がきちんとできてな
ければ授業づくりはできないので，しっかり教材研究をすることが大事である。

　学級づくりにおいては，ベテランになってくるとそれまでの経験で子どもの
動きや思いが予想できるようになる。また問題行動への手だての引き出しもた
くさん増えてくる。そのようなベテラン教師をめざし，日々勉強しながらたく
さん子どもとかかわり，知識とよい経験を結びつけつつ自分の引き出しを増や
していってほしい。教師は子どもの一番近くにいる大人なのだからこそ，子ど
もをしっかり受け止められる力をぜひつけていってほしい。

■課題　実習では，子どもの気になる部分を記録しよう。自分の記録（の仕方）の
　癖を知り，すべての子どものよさを記録できたかどうか振り返ってみよう。


## 第4節　ベテラン教師による学校づくりの実践

　本節では教師のライフステージとして，第1～3節に続く第3ステージとし
て，ベテラン教師とは何か，学校づくりとは何か，とくにベテラン教師が参画
する学校づくりについて，学校現場での実践に即して説明をする。

### （1）ベテラン教師とはどのような教師か
　教師の一般的なライフステージでは，入職して20年（40歳）前後[8]からベ
テラン教師と呼ばれるようになる。ベテラン教師になると，授業では教材研究
―授業―評価―反省の省察[9]サイクルを「実践知」として，あるいは，さまざ
まな授業研究会や研修会などで学んだ成果として体得している。そして，児
童・生徒の実態をふまえて「わかる授業」「楽しい授業」「意欲を高める授業」
「学び方を学ぶ授業」などをめざし，教師自身が納得した授業が行われるよう

にもなる。生徒指導や中・高で重視される進路指導（キャリア教育），部活指導でも安定した指導が行われ，児童・生徒，保護者からの信頼も厚くなる。このようにベテラン教師のなかには，自分の専門性の深化や省察による「実践知」の累積によって，教科指導などの分野で力を発揮する教師が出てくる。

　しかし，ベテラン教師になると，力のすべてを児童・生徒のために傾注していた新任・中堅期と大きく異なる職務が生まれてくる。それは，日本の伝統的な教師文化の要諦の1つである「教師を育てる」という視点から，中堅期以上に，若い教師の模範となり，指導・助言・支援を行うことが強く期待されることであり，とくに学校運営にかかわり，校長が目標とする学校づくりに積極的に参画するスクールリーダーとしての役割をもつことである。

　また，教師のライフステージ上の大きな課題は，後半の教師人生を，教育指導に力点をおく教員（教諭）として生きるか，学校づくりや学校管理を中心とした管理職（校長・副校長・教頭）として生きるかどちらかを選択しなければならない年齢[10]になることである。さらに，児童・生徒とともに生活する学校生活とはまったく異なり，都道府県や市町村教育委員会で指導主事などとして，教育行政における指導業務や管理業務に就く教師も出てくる。

### （2）学校づくりとはどのようなことか

　学校づくりとは，学校の最終責任者である校長が，自己の教育理念を基盤として学習指導要領や県市町村などの教育委員会の教育方針をふまえて，自校の児童・生徒の実態，教職員の構成，学校の歴史・伝統，保護者の願いや地域の特性などを総合的に勘案して，目標とする学校をつくることである。

　望ましい学校とは，変化の激しい今日の時代の複雑化・多様化した教育課題に正対し，校長が教育的識見と確固たるリーダーシップをもち，教師集団が確かな指導力を発揮し，「わかる授業」「意欲を高める授業」「学び方を学ぶ授業」「楽しい授業」（とくに小学校）が行われ，一人ひとりの児童・生徒の確かな学力（基礎力と応用力）や「生きる力」を伸ばし，また，児童・生徒の可能性を引き出し，保護者，地域に信頼される学校のことを意味している。目標とする学校を校長が最高責任者として自己の教育理念を基盤としたリーダーシップを

発揮し，教職員が協働的に力を合わせ，保護者や地域の協力を得ながらつくり上げることを「学校づくり」という。

　文部科学省は，グローバル化，情報化，少子高齢化などの時代の急速な変化に対応できる「新しい学校づくり」として，とくに 2000 年頃以降，矢継ぎ早に教育改革を推進しており，学校評議員制度，民間校長の導入，「地域とともにある学校」として，校長が作成する学校運営の基本的方針についての承認や，教職員の任用に関して，任命権者である教育委員会へ意見を述べることができる「コミュニテイ・スクール（学校運営協議会制度）」，また，教員免許更新制，学校のマネージメント機能の強化の必要性から，スクールカウンセラーやソーシャルワーカーなどの専門スタッフとともに「チームとしての学校」による「新しいタイプの学校づくり」[11) が推進されている。

（3）ベテラン教師として学校づくりへの参画

　「学校は組織体」といわれる。ベテラン教師になると，学校の中心となって，教師集団全体の組織的な力や協働的チームワークを結束させ，望ましい同僚性を機能させ，学校づくりに積極的に参画することが求められる。

　ベテラン教師のなかからとくに指導力にすぐれ，教職員間で人望があり，児童・生徒や保護者からの信頼が厚い教師は，それぞれのキャリアや専門領域，専門的力量などの総合的視点から校長によって，学年主任，指導教諭，教務主任，主幹教諭などに任命される。学校企画（運営）委員会に参画し，新たな分野でも力を発揮することになる。

　学校企画（運営）委員会とは，都道府県などの管理規則[12) によって，各学校に設置する義務が位置づけられている組織である。この組織は，校長の補助機関として，その学校の目標とする学校づくりや日々の学校運営が円滑に推移するように校務に関する企画や立案，調整をする組織である。この委員会には，通常，校長，副校長・教頭，事務長，主幹教諭，教務主任，指導教諭，学年主任，生徒指導主任，進路指導主任，保健主任などが位置づけられ，学校運営に参画することが求められる。この委員会は，学校づくりをめざす校長が信頼する直属組織である。それぞれの学年や校務分掌，部署の代表としてのプライド

と責任をもって，意欲的に参画することが必要である。

## （4）管理職としての学校づくり

### ① 副校長・教頭としての学校づくり

学校には校長を補佐する立場で副校長[13]・教頭が位置づけられている。教頭の職務は，「校長を助け，校務を整理し，及び必要に応じて児童（生徒）の教育をつかさどる」「教頭は，校長に事故があるときはその職務を代理し，校長が欠けたときはその職務を行う」（学校教育法第 37 条）と定められている。いずれにしても，副校長・教頭の第一の職務は，校長を助け，校長が目標とする学校づくりを深く理解し補佐することである。校長が学校づくりを推進するうえで，最も信頼を寄せるのが副校長・教頭である。副校長・教頭の力量によって，学校づくりの成果が変わってくるともいわれる。

また，副校長・教頭は「教頭は職員室の担任」ともいわれる。それは，教頭は，校長を補佐しつつ，教職員（教員や事務職，学校栄養職員など）集団のまとめ役としての統括的力量が求められるからである。また，副校長・教頭としての業務の傍ら，教職員の職務上の問題・課題，悩み，ときには私生活の問題まで相談にのるからである。それは，まるで学級担任と同様で，副校長・教頭の人間性や人柄がその学校の職員集団の雰囲気を決めることになる。

もう一つ副校長・教頭の忘れてはならない重要な仕事がある。それは，副校長・教頭は PTA 担当となることである（教頭は PTA 副会長に位置づけられている学校が多い）。PTA のさまざまな問題・課題に対して，助言・支援を行うことである。副校長・教頭の力量によって，PTA や地域との信頼関係や連携のとり方が大きく変わってくるだけに重要な仕事といえる。

副校長・教頭の仕事は，教職員，PTA，地域の人々との接点と施設・備品の管理など広汎に及び，教頭の多忙化が課題となっている。そのために，新たに副校長の導入，教頭の複数配置，副校長の導入，管理職補佐の主幹教諭の配置などが進められている。

日々の業務が多く多忙な教頭ではあるが，必要に応じて児童（生徒）の教育をつかさどったり，そのような業務はすべて，まず第一に教師としての原点で

ある「児童・生徒のためにある」との強い意識をもつことを忘れてはならない。

② 校長としての学校づくり

校長の職務は「校務をつかさどり，所属職員を監督する」（学校教育法第28条）である。具体的に説明すると，校長の第一の仕事は，最高責任者（トップリーダー）としての学校づくりについてのビジョンをもち，「わかる授業」「楽しい授業」などを通して，一人ひとりの児童・生徒が「確かな学力」や「生きる力」を身につけ，それぞれの可能性を伸ばせるように，学校の人的，物的・財政的・情報的環境を整え，組織的条件を整理し構築することである。そのために，校長は，児童・生徒，教職員，施設設備，教育課程などにかかわるさまざまな管理的職務を総括的に遂行することになる。

学校の最高責任者は校長である。どのような特色の学校をつくるかは，校長が，児童・生徒の実態，保護者・地域の特徴，教職員の人的構成と力量の程度をしっかりとふまえて，校長の教育理念をもとに，これらの人々の力を結集できるビジョンをつくることが大切である。よく言われる言葉として，「学校は校長によって決まる」がある。その学校がどのような学校になるかは，校長の理念，ビジョン，力量によって決まるからである。

とくに，東日本大震災以後は，児童・生徒の生命・安全に対する危機管理が改めて重要課題となった。「保護者からお預かりしている児童・生徒の命は必ず護る」という校長の強い決意と責任感によって，改めて保護者や地域との連携のもとに，登下校を含めて学校生活におけるあらゆる危機管理体制を見直し，万全な対応を整えた学校も多い。

校長は，教育の専門家たる教師集団のトップに立ち，学校全体を牽引し，「教師を育てる」指導者としても，教育や指導に関する高い識見を常に向上させることが必要であり，専門的力量を絶えず磨き上げる自己研鑽・研修が強く求められている。

近年，日本の社会は，グローバル化，情報化，少子高齢化，高学歴化など，社会構造の大きな変革期を迎えており，激しい時代の変化に対して，学校のマンネリ化・ルーチン化の体質，とくに校長の学校管理の活性化が課題となって

いる。新しい時代に対応する「新しいタイプの学校づくり」が要請されてきている。

　このように，校長は日々重大な責任を帯びて職務の遂行を行っているが，児童・生徒が，「確かな学力」や豊かな「生きる力」を身につけ，健やかに成長・発達している姿に接することが校長としての何よりの喜びであろう。

　「学校は組織体」である。そのために凡そ38年間にわたる教師のライフステージにおいて，それぞれ新任期や中堅期，熟練期・管理職期に応じた組織上の役割があり，校長，副校長・教頭，教諭の職務は各々異なっている。しかし，どのような役職や立場であろうとも，教師の第一の使命は，人間形成という大きな目標の下での「児童・生徒の望ましい成長」である。心からの誠意や熱意をもって，一生懸命に児童・生徒にかかわることによって，児童・生徒や保護者からの「信頼」が得られ，児童・生徒とともに創り出す感動が生まれてくる。これが，教師の「本物のやりがい」であろう。

　これは，全国的に「校内暴力」が吹き荒れていた時代のある校長の実話である。その校長は，地域住民からは暴力学校と批判されている中学校に自ら志願し教職を賭して，「日付のない辞表」を懐に入れて赴任した。着任早々，「信頼される学校」「暴力のない学校」をめざして，教職員に対して「学校で起こるあらゆることは校長たる私が全責任をとります。先生方は自信をもって，安心して指導に専念してください」，また，問題行動に対しては「社会で許されないことは学校でも許されない」との毅然とした方針を打ち出し，自信を失っていた教職員の心を一つにまとめてさっそく行動を開始した。

　対教師暴力やいじめ，器物破損などに対しては，常に校長が先頭に立って一つひとつ粘り強く指導を行い，教師やPTAの協力を得て深夜のパトロールも実施した。何よりも最も力を入れたのが，校長をはじめ教師たちが，問題行動を起こす一人ひとりの生徒たちの不満や批判に粘り強く耳を傾けたこと，また，九九が言えない，漢字が読めない・書けない基礎学力不足の生徒に対しては，教師たちとも手分けして，校長自らもその生徒の心情に寄り添って熱心に毎日

勉強を教えたことである。どのような生徒であっても結局は，皆と一緒に勉強したいわけである。生徒の悩みを支えることである。

1年経過した卒業式の日，最後に「仰げば尊し」が歌われた。卒業生たちの目にも，あの問題行動の生徒たちの目にも涙が光った。校長の目にも，教師たちの目にも涙が流れていた。その生徒たちは，校長室と職員室に「お世話になりました」と挨拶に来てくれた。そして「俺はこの学校が好きなんだよ」「卒業するのはいやだよう」とまるで子どものように泣きじゃくりながら校門から巣立っていった。真剣にしかも誠実に一人ひとりの生徒を信じ，正面から向き合うことから「心ふるえる感動」や「涙あふれる感動」が生まれたのである。生徒・保護者・地域から批判されつづけてきた「暴力学校」は，1年間で見事に「信頼される学校」「暴力のない学校」に生まれ変わった。これこそが校長として，また，教師としての最高のやりがい，生きがいである。

本章では，新任期，ベテランや管理職による学校づくりや授業づくりなどを中心に説明してきた。しかし，たとえ校内における自分の職務上の立場がどのように変わったとしても，また，時代がどのように変化・変貌したとしても，これまで日本の教師たちが歴史のなかで営々と培い・継承してきた，教師としての「子どもとの信頼」「子どもとともに創る感動」「子どもとともに流す涙」は，決して変わるものではない。

■**課題** 最近，時代の急速な変化への対応として，「コミニテイ・スクール」や「チームとしての学校」などによる「新しいタイプの学校づくり」が推進されています。このような時代の教師の役割とは何かを具体的に考えてみよう。

## 第5節　長時間過密労働と「働き方改革」

教師となって，新たに学校に入職した際に驚くことの1つに，教師の働き方がある。本来，働き方という言葉がさす内容は多義的であるが，昨今，教師の働き方といった場合にとくに注目されるのは，長時間過密労働についてである。

まずはその実態や問題の変遷についてみてみよう。

（1）長時間過密労働の実態とその変遷

　仙台市教育委員会が 2020 年に向けて作成した教師募集パンフレットには「教師の 1 日」が記されている。小学校教諭の A 先生の在校時間は，7 時 50 分から 19 時に退勤するまで，在校時間は 11 時間 10 分である。小学校では，多くの教師が児童がいる間はほとんど空き時間がない。ある研究によれば，授業中教師は 1 分半〜 2 分に 1 回重要な意思決定をしているともいわれている[14]が，この 11 時間 10 分のうちのほとんどを，時々刻々と変わっていく子どもやその集団と関わり合いながら，ほぼノンストップで働いている。中高の教師であれば空き時間はあるものの，学校によっては校内をまわって教室に入れない子どもに対応するなどしているか，校務分掌や学級経営などに関わる業務をしている。放課後には，委員会や部活動など，生徒に関わる時間もあれば，会議や打ち合わせもある。個人としての次の日の準備はそれらが終わったあとに取り組むことになる。こうした日常的な仕事のほかにも，児童・生徒指導に関わる出来事があれば，突発的に地域に出たり，面談や打ち合わせが入ることもある。こうした結果，退勤時間は遅くなりがちである。2016 年の勤務実態調査の結果によれば，小学校の 3 割，中学校の 6 割の教諭が過労死ライン（月当たり残業 80 時間）以上働く状態となっている。

　こうした「働き方」の問題が注目を集めるようになったのは近年のことであるが，同様の問題は古くから「多忙」として指摘されてきた。たとえば，1980 年代においても，「忙しくて授業準備ができない」と認識している中学校教師が約 5 割いるとの研究がある[15]。しかし，「多忙」が問題化して以後，この問題は改善に向かうどころか，むしろ悪化している[16]。こうした期間を経て，改めて教師の労働環境が注目を集めるようになったのが，2010 年代なかごろである。このころは，若いビジネスパーソンの自死や，働き方の改善が第二次安倍政権の主要政策の 1 つになったこともあって，教師に限らず働き方に対して関心が集まっていた。この時期に，SNS などを通じて労働環境を問題視する教師たちが声を上げたことや，雑誌などにおいて学校が「ブラック」である

と喧伝されたこと，この問題を嫌って教職の人気が低迷しているとの指摘が話題になったこともあり，学校の内外を問わず注目を集めることになった。

（2）長時間過密労働の要因

では，なぜ教師はこういった長時間過密労働に陥りがちなのか。要因として指摘されているもののなかで，代表的なものをみてみよう。

1つには，これまでの給特法に基づく給与制度がある。教師は，時間外労働を行った場合，ほかの職業のように残業代が支払われるのではなく，あらかじめ教職調整額という賃金の4％分の上乗せが行われるかたちになっている。そのため，自治体など雇用者側に，労働時間削減のインセンティブが働かず，とくに管理も行われてこなかった。

教師一人当たりで面倒をみる子どもの数が多いのも，日本の教育の特徴である。これはクラスサイズに如実に表れる。このことに象徴されるように，学校教育に投入される予算が少ないことで，リソース以上の働き方を求められている側面がある。

組織的要因もある。辻・町支（2019）は，業務が属人化していることや，資料や教材の共有が進んでいないことなどが長時間労働の要因の1つになっていることを指摘している。こうした組織的な非効率は，なんとなく感じられつつも，変えること自体にエネルギーがかかることもあり，整理されないままになっているケースも多い。

そもそもの教職の特徴としてある「無境界性」（本書29頁参照）も要因の1つであろう。日本の教師は，伝統的に学習面だけでなく，生活面も指導の対象としてきた。そのなかで，時間をかけるにつれて雪だるま式に「やるべきこと」が増えていく結果となった。また，日本の学校組織では同僚同士の関係，いわゆる「同僚性」が重視されてきた。長時間働く教師が多数派になるに連れ，それが同調圧力となって，早く帰りづらい雰囲気を生んでしまった可能性もある。

また，国際教員指導環境調査（TALIS）などの結果をみると，とくに中学校では課外活動の長さが突出している。これは部活動に起因するもので，部活動

が長時間労働の要因になっているとの指摘も多い。

　以上のように，さまざまな要因があることがわかる。これらの要因が絡みあって長時間労働をもたらしているため，この問題は複雑である。

## （3）働き方改革

　近年，国・自治体含めて，教師の働き方に関するさまざまな改善策が打ち立てられてきた。また，学校単位での働き方の改善策や，個人の仕事術などが話題になるなど，学校教育全体を巻き込んだムーブメントとなっている。これらの動きを「働き方改革」という。

　たとえば，中央教育審議会は，2019 年 1 月に学校の働き方に関する答申をまとめ，月 45 時間，年間 360 時間という時間外労働の上限を設定するとともに，労働時間やストレスの管理を徹底すべきことを明確化し，学校および教師が担うべき業務の適正化を図って，切り分けの表を示すなどした。また，スポーツ庁は部活動のガイドラインを示し，加熱する部活動の沈静化を図った。自治体単位でも，独自に時間外労働の上限基準を設けたり，教材や資料の共有システム，時間外労働の管理システムの導入などが行われてきた。自治体によっては，印刷など事務作業の側面から教師の業務を支援する補助員を各学校に配置するなどのことも行われている。

　しかし，こうした動きの結果，長時間過密労働が解消された学校はかなり少ないというのが現状である。前述した要因の複雑さもさることながら，働き方改革は，教職のあり方そのものに関わるむずかしさに直面せざるを得ない（次項参照）。

　なお，2019 年 12 月末の給特法改正は，今後の働き方改革の行方を左右する可能性がある。繁忙期の労働時間を延長し，その分を夏休みなどに付けかえて集中的に休みをとれるようにすること（いわゆる「一年単位の変形労働時間制」）を柱とした制度改正である。こうした細かい時間管理や集中的な休みの取得は，現実には実行不可能であるとの指摘や，繁忙期の長時間労働が勤務時間内に入ることになり問題状況がみえづらくなるといった指摘もある。運用次第の部分もあり，今後の注視が必要である。

## （4）教職の特徴からみた働き方改革

　働き方改革が簡単にはうまくいかない背景には，教師の間でも働き方改革に対する認識が一枚岩になっていないことがある。辻・町支（2019）は，小中学校教師を対象として，働き方改革に対する認識を調査している。そのなかで，「時間外労働を削減することに対する罪悪感」をたずねた結果，4割弱の教師がそこに罪悪感やためらいを感じていることがわかった。その罪悪感やためらいを生じさせているは，日本の教師に特有の「献身的教師像」である。「子どものためにできることのすべてを行い，できる限り尽くすこと」をよしとする教師像である。一見，この無尽蔵な働き方は，非合理的で退廃的にさえみえるかもしれない。しかし，この教師像は多くの教師にとってアイデンティティの源泉となってきた[18]。そもそも，児童や生徒の成長を後押しすることが教師の仕事の中心的な目的であることは疑いようがない。そして，この仕事をしていれば，行事や授業，あるいは部活動を通して，明らかに児童・生徒が「成長した」と感じられる場面に出会えることがある。その場面に立ち会えることや，成長の後押しができることは，教師をしている人間にとって最大の喜びであり，やりがいのうちで最も重要なものの1つである。

　しかし，厄介なのは，教師の仕事は常に「不確実性」が伴うことである。つまり，どうすれば成長の後押しができるのか，また，いつ，どのように成長が訪れるのか，という点は事前に予想することができない。そのため「あの手この手」で成長を後押しし，できる限りのことはしておきたいと準備する。そうした子どもを思う純粋な意思が，結果として「献身的教師」を生み出してしまう。また，献身的であることは，保護者や子どもからの評価も高める場合が多い。ゆえに，自ら献身的であることを選択する教師は少なくない。この「献身的教師像」の考え方のもとでは，時間の制限や業務の削減は「できるだけ手をかける」ことに限定を設けることになる。結果，もろ手をあげては働き方改革に賛同できないという層が一定数存在することになる。

　働き方改革との間で葛藤を生じさせがちなもう1つの教職の特徴は，教職が「信念」に基づくという点にある。教師は，人に関わる専門職である。人と人

との関わりを生業とする以上，自分という人間や人格を抜きに仕事を考えることはできない。「自分にとって」適したやり方や，「自分にとって」納得できる考え方などが形成されていく。それが経験を積むにつれて強化され，信念やこだわりとなっていく。そして，信念をもった一人ひとりが集まり，集団となったのが学校組織である。ゆえに，学校組織でなにかを意思決定するのはむずかしい。教職員同士の考えの相違が，単なる意見のちがいではなく，信念対立として表面化するからである。こうして，学校が組織として働き方改革に取り組むことに困難が生じる。誰もが賛同しやすい施策（たとえば，業務補助の人員を入れる）は導入しやすいが，信念に抵触しやすい施策は実現されにくくなる。

　この2つの特徴は，どちらも業務を「削減」する際にとくにネックになる。これまでの学校単位の働き方改革は，教材の共有など献身的教師像の毀損にも専門職の信念対立にも比較的つながりにくいものにとどまってきたが，労働状況を抜本的に改善するには業務の削減に着手せざるを得ない。しかし，業務の削減は献身性に制限をつけ，また，やめる業務を決める際には，各教員のこだわりのちがいがあらわになる。たとえば，合唱コンクールを学級づくりの中心に据えてきた教師は，働き方改革には賛同しても，合唱コンクールをやめることには断固反対する。こうした問題や対立を避けてきた結果，働き方改革には一定の歯止めがかかってきた。

## （5）これからの働き方改革

　以上あげた2点は，働き方改革の視点からみれば困難をもたらすが，教職という仕事全体からみれば，単純に非難されるべきものではなく，むしろ，教職のアイデンティティを支えてきたものである。とはいえ，長時間過密労働による心身への悪影響や，教師のなり手不足などの問題は深刻であり，このままでは，持続可能ではない。

　今後，働き方改革を進めていくには，個人としても社会としてもすでに限界がきていると長らく指摘されてきた，献身的教師像に代わる次の「よい教師像」を模索していく必要があるだろう。また，カリキュラムマネジメントとセットで考えていくことも必要になる。辞めることを決めづらいのには，学校と

しての目標やビジョンが明確になっていないことも背景にある。組織として業務の価値がフラットであれば，各業務の意味づけは個々の教師の信念に委ねることになる。「何を辞めるか」という議論は消極的でセンセーショナルであるが，「この学校ではどんな力を伸ばしていくべきか」という議論はポジティブで未来志向である。そして，その議論と一定の結論があれば，業務に優先順位をつけやすくなる。これからの教師や学校には，こうした視点が求められるであろう。

### 注記

1)　山﨑準二『教師のライフコース研究』創風社，2002 年，pp.335-336 および山﨑準二『教師の発達と力量形成―続・教師のライフコース研究―』創風社，2012 年，p.429。

2)　久冨善之「あらためて『新採教師はなぜ追いつめられたのか』を考える」久冨善之・佐藤博編著『新採教師はなぜ追いつめられたのか』高文研，2010 年，p.149。

3)　山崎雄介「第一章　教師になること／教師であることの現在」グループ・ディタクティカ編著『教師になること，教師であり続けること　困難の中の希望』勁草書房，2012 年，p.8。

4)　山﨑準二・望月耕太・菅野文彦「若い教師の力量形成に関する調査研究（2）―2010 静岡調査における『教職生活の実態』に関する基礎分析報告―」東洋大学文学部紀要第 64 集　教育学科編　XXXVI，2011 年，p.90。山﨑準二・望月耕太・菅野文彦「若い教師の力量形成に関する調査研究（3）―2010 静岡調査における『教職生活の実態』に関する基礎分析報告―」静岡大学教育研究　第 7 号，2011 年，p.20。

5)　中島一憲「教師のうつ：臨床統計から見た現状と課題」『発達』106　ミネルヴァ書房，2006 年，p.5。

6)　保坂亨『“学校を休む”児童生徒の欠席と教員の休職』学事出版，2009 年，p.94。

7)　杉原真晃「第四章　新人教員の苦悩に対して教員養成は何ができるか」注記 3）前掲書，pp.86-87。

8)　年数による教師の職歴区分には，いろいろな研究があるが，一般的には，経験 15-20 年程度（30 歳後半-40 歳前半）でベテラン教師といわれることが多い。本稿では入職後 20 年前後の経験・実践を有し，指導において熟練した教師として使用している。

9)　「省察」とは，D・デューイや D・ショーンの理論にもとづく用語であるが，授業論について秋田は「何が問題であるかを明らかにし，問題解決という目的に照らして，手段としてどの授業行動がふさわしいかということを仮説としてあれこれ考えをめぐらせる手段―目的分析を行い，それを実際に検証していく探求の過程」であると定義している。(秋田喜代美(1996)「教師教育における『省察』概念の展開」森田尚人，秋田喜代美他編『教育学年報5』世織書房，p.452)。

10)　管理職（副校長・教頭）試験の受験年齢は都道府県などによって異なるが，一般的

には40歳前後が多い。

11)　急激な時代の変化に対して，中央教育審議会は学校のマネージメント機能の強化として「チームとしての学校の在り方と今後の改善方策について（答申）」（平成27年12月21日）を公表し，現在，学校では教員以外の専門スタッフも参加した指導体制の充実が具体的に推進されている。

12)　都道府県・市町村教育委員会には，管理規則が定められている。児童・生徒に関すること，学校の組織編制，教育課程，施設，設備，教材の取扱い，保健，安全，学校給食などについて学校が行うべきことが定められている。

13)　2007年に学校教育法が改正され，新たな職として副校長，主幹教諭，指導教諭をおくことができ，各教育委員会判断で2008年から設置されている。副校長は，教頭よりも上位で校長から命を受けた範囲で校務の一部を自らの権限で処理することができる。

14)　Clark, C. M. & Peterson, P. L. Qualitative（1986）Teacher's thought process. In Wittrock（Ed.）*Handbook of research on teaching*. New York: Macmillan.

15)　平良辰夫「中学校・高校英語教師のジレンマ：アンケートによる一考察」『沖縄大学紀要』第3巻，1983年，pp.75-93。

16)　たとえば，Benesseの学習指導基本調査によれば，1997〜2016年にかけて，中学校教諭の在校時間は1日当たり1時間32分に伸びている。

17)　辻和洋・町支大祐『教師の働き方入門』毎日新聞出版，2019年，p.185。

18)　久富善之「教師の生活・文化・意識―献身的教師像の組み換えに寄せて」『現代の教育6　教師像の再構築』岩波書店，1998年。

**参考文献**

川原茂雄『高校教師かわはら先生の原発出前授業①②③』明石書店，2012年

有田和正『学級づくりの教科書』さくら社，2011年

大村はま『日本の教師に伝えたいこと』筑摩書房，1995年

佐藤慎二『通常学級の特別支援』日本文化科学社，2012年

稲垣忠彦他編『学校づくり』（日本の教師13）ぎょうせい，1994年

浦野東洋一他編『開かれた学校づくりと学校評価』学事出版，2007年

小松郁夫編著『新しい公共型学校づくり』（学校管理職の経営課題2）ぎょうせい，2011年

# 第10章　教師のワーク・ライフ・バランス
## ―ジェンダーの視点から―

　少子化が著しい。2018年の合計特殊出生率（一人の女性が生涯に産むとされる子どもの数）は1.42で，人口を維持するのに必要な2.07を大きく下回っている。その要因の1つには，男性が子育てや家事にかかわらない／かかわれないことによって，それらの負担が女性に偏り，女性が仕事と子育てを両立できないという環境があげられる。

　ところで，学校のなかで女性教師の割合は小学校62.2%，中学校43.3%，高等学校32.1%であるが，その多くが定年まで働いている。女性の約7割が第1子出産後に離職しているのに対して，女性教師には職業を継続できる環境が整っているのであろう。とはいえ，「家庭の事情のため」を理由に離職する女性教師の数は，男性教師に比べて多いという実態もある。家庭生活での負担が，女性教師にかかっていることが推察される。また，どの学校でも女性教師の割合が一定数あるにもかかわらず，女性校長の割合は小学校19.6%，中学校6.7%，高等学校8.1%であり，女性教師が管理職として活躍できていない[1]。

　このように，女性教師には男性教師とは異なる課題があるといわれる。その1つは学校における女性教師の立場や役割，もう1つは女性教師にかかっている家庭生活の負担である。しかし，これらは，女性教師だけの課題であろうか。いうまでもなく，子育てや介護などの家庭生活は男女が協力して営むべきものである。また，職業人としての教師には，性別にかかわらず必要とされる力量がある。とすれば，女性教師の課題は，必ずしも女性教師のみにかかわるものではなく，男性教師の課題でもあろう。

　本章では，教師のワーク・ライフ・バランス（work-life balance：仕事と生活の調和）について，ジェンダー（gender）と教育の視点から考えてみたい。な

ぜなら，ワーク・ライフ・バランスは少子化対策の一環ではあるが，教職を継続していくうえでは，女性教師にも男性教師にも大切な生き方だからである。

## 第1節　教師の仕事と家庭生活─具体例から─

　ある教員研修会での発言から，教師のワーク・ライフ・バランスを見てみよう。研修会では，まず，子育て中の保護者からみた地域の男女共同参画の実態と学校教育とのかかわりについての報告，地域との連携によって男女共同参画の授業を進めた中学校の実践報告を受け，その後，参加者がグループに分かれ，各自の子育て経験や地域の男女共同参画について話し合った。以下は，その際の発言である。

### Aさん：30代後半女性教師
　私には，保育所に通っている子どもが2人います。今回の研修は1泊2日ですが，夫に子どもの世話と家事を任せて参加しました。結婚したときからずっと家事を分担してきましたし，子どもが生まれてからは育児も分担してきましたから，まったく心配はしていません。夫は公務員です。教師になることが子どものころからの夢でした。毎日忙しいですが，教職はやりがいのある仕事なので，育児休業を活用して，夫と二人で子育てと仕事を両立しています。ずっと働き続けたいし，夫も賛成しています。

### Bさん：50代後半女性教師
　二人の子どもが成人し，義理の母と夫との生活になりましたので，安心して宿泊の研修に参加できました。子育て中は，義理の母と実家の母とに手伝ってもらいながら，仕事を続けてきました。夫も教師ですから私の仕事を理解してくれますが，私自身が男性教師の仕事の大変さをわかっているので，無理は言えませんでした。夫は部活や生徒指導，進路指導などでくたくたになって帰宅していましたから…。仕事と家庭の両立は大変でしたが，教師を続けてきてよかったと思っています。

### Cさん：40代前半男性教師
　教務主任と生徒指導，部活の指導もしていますので，とにかく忙しいです。やりがいもありますが，帰宅が10時すぎることはざらですから，子育ても家事も妻に任せきりです。子どもが思春期なので，妻は大変だと思います。子育ても含めて妻と話す時間がほしいのですが…。男女共同参画といわれても，男性教師の長時間労働が変わらないかぎり，わが家での実現はむずかしいです。

これらの発言から，教師の家庭生活の一端を垣間見ることができる。発言には多忙な学校教育現場，教職はやりがいのある仕事という共通点もあるが，仕事と家庭生活との両立という視点からはちがいも散見される。その1つは女性教師間の世代によるちがいであり，もう1つは学校教育現場の性別役割分担と家庭生活とのそれは表裏一体という意味での性別によるちがいである。

## 第2節　キーワード「ワーク・ライフ・バランス」と「ジェンダー」

　では，上記の発言を読み解くために，本章のキーワード「ワーク・ライフ・バランス」と「ジェンダー」について整理する。「仕事と生活の調和（ワーク・ライフ・バランス）憲章」（2008年12月策定）によれば，ワーク・ライフ・バランスが実現した社会とは，「国民一人ひとりがやりがいや充実感を感じながら働き，仕事上の責任を果たすとともに，家庭や地域生活などにおいても，子育て期，中高年期といった人生の各段階に応じて多様な生き方が選択・実現できる社会」とされている。つまり，ワーク・ライフ・バランスとは，文字どおり「仕事も，家庭も，地域も」という生き方をさす。したがって，そこでは個人がその生き方を選択する際に，多様な選択肢が保障されなければならない。

　ところが，実際の生活では，男性は仕事中心，女性は家庭中心の生活を送っている。たとえば，6歳未満児のいる家庭の男性の1日あたり仕事などの平均時間は409分，家事関連時間は83分であるのに対して，女性の仕事等時間287分，家事関連時間454分である[2]。この数字は家庭全般のものであるが，教師の家庭でもそれほどちがいはないだろう。

　この「男性は仕事，女性は家庭」という性別役割分担（意識）は，ジェンダーにもとづくものである。一般に，生物学的性別をセックス（sex），社会的文化的性別をジェンダーという[3]。前者は，「身長は男子が高く，女子は低い」「子どもを産むのは男ではなく，女である」というように，性別による差異を示す場合に用いられる。後者は，「男子はズボン，女子はスカート」「男は泣かない」「女子は足を広げて座らない」などの性別にもとづいた外見や言動，「カ

仕事は男子，細かな仕事は女子」「応援団長は男子，救護係は女子」などの性別役割分担に見られるような，性別を根拠として社会が個人に期待する行動パターンや，「～すべき／～すべきでない」という規範として示される[4]。

　ジェンダーは，誕生直後から家庭，学校，地域社会などを通して個人のなかに形成される。その意味で，学校教育はジェンダーを再生産する場であり，学校慣習や教師の無意識・無意図的言動などの隠れたカリキュラム―男女別男子優先名簿や女子のスカート制服，理系男子・文系女子という進路指導など―を通して，ジェンダーは児童・生徒の人間形成に大きく影響する。たとえば，進路指導において，男子生徒が保育士や看護師などの女性職を希望した場合，教師が「男子なのに大丈夫か？」と思わず発言してしまうことがある。保育士には資格が必要であり，資格取得は性別にかかわらず可能であるから，条件さえ満たせば男性も保育士なれる。にもかかわらず，前述のような発言をしてしまうのは，教師にジェンダー・バイアス（gender bias）が存在するからである。

　また，大学への進学率も男子55.9%，女子49.1%と男子が約6.8ポイント高いだけでなく，女子は教育・養護，男子は工学・理学というように専攻分野に男女差がみられる[5]。この現象はジェンダー・トラック（gender track）といわれ，女子の進路選択には性役割観，すなわちジェンダー要因が作用するため，学力水準にもとづいた進路選択がなされない。その結果，制度上は男女の区別なく進路選択が可能であるにもかかわらず，男女間での差が生じるのである。

　それでは，ジェンダーとワーク・ライフ・バランスの視点から，前述の発言を見てみよう。Bさんは，夫である男性教師の仕事の大変さを理解できるがゆえに，家庭生活の負担を自ら引き受けている。とくに子育て中は，義理の母親と自分の母親の支援は受けているが，夫に子育ての負担は求めていない。Cさんは，思春期の子どもを育てている妻を支援したいと思いながら，長時間労働のためにそれを果たせないでいる。

　このように，教師の生活にもジェンダーが浸透していることがわかる。男性教師は仕事中心，女性教師は家庭（子育て・介護）中心という生活がなされており，ワーク・ライフ・バランスがとれているとはいえない。職場優先の雰囲

気や固定的な性別役割分担意識が根強く残っている学校は，ジェンダーにもとづいた職場環境となっているのである。

　ところが，Ａさんの教師生活はほかの二人と異なっている。Ａさんは夫と家事育児を分担し，協力して家庭生活を維持していることから宿泊を伴う研修にも参加できている。このような家庭生活ができていれば，性別にかかわらず教師としての力量を身につけ，十分な教育実践を行うことができるであろう。

　では次に，Ａさんのような家庭生活を獲得するために覚えておきたい制度を確認しておこう。

## 第3節　妊娠・出産，そして子育ては基本的な権利

　妊娠・出産については，労働基準法において産前（6 週間）・産後（8 週間）休業，妊婦の軽易業務転換，妊産婦等の危険有害業務の就業制限，妊産婦の時間外労働・休日労働・深夜業の制限等が規定されている。これらの母性保護規定のなかには，妊産婦が請求しなければ受けられない保護内容も含まれている。妊娠・出産にあたっては，女性も男性も母性保護規定を確認して，適切に取得してほしい。

　また，子育てに関しては改正育児・介護休業法（2009 年 7 月 1 日公布，2010年 6 月 30 日施行）において，育児休業（子どもが 1 歳未満，1 年間）は男女ともに取得することができるだけでなく，3 歳未満の子どもを養育している場合の短時間勤務制度（1 日 6 時間），子どもの看護休暇取得（年間一人 5 日，二人以上 10 日），配偶者が専業主婦（夫）でも育児休業の取得可など，仕事と子育ての両立支援がなされている。

　さらに，次世代育成推進対策法（2012 年 3 月改正）にもとづき，各都道府県教育委員会は「特定事業主行動計画」を策定し，教職員のための仕事と子育て両立支援を行っている。たとえば，愛知県教育委員会特定事業主行動計画によれば，勤務環境の整備としては，「妊娠中及び出産後における配慮，育児休業等を取得しやすい環境の整備等，保育施設等に関する情報提供，勤務時間外の

業務の縮減，休暇の取得の促進，人事上の配慮，職場優先の環境や固定的な性別役割分担意識等の是正のための取り組み，また，地域における子育て支援等としては，子育てバリアフリー，子ども・子育てに関する地域貢献活動，学習機会の提供等による家庭の教育力の向上」があげられている[6]。

　しかしながら，実際には，教職員の仕事と子育ての両立が達成されているとはいいがたい。育児休業の取得についてみて見ると，「女性教職員の育児休業取得率」が100％であるのに対して，子どもの出生時やその前後に取得する「男性教職員の育児に係る休暇等取得率」は56.3％である[7]。男性教職員の育児休業取得率に至っては，わずか2.4％である[8]。その背景には，男性教職員が育児時間や部分休業制度を知らないなど制度の周知が図られていないこと，職場優先の環境や固定的な性別役割分担意識，教職員の超過勤務状況がきわめて厳しいことなどがあげられる[9]。今後は，策定された教職員の仕事と子育て両立支援計画を確実に実行していくだけでなく，教職員一人ひとりが計画の趣旨を理解し，仕事と子育ての両立支援を受けることも，同僚の支援をすることも，積極的に行っていきたい。

## 第4節　家庭生活や子育て経験がもたらす教師としての成長

　教職を継続していくなかで，家庭生活と子育ては女性教師に「負担」をかけるだけなのだろうか。また，男性教師はそれらにかかわらなくてよいのだろうか。前述の発言の続きを見よう。

### Aさん：30代後半女性教師
　子どもを育てて，少しずつ保護者の気持ちがわかるようになってきました。それと，ペースの遅い子やできない子を待てるようになりました。まだ，自分の失敗には落ち込むことが多いですが，できないことは仕方がないと思えるようにもなってきました。子育てで悩むこともありますが，クラスの子どもたちを見て，またがんばろうという気持ちになります。校長先生や同僚の先生方がいろいろと配慮してくれるので，感謝しています。

### Bさん：50代後半女性教師

　子育ては大変でしたが，教師としてはよい経験だったと思います。子どもの指導をするときに，その保護者や家庭環境を必ず見るようになりました。もっとも，そうできたのは，子どものいない女性の先生から「せっかく子育てを経験したのだから，それを生かすような生徒指導を考えてみたら」というアドバイスがあったからですけれど…。夫は管理職になってから増々忙しいですが，職場の女性の先生方からは，「理解のある先生」と思われているようです。

### Cさん：40代前半男性教師

　女性の先生は仕事と家庭を両立していてすごいな，と思う半面，生徒指導や進路指導，教務主任などの時間が決まっていない，責任の重い仕事，教務主任には就かない。管理職も少ない。やっぱり，校長といったら男性ですよね。学校の先生方のなかにも，女性の先生には家庭があるから…という雰囲気があります。でも，生徒指導のうまい女性の先生がいました。上から押さえつけるわけではないのですが，なぜか子どもが言うことを聞く。不思議でした。中学生を見ていると，その子の家庭が見えてきます。もう少し，自分の子どもや家族にかかわれればよかったかな，とは思います。

　Aさんは，子育ての経験から自身の「子どもを見る目」を広げるとともに，個人差への対応，保護者理解の深まりなど，教師としてのゆとりがもてるようになっている。Bさんも子育ての経験を生かしながら，保護者や家庭環境を考慮した生徒指導を行っている。また，Cさんは生徒理解／指導や保護者理解において，子育てや家庭生活の経験が重要であることに気づいている。

　さらに，Aさん，Bさんが自身の子育て経験を教育実践につなげられている背景には，職場の管理職，先輩や同僚教師の支援があることがわかる。とくに，Bさんの夫である男性教師には，女性教師である妻の子育てや家庭生活の負担を見聞することによって，職場の女性教師への理解が生まれていることが推察できる。Cさんの発言では，仕事と子育てを両立する女性教師への敬意とともに，子育て経験の有無を問わず，女性教師ならではの生徒指導の方法の有効性が指摘されている。

　これらの発言からわかることは，家庭生活も子育ても，それぞれの教師としての力量を広げているという点である。教師にとって重要な児童・生徒理解，保護者との協力，地域との連携は，家庭生活や子育ての経験が生きる領域であ

る。また，教師同士が連携しなければならない場面では，適切かつ柔軟な役割分担が求められるが，思いどおりにならない子育て，協働意識が必要な家庭生活の経験は教師の人間的な成長を促す。性別にかかわらず，子育てや家庭生活を保障するワーク・ライフ・バランスは，教師にとって必要不可欠なのである。

## 第5節　教師に求められるジェンダーの視点

　それでは，教師のワーク・ライフ・バランスの実現に必要なことは何か。まずは「ジェンダーの視点」を獲得することである。そのうえで，ジェンダーにもとづいた職場環境—職場優先の雰囲気や固定的な性別役割分担意識—を改善し，仕事と生活の両立支援制度を利用できるようにすることである。

　ジェンダーの視点とはジェンダーの問題に敏感になること，すなわち，ジェンダーに配慮できるようになることである。たとえば，セクシュアル・マイノリティ[10]の子どもは，トイレ・制服・体育の授業など日常的な学校生活において困難をかかえているだけでなく，「男らしさ，女らしさ」にもとづいた外見や言動を求められることに苦痛を感じている場合がある。ジェンダーの視点をもった教師であれば，性のありようは一人ひとりちがうということを認識し，どのような子であってもその子らしく過ごせるようにすることができる。つまり，ジェンダーの視点を獲得することによって，教師はジェンダーにもとづく思い込みにとらわれず，一人ひとりのちがいを尊重できるようになる。

　Ｃさんの発言をあらためてジェンダーの視点で見てみると，学校現場での女性教師の立場のむずかしさが推察できる。「女性教師は家庭生活優先」という雰囲気が学校での教師の役割分担にも反映されることにより，「生徒指導や進路指導は，家庭生活を優先しなくてよい男性教師が担当する」という性別役割分担が行われている。その結果，男性教師には仕事上の過重な負担がかかり，自身の家庭生活や子育てに時間を割くことができなくなっている。いっぽう，女性教師は生徒指導や進路指導の仕事を経験することができず，教師としての力量形成の機会を逸している。仕事と生活の両立支援制度が整えられていても，

実際には利用することがむずかしいのである。ジェンダーが浸透している教師の生活や学校において，まず求められるのは職場の環境改善であろう。

　また，教師は子どもにとって，大人のモデルである。女性教師は女子にとって，女性としての職業選択や生き方を示すモデルである。女性教師が職業人として，あるいは仕事と家庭生活を両立させている社会人として，女子と男子のモデルになれることはいうまでもない。もちろん，男性教師は男子にとって，大人の男性モデルである。男性教師が，子育てや家庭生活に積極的にかかわる大人としての男性モデルを示すことができれば，女子にとっても男子にとっても将来の多様な生き方のモデルになれる。

　性別や子どもの有無にかかわらず，ワーク・ライフ・バランスを実現している教師の存在は，子どもに「仕事も，家庭も，地域も」という生き方ができることを示せる。ジェンダーの視点をもった教師は，セクシュアル・マイノリティを含めた子ども一人ひとりの個性を尊重し，その子らしい生き方を支援することができる。教師のワーク・ライフ・バランスの実現は教師自身のためだけでなく，子どもたちの将来のためにも必要不可欠である。

■課題　ワーク・ライフ・バランスの視点で，教職についてからの自分のライフデザインを描いてみよう。また，教職員のための仕事と生活の両立支援制度を調べておこう。

注記
1)　文部科学省『学校基本調査―平成30年度結果の概要―』，同『平成29年度公立学校教職員の人事行政状況調査』。
2)　内閣府「平成30年度男女共同参画社会の形成の状況　第3章仕事と生活の調和（ワーク・ライフ・バランス）」『令和元年版男女共同参画白書』p.120。
3)　近年，「性」に関しては「性の三要素」として，①生物学的性別（sex）：身体の性，②自分が認識している性別＝性自認（gender identity）：心の性，③性的指向（sexual orientation）：性的な関心の対象（好きになる性）と，「社会的な性」として社会的文化的性別（gender）：社会的な性役割（gender role），性別役割分担（意識），性表現（gender pattern），男／女らしさ・性（別）に基づいた外見や言動，という2つの視点で考えられている。これらの視点は，学校教育において重要である。たとえば，生物学的性別と性自認が一致しない児童・生徒（性同一性障害を含む）や性的指向が社会の多数派とは異なっている児童・生徒は，セクシュアル・マイノリティといわれ，1クラス

に2～3人は存在する。その多くは，幼稚園から高等学校にかけて同性指向や性別違和を自覚することから，学校教育現場での適切な対応が必要となる。詳細は，文部科学省「性同一性障害に係る児童生徒に対するきめ細やかな対応の実施等について（通知）」2015年，「性同一性障害や性的指向・性自認に係る，児童生徒に対するきめ細やかな対応等の実施について〈教職員向け〉」2016年，参照。

4)　いうまでもなく，生物学的性差は性別役割（性役割）を肯定しない。たとえば，身長は男子集団の平均値が高く，女子集団の平均値が低いのであって，男子がすべての女子よりも背が高いわけではない。したがって，常に力仕事を男子，細かい仕事を女子がする必然性はない。また，子どもを産むのは女であるが，哺乳も含めて育児は誰でもできる。したがって，育児は女性（母親）にしかできない／適したものといえない。なお，育児は学習行動である。

5)　内閣府『男女共同参画白書平成30年版　平成29年度男女共同参画社会の状況』pp.129-135。

6)　愛知県教育委員会『愛知県教育委員会特定事業主行動計画「教職員の子育て応援プログラム～仕事と子育てが両立できるようみんなで応援します～」(2010年3月29日)詳細は，各都道府県教育委員会のホームページを参照のこと。

7)　『愛知県教育委員会特定事業主行動計画「教職員の子育て応援プログラム」の実施状況について』平成29年度実績。

8)　『香川県教育委員会特定事業主行動計画の実施状況（平成24年度)』。

9)　京都府教育委員会『京都府立学校教職員特定事業主行動計画―みんなの理解と支援―仕事と子育ての両立ができる環境づくりをめざして』2010年9月。

10)　セクシュアル・マイノリティと呼ばれる人々は，レズビアン（lesbian・女性同性愛者），ゲイ（gay・男性同性愛者），バイセクシュアル（bisexual・両性愛者），トランスジェンダー（transgender・身体の性別とは異なる性別を自認している者）などであり，LGBTと総称することがある。異性愛者（heterosexual）が多数であるが，同性愛者（homosexual）等は一定数存在し，治療を必要とする疾患ではない。なお，セクシュアリティ（Sexuality）は，WHO（世界保健機関）の定義によれば，「生涯を通じて人間の存在において中心的な事柄であり，セックス（性別／性交），ジェンダー・アイデンティティ（性自認），性別役割，性的指向，エロティシズム，快楽，親密さ，生殖を包含するものである」とされる。

## 参考文献

河野銀子・村松泰子編著『高校の「女性」校長が少ないのはなぜか―都道府県別分析と女性校長インタビューから探る―』学文社，2011年

友野清文『ジェンダーから教育を考える―共学と別学／性差と平等―』丸善プラネット，2013年

日本教師教育学会編『教師教育研究ハンドブック』学文社，2017年

藤田由美子・谷田川ルミ編著『ダイバーシティ時代の教育の原理―多様性と新たなるつながりの地平へ』学文社，2018年

三成美保編著『教育とLGBTIをつなぐ』青弓社，2017年

# 第11章　児童・生徒理解と教師のメンタルヘルス

　教師が学級を運営するには，受け持つ児童・生徒をよく理解しておくことが必要である。ただ「理解」といってもそのアプローチの方法はさまざまである。児童・生徒を多元的にとらえたほうが正確なかれらの姿に近づけるであろうし，多元的にとらえる試みがまたかれらとの関係を新たに築くきっかけともなろう。ここでは児童・生徒への理解を，児童・生徒個人の発達からとらえる視点，また教師と児童・生徒の相互作用からとらえる視点，さらには学校環境との関係からとらえる視点の3点から考えていく。一方で近年，教師のメンタルヘルスの悪化が指摘されている。「理解」の目は，教師に対してもまた十分に向けていかなくてはならない。本章では，児童・生徒を理解する視点について考え，さらに教師のメンタルヘルスの現状と課題についてみていく。

## 第1節　児童・生徒を理解する

### （1）発達の視点から

#### ① 子どもの認知

　子どもは6歳で小学校に入学し，系統だった学習を始めることになる。それはちょうど人の認知機能の発達が，具体的に物事を示せばある程度複雑なことも理解可能になる時期と重なっている。たとえば，子どもに2つの同型同大の容器に等量の水が入っていることを確認させたあと，一方を細長い容器に移し替え，水面の高さを変化させると，幼児は水面が高くなったほうを容量が多いと判断してしまうが，児童は「容量は加減されないかぎり変化はしない」と理解できる。これは認知機能の発達を提唱したピアジェ（Piaget, J.）の有名な実験で，児童は具体的に示せば正確に理解できる（見かけの判断に惑わされない）

という認知機能を礎に，学校での学習に取り組み，社会性を伸ばしていく。教育現場に照らし合わせれば，この時期教師が実際に行動してみる，図で示して説明をするなど具体的に指示し，教えることが有効で，それによって児童の学習や理解が進むといえよう。

　発達が進み，小学校高学年生くらいになると，児童も徐々に抽象的思考が可能になる。他者が自分のことをどう見ているのかを認識して自分をとらえることや現実とはちがう理想，その理想にもとづく価値について考えることができるようになる。そうなると，自分自身や親，教師，社会に対しても理想と照らし合わせて批判的に考えるようになっていく。教師のちょっとした発言も「この前言っていたこととちがう」「先生は表面的なことばかり言う」などと反発するのは，まさに認知機能の発達が新たな段階に入ったからである。またこの時期にはちょうど身体的にも第二次性徴[1]を迎え，児童・生徒は心理的にも身体的にも急激な変化を経験し，不安定な思春期に入っていく。

　一方で，これらの認知機能の発達には個人差があることが指摘されている。教師が同じように指導しても，容易に伝わる児童・生徒もいればなかなか伝わらない生徒がいるのは，発達に差異があることが考えられる。児童・生徒の発達をとらえながら，個人にあった指導をしていきたい。

　② 友人関係の変化

　認知機能と同様に，児童・生徒の発達は友人関係からも大きな影響を受け，また友人関係自体も発達に応じて変化していく（榎本, 2003; 保坂, 1998）。友人が重要な存在になってくるのは小学校中学年生ころからだが，この時期友人関係は男女とも同一行動による一体感をもった仲間集団が中心である。その後，とくに女子は，興味や趣味の類似性を強調した親密的な友人関係を築いていく。同一行動は仲間内での規則の順守や協同といった社会的行動を学ぶ機会を，また親密的な関係はかれらに自分の性格や自分自身の存在について客観的に考える機会を与えてくれる。このような同質的な関係は中学生くらいまで続き，多くの児童・生徒はこの集団に属するために行動や趣味が"同じであること"に必死になる。"同じであること"は，この時期の認知機能の発達や第二次性徴に

よる不安感を共有しやすくさせ，さらにそれまでの安定した依存関係で成り立っていた親からの自立を支えていく。つまりかれらは受容し受容される友人関係がもたらす安心感を根拠地に，自分自身へと目を向け，自己を確立していく（自分の意思をしっかりもち，自分のことを自分で決めていく）ことが可能になる。しかし自己の確立が進むと，友人と同質である必要がなくなり，高校生ともなれば互いのちがいを認め，異質性を受け入れる友人関係を築くようになる。友人関係は児童・生徒が親から自立し自分自身を確立する過程になくてはならないものである。

　近年，コンピューターゲームの流行や塾や習い事に通う子どもが増加し，児童期での仲間関係の経験が不十分であることが指摘されている。そのため同質的な友人関係集団を形成するときに，自分たちでは集団のまとまり（凝集性）を維持できず，「スケープゴート（いけにえ）」として一人をはずすことによってかろうじて団結力（集団凝集性）を高め，それがいじめという行為につながっているという（保坂, 1998）。友人関係を安定したものとして構築し，それがかれらの自立への土台となるには，児童期からの友人関係づくりを丁寧に支援していく必要がある。

## （2）教師と児童・生徒の相互作用の視点から

　さて，これまで発達的側面から児童・生徒を理解することを試みたが，かれらを理解するに，教師と児童・生徒の相互作用の側面からもとらえてみたい。

　クラスに落ち着きがなく動き回る児童がいて，この子どものことをある教師は「学級の雰囲気を乱してばかりいる。しつけがなっていない」という見方をし，またある教師は「おもしろい子どもだな。いろいろなことに興味があるのだな」という見方をしたとする。ごく日常的なことだが，その後おそらく教師は，自分の見方に沿ったかかわり方でその子どもに接していくであろう。つまり見方のちがいはかかわり方にもちがいをもたらすことになる。このような子どもに対する先生の特定の「見方」や「見え方」は，先生と子どもの関係を際限なくこじらせていく悪循環をもたらすこともあれば，逆に二人の関係をどんどん楽しいものに変えていく好循環を生み出すこともある（近藤, 1995）。

教師と児童・生徒の相互作用が生じる背景はこれだけではない。児童・生徒に「こうなってもらいたい」という教師の意図的な方向づけや意図的ではないにしても，かれらへの賞賛や叱責を通して，教師は多くのことを児童・生徒に要請している。要請自体が悪いわけではないが，そこには各教師がもつ要請特性があり，その要請特性と子どものライフスタイルとの間の「適合−不適合関係（マッチング）（近藤, 1994)」が，教師と児童・生徒の間に常に生じることになる。たとえば，自分で考えることを教育の目標とする教師と，言われたことをきちんと行うことが好きな児童・生徒のマッチングは当然合わず，その児童・生徒は教室での居心地が悪くなる可能性がある。いわば，その学級のなかで「光」を浴びる子どもと「影」におかれる子どもが必然的に生まれてきてしまうのである（近藤, 1994)。

　教師が学級内で児童・生徒とうまくいかない事態が生じたとき，かれらをとらえる教師自身の視点（要請特性）を明確化してみると，うまくいかない要因を発見できるかもしれない。また逆に，うまくいっている児童・生徒の特性を明確化してみることも，教師自身の子どもに対する視点を考えるうえで有効であろう。さらに教師自身のもつ視点が，どのような個人的背景から生じてきたのかを振り返ることによって，自らのもつ視点を深く考えるきっかけとしたい。

### （3）学校環境の視点から

　最後に，学校環境から児童・生徒をとらえてみよう。子どもが家庭から出て集団生活を過ごす場は，たいていは幼稚園（保育園）から始まり，その後小学校，中学校へと進んでいく。このように移行によって環境が変わることを環境移行といい，「小1プロブレム」[2]，「中1ギャップ」[3]のように移行の時期に問題が生じやすいことが知られている。これらの問題の背景の1つには，それぞれの学校段階がもつ教育システムや教育目標がちがうために，児童・生徒が新しい環境に適応するのに困難な状態が生じていることが考えられる。

　たとえば，幼稚園教師と小学校教師が子どもの行動評定を行うと，小学校教師と比べて幼稚園教師は園児に関して「遊び方や制作などにアイデアをもっている」「してはいけないと言われたことはしない」「園での決まりをいちいち言

われなくても守れる」といった行動項目の頻度が高いと評定し，一方で小学校教師は児童を「制止するとわざとする」「人の目を引こうと目立ったことやかわったことをしてみる」「ちょっと失敗したりうまくいかないと，すぐにあきらめてしまう」といった行動項目の頻度が高いと評定した（進野・小林, 1999）。この結果から，幼稚園教師は園児を自主性が発達し，自己抑制が可能だととらえ全体的に園児を肯定的に評価しているが，小学校教師は児童のできていない面に目が向いていることがわかる。これは先の教師の要請特性にも通じるが，子どもは小学校に上がると，幼稚園とは異なって教師に厳しくとらえられる環境におかれることを意味している。おとなしく，または腕白で集団生活が苦手な子どもが，幼稚園では教師の暖かい眼差しのなかでなんとか過ごしてきたにもかかわらず，小学校に入りうまくやっていけなくなるとすれば，子ども個人のもつ問題だけではなく，このような環境移行の問題も考えなければならない。

　また，中学校への入学もさまざまな変化を伴う。教科担任制，制服，厳しい上下関係，学習内容の高度化など学校システムの変化は大きく，さらにそれに加えて認知機能や身体的変化が激しい時期とも重なり，生徒は全体に不安定で，落ち着かない状態となる。保坂（2000）は移行に伴うこの時期の危機として「とりわけ小規模の小学校から大規模の中学校へと進学する場合，それまでの小さな集団から大きな集団へと移行するだけでなく，学級編成において多くのクラスに平均的に分けられることによって，ほとんど知り合いがいない集団に身を置かなくてはならない子どもたちが出てくる。そこでようやく仲間関係を築いても，翌年学級編成があればまた同じような状況が起こることになる」と，重層的な環境移行とそのなかでの対人関係の流動性が，子どもの不登校や長期欠席と関係しているとする。また浅川・尾﨑・古川（2003）においても，単学級の小学校出身児童は，中学校に入学後に「友人関係」「学習への意欲」「部活動への意欲」が複数学級の小学校出身者より有意に低いことを示している。最近ではこういった環境移行の問題を解決するために幼小連携[4]が強化され，小中一貫（連携）教育[5]の試みが開始されている。

　このほかに学校環境が児童・生徒に影響を与えていることとして学級編成の

時期（最近は毎年実施する学校が多いが，新たな仲間や担任教師との関係構築は児童・生徒に負担をかけている可能性がある），学級の適性児童・生徒数の問題がある。学校環境を工夫することで児童・生徒に安定した場の提供，安心できる生活の提供が可能となるのであれば，学校内で取り組めるところから実施してみることも必要である。

　学級の児童・生徒に何かしらの問題が生じて解決をめざす際，おそらく教師はその背景を考え，原因を探るであろう。そして最も大きな原因を見つけ，対処しようとする。しかし原因によっては簡単に変化しないものがある。たとえば，同年齢から見て幼い行動が原因で生じた問題（つまり発達から生じた問題）は，その「幼さ」をなんとかしようと試みてもなかなか変化しないであろう。ところが実際には，問題の原因は1つではないことが多い。問題の原因と考えられるもののなかで，すぐに目につく大きなものではなく，教師と児童・生徒にとって最も負担なく着手できる部分に目を向け対処することで，問題が解決の方向に動き出すことがある。児童・生徒の背景を理解する視点を多くもち，アプローチが可能な側面から取り組んでみてもらいたい。

## 第2節　教師のメンタルヘルス

### （1）教師のメンタルヘルスの現状

　近年教師のメンタルヘルスの問題が増加し，深刻な課題となっている。2018年度に病気休職[6]を取った教師は7949名（全教師の0.86%）で，そのうち精神疾患による休職は5212名（全教師の0.57%）であり，その数は病気休職者の66%にあたる（文部科学省, 2019a）。さらに全教員数から精神疾患による休職者をとらえた場合，ここ数年は横ばいだか，約30年の長い期間で見てみると確実に増加している（図11.1参照）。ここでいう病気休職者とは，最長90日の病気休暇を超えて休みが続き，休職となった教師をさしている。つまり実際には病気で休む教師の全体数を反映できてはいない。そのため文部科学省は，病気

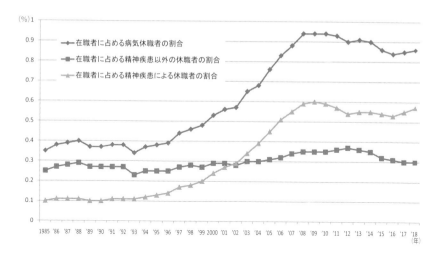

**図 11.1　在職者に占める病気休職者の割合の推移**

出所：文部科学省『平成 29 年度公立学校教職員の人事行政状況調査について』

　休職者と 30 日以上の病気休暇者を合わせた数（学校を 30 日以上休む教員数）も公表している。2018 年度は 1 万 684 人（内，9062 人が精神疾患による）であり，この数は，30 日以上の病気休暇者が病気休職者の 2 倍以上いることを表している（文部科学省，2018）。ちなみに病気休職者と 30 日以上の病気休暇者の割合は，全教師の 1.92%（精神疾患は 0.98%）となる。児童・生徒の年間 30 日以上の長期欠席者の割合は 2.45% であり（文部科学省，2019b），30 日以上休む教師数もややそれに近い数値となっているといえる。また別の報告によると，ある市の 2005 年度の教師の病気休職者と 30 日以上の病気休暇者を合わせた数は，その市内全教師数の 4.2%（25 人に 1 人）であったという（保坂・高原・渡辺・清水，2007）。これらを考えると，学校を 30 日以上休む教員は，児童・生徒の長期欠席者と同程度かそれ以上にいるといえよう。30 日未満の病気休暇を取得する教師がいることを考えれば，休む教師の数は相当数にのぼると推測される。教師のメンタルヘルスはかなり深刻な状態であるといえる。

## （2）メンタルヘルスへの影響要因

さて，教師のメンタルヘルスには，どのような要因が影響しているのだろうか。教師の仕事が多忙であることは以前から指摘されている。それは教師が学習指導から生活指導まで児童・生徒の日常すべてを支援していること，また教師の対人関係が児童・生徒，保護者，地域住民，職場の同僚と多岐にわたり，心理的にも物理的にも負担が大きいことが関係している。このほかにも部活指導，地域行事への参加など業務時間が長いこと，また授業準備や生徒指導が際限なく，仕事と私生活との枠組みが明確でないこと，さらに仕事の成果（児童・生徒の成長）が結果となってすぐに現れにくく，達成基準が曖昧であることが教師の仕事の困難さとしてあげられ，教師のストレスにつながっているとされる。

では，そのストレスを予防するにはどうすればよいのだろうか。1つの観点として，教師のバーンアウト[7]と教師がもっている人的サポートの関係を明らかにした研究がある（伊藤, 2006）。これによると，バーンアウト（やる気低下）が見られた教師は，職場内に「自分を思って叱ってくれる関係」「互いに指導力を高め合える関係」「研究会や読書会などをする関係」をもっていない教師で，さらに職場外では，そうした関係に加えて「プライベートに付き合える関係」「仕事上の助言や指導をしてくれる関係」をもっていない教師であったことが報告されている。この結果から伊藤（2006）は，やる気を保っている教師たちは，教師としての力量を高め合ったり関心を深め合うような関係をもっていること，また教師がバーンアウトせずに仕事を続けていくためには，職場内でのサポートだけでなく，職場の外にプライベートな付き合いや学び合いができる関係をもつことが重要であるとしている。

また教師のメンタルヘルスについて，学校環境も影響していることが示されている。東京都の公立学校教員専門病院で精神科医として長く勤務している中島（2006）の調査では，精神科を受診した患者のうち，教師は一般勤労者と比較して，異動後1年目に精神科を受診する割合が圧倒的に多く（全体の40%），次いで2年目，3〜4年目と順に減っていくことが報告されている。文部科学

省（2013b）の調査においても精神疾患による休職発令時点の所属校での勤務年数は2年未満が最も多く，全体の半数以上を占めている。教師のメンタルヘルスについては，教師個人の問題としてのみとらえるのではなく，学校環境という側面からも改善策を考えていかなくてはならない。

■**課題** 自分の学校生活を小・中・高等学校と振り返り，気のあった先生，気のあわなかった先生はどのようなタイプの先生だったか，また学校生活でどのような出来事に自分がつまずき，その際先生や友だちの支援で有効だったものについて思い出し，記述してみよう。

### 注記
1) 男子では精通，女子では初潮といった性的な変化が発現し，「子どもの体」から「大人の体」になること。
2) 小学校に入学した1年生に，授業中に座っていられない，集団行動が取れない，教師の話を聞かないといった状態が長く続く現象。
3) 小学校を卒業して中学校に入学したあとの急激な環境の変化によって，不登校やいじめが急増する現象。
4) 幼児期の教育と児童期の教育が円滑に接続し，教育の連続性・一貫性を確保するために，幼児と児童の交流の機会や教師の意見交換，合同の研究の機会を設けること。
5) 小学校6年間，中学校3年間を統合し，9年間の一貫した教育を行うこと（最近では公立学校でも小中一貫教育を行っているところがある）。また学校を統合しないまでも，児童・生徒の交流，教師の交流など，小学校と中学校が連携する機会を設けること。
6) 教師が病気や怪我で休みを取る場合，一般的にはまず「年次有給休暇」「病気休暇」を取得する。「病気休暇」は診断書を必要とし，基本的には最長90日である。90日以降も休みが続く場合は「病気休職」となる。「病気休職」は雇用契約が維持されながらも労働義務が免除されることで，地方公務員法上の分限処分である一方，「年次有給休暇」「病気休暇」は給料や雇用契約を失うことなく取得できる休暇のことである。
7) 過度な心的エネルギーや社会的責任が要求される医師，看護師，教師などが精神的，身体的に消耗し，仕事への意欲を失い，燃え尽きてしまうこと。

### 引用文献
浅川潔司・尾﨑高弘・古川雅文「中学校新入生の学校適応に関する学校心理学的研究」『兵庫教育大学研究紀要』23号，2003年，pp.81-88
榎本淳子『青年期の友人関係の発達的変化』風間書房，2003年
文部科学省『平成30年度公立学校教職員の人事行政状況調査について』2019年a（http:

//www.mext.go.jp/a_menu/shotou/jinji/1411820_00001.htm）

文部科学省『平成 30 年度児童生徒の問題行動・不登校等生徒指導上の諸課題に関する調査結果について』2019 年 b（http://www.mext.go.jp/content/1410392.pdf）

文部科学省『教職員のメンタルヘルス対策について』2013 年（http://www.mext.go.jp/component/b_menu/shingi/toushin/__icsFiles/afieldfile/2013/03/29/1332655_03.pdf）

中島一憲「教師のうつ－臨床統計からみた現状と課題」『発達 106　特集教師のうつ』ミネルバ書房, 2006 年, pp.2-10

保坂亨「児童期・思春期の発達」下山晴彦編『教育心理学Ⅱ―発達と臨床援助の心理学』東京大学出版会, 1998 年, pp.103-123

保坂亨『学校を欠席する子どもたち』東京大学出版会, 2000 年

保坂亨・高原晋一・渡辺智子・清水知恵「教員のメンタルヘルスの現状と課題」『千葉大学教員養成 GP 最終報告書』, 2007 年, pp.185-194

伊藤美奈子「教師のバーンアウト」『発達 106　特集教師のうつ』ミネルヴァ書房, 2006 年, pp.11-15

近藤邦夫『教師と子どもの関係づくり』東京大学出版会, 1994 年

近藤邦夫『子どもと教師のもつれ』岩波書店, 1995 年

進野智子・小林小夜子「幼稚園から小学校への移行に関する発達心理学的研究Ⅰ」長崎大学教育学部紀要教育科学, 56 号, 1999 年, pp.63-70

# 第12章 「学校安全」「安全教育」と教師

## 第1節 多様化・深刻化する学校災害・事故

### （1）最優先課題としての学校安全

　学校は，成長発達のさなかにある子どもたちが，多くの時間を過ごしている学習と生活の場である。一定の年齢層の子どもが集い，学級や学年などの集団を単位にして，教師（集団）の教育・指導のもとで，学習やさまざまな活動をとおして人格形成がなされる場である。学校で子どもが生き生きと学習し活動するためには，子どもの心身の安全と安心が保障されることが不可欠の前提であり，それを確保することは学校教育活動全体を通して最優先されなければならない課題である。それは，子どもの権利であり，大人の義務である。

　2009年4月に施行された学校保健安全法は，「児童生徒等の安全の確保」を図るために，「学校安全推進計画」の策定を国に義務づけ，地方公共団体，学校設置者および学校のそれぞれの責務を具体的に定めた最初の法律である。その後さまざまな施策が実施されてきたが，学校管理下における学校災害（事故）の発生件数は近年減少傾向にあるものの，死亡や重度の障害事故は減ってはいない。いじめや加害行為も増加しており，登下校中の交通事故や不審者の加害事件などを含め，「児童生徒等の安全が十分に確保されているとは言い難い」と指摘されている（文科省「第2次学校安全の推進に関する計画」2017年）。

　また，2011年3月の東日本大震災は未曾有の広域巨大複合災害となり甚大な人的，物的被害をもたらした。とりわけ石巻市立大川小学校の学校管理下での津波被災事故や福島第一原発事故による放射能汚染問題は，災害から「子どもの命と身体の安全を守る」ことが学校と教育行政の最優先課題であることを突きつけ，「学校安全」と「安全教育」の課題を改めて考えさせる大きな契機

となった。

（2）学校管理下の災害（事故）の概況

　独立行政法人日本スポーツ振興センター（以下，同センター）によれば，2018 年度の学校の管理下における児童生徒等の災害（負傷，疾病，障害，死亡）の医療費発生件数の合計は約 99 万件，発生率は 6 ％強，負傷・疾病の医療費給付件数（医療費 5000 円以上）はのべ約 198 万件，障害見舞金給付件数は 403 件，死亡見舞金給付件数は 84 件（うち供花料支給件数が 10 件）であり，給付金の合計は約 190 億円となっている（同センター・学校安全部『学校の管理下の災害〔令和元年版〕』2019 年 11 月；なお，「供花料」とは，死亡事故で第三者から死亡見舞金額に相当する賠償がされた場合に支給される。この場合には同センターからの死亡見舞金は支給されない）。

　これらのデータや数値は，同センターが運営している「災害共済給付制度」の加入者の申請に応じて給付された医療費や見舞金などの給付件数であり，実際に生じた学校災害（事故）の件数はそれを上回っていると思われる。2018 年度の加入者総数は約 1660 万人（保育園児などを含む），加入者率は 95% 強であり，小学校，中学校，高校はほぼ 100% である。「発生件数」とは「当該年度中に最初に医療費の給付を行った災害」の件数である。医療費は月ごとに給付されるために，その「給付件数」は「発生件数」のほぼ 2 倍となっている。

　「学校管理下」とは，一般的には教育課程に基づく授業や学校行事，部活動などの課外活動など学校教育活動中をさすが，この「災害共済給付制度」では，「通学・通園中の事故」も給付対象となることは留意しておきたい。

（3）過去 5 年間の学校災害の推移―小学校・中学校・高校を中心に

　以下に示す表は，過去 5 年間（2014〜18 年度）の小学校，中学校，高校における負傷・疾病等の発生件数と割合（表 12.1），死亡および障害事故の発生件数（表 12.2）を示したものである。日常的な学校災害の大半を占めているのは負傷・疾病（うち負傷が約 9 割）であるが，少子化の影響もあり，小学校，中学校，高校のいずれにおいても減少傾向にある。しかし発生率をみると，2018 年度は小学校 5.4%，中学校 9.8%，高校 7.4% であり，中学校が最も高いこと

表12.1　過去5年間の負傷・疾病等の発生件数と割合

| 年度 | 2014 年度 | | 2015 年度 | | 2016 年度 | | 2017 年度 | | 2018 年度 | |
|---|---|---|---|---|---|---|---|---|---|---|
| | 件数(万) | 割合(%) | 件数(万) | 割合(%) | 件数(万) | 割合(%) | 件数(万) | 割合(%) | 件数(万) | 割合(%) |
| 総　数 | 108.8 | 6.5 | 107.9 | 6.4 | 105.4 | 6.3 | 103.1 | 6.2 | 99.1 | 6.0 |
| 小学校 | 38.1 | 5.8 | 37.2 | 5.7 | 36.0 | 5.6 | 35.2 | 5.5 | 34.4 | 5.4 |
| 中学校 | 38.2 | 10.9 | 37.5 | 10.9 | 36.0 | 10.6 | 34.3 | 10.3 | 31.9 | 9.8 |
| 高　校 | 25.9 | 7.3 | 26.4 | 7.5 | 26.7 | 7.6 | 26.6 | 7.6 | 25.6 | 7.4 |

注：「総数」は加入している全学校・園での発生件数の合計，「割合」は学校種ごとの加入
　　児童・生徒総数に対する負傷・疾病の発生件数。
出所：独立行政法人日本スポーツ振興センター・学校安全部『学校の管理下の災害［令和元
　　年版］』（2019 年 11 月）より作成

表12.2　過去5年間の死亡・障害の発生件数

| 年度 | 2014 年度 | | 2015 年度 | | 2016 年度 | | 2017 年度 | | 2018 年度 | |
|---|---|---|---|---|---|---|---|---|---|---|
| | 死亡 | 障害 | 死亡 | 障害 | 死亡 | 障害 | 死亡 | 障害 | 死亡 | 障害 |
| 総　数 | 83 | 409 | 89 | 431 | 82 | 388 | 81 | 398 | 84 | 403 |
| 小学校 | 14 | 96 | 16 | 87 | 18 | 92 | 18 | 93 | 16 | 96 |
| 中学校 | 30 | 123 | 24 | 137 | 19 | 103 | 20 | 124 | 28 | 124 |
| 高　校 | 32 | 153 | 44 | 185 | 40 | 172 | 38 | 163 | 34 | 160 |
| 小　計 | 76 | 372 | 84 | 409 | 77 | 367 | 76 | 380 | 78 | 380 |

注：「総数」は加入している全学校・園での発生件数の合計，「小計」は小・中・高校の合計，
　　「死亡件数」は死亡見舞金給付件数と供花料支給件数の合計。
出所：表12.1 と同じ

　も含め，各校種での割合は過去5年間ほとんど変わっていない。小学校に比べ
て中学校，高校での発生率が急増しているのは，体育系部活動が活発化し参加
生徒も多くなることが大きな要因であろう。
　なお，学校災害が最も多く発生している「場合」は，小学校では「休憩時
間」が全体の約半数を占め，次いで「各教科等」（体育，理科など），「特別活
動」の順である。中学，高校では「体育的部活動」が全体の約半数を占め，次
いで「各教科等」（とくに体育），「休憩時間」の順である。
　表 12.2 は，死亡件数（死亡見舞金給付と供花料支給の合計件数）と障害件数
（障害見舞金給付件数）の推移である。2018 年度の死亡件数は小学校 16 件，中
学校 28 件，高校 34 件，3校種の小計 78 件である。2015 年度の件数がやや突
出しているが，この5年間ほぼ横ばいである。また，2018 年度の障害件数は

小学校 96 件，中学校 124 件，高校 160 件，合計 380 件であるが，この 5 年間をみると死亡件数とほぼ同様に横ばいである。死亡および障害件数は，いずれも上級学校になるほど増加しており，体育系部活動と体育授業での発生が大半を占めている。重い負傷や障害事故，死亡事故を限りなくゼロにすることは喫緊の課題である。

## 第 2 節　学校保健安全法の制定と学校安全

### （1）学校保健安全法制定への途

　2008 年の学校保健安全法の制定（翌年 4 月施行）までの途は決して平坦なものではなかった。当初の学校保健法（1958 年制定）には「学校安全」に関する規定はなく，同法の改正（1987 年）で初めて安全計画の立案・実施義務，学校施設の安全点検義務などが規定されたが，国や自治体など学校設置者の責務は明確ではなかった。こうしたなかで被災者とその家族を守る会が各地で結成され，学校設置者である自治体に対して補償救済を求める運動や賠償請求訴訟の支援運動，自治体主導の学校災害補償法制定を求める取り組みなどが進められていった。また，各地の被災者団体による「学校災害から子どもを守る全国連絡会」（学災連，1979 年）が結成され，「子どもを学校災害から守る教育条件の整備確立」と「学校災害補償法の制定」を目的に掲げた運動を展開していった。

　学災連が結成 10 周年の節目に採択した「学校安全憲章」（1988 年）は，「学校災害は子どもの人権問題」であり，「必然的に生じうる社会的な災害」であるとの視点に立って，「学校安全基準」と「学校災害補償法」の制定を国に対して求めている。こうした被災者団体による運動と並行して，日本教育法学会や日本弁護士連合会（日弁連）などによる研究活動や提言・出版活動なども重要な社会的役割を担い，被災者団体の運動の発展にも少なからず寄与した。たとえば教育法学会は，学校事故問題特別研究委員会を設置して精力的な共同研究を積み重ね，多くの提案を専門家の立場から行ってきた。同学会の「学校安全法」要綱案（2004 年）は，その一部が学校保健安全法（2008 年）のなかにも

組み込まれるなど一定の影響を与えた。学校保健安全法は，校内に乱入した不審者による児童 8 人殺傷事件（大阪教育大学附属池田小学校，2001 年）とその遺族による学校安全を強く求める運動が直接的契機となったといわれている。

（2）学校保健安全法の概要と意義

学校保健安全法（2008 年）は，「学校安全」を法制化した初めての法律である。「学校保健法等の一部を改正する法律案」として上程されたが，法律名に新たに「学校安全」が明記され，「児童生徒等の安全の確保」を目的（第 1 条）に掲げ，「学校安全」（第 3 章）が新設された。同法の要点は次のとおりである。

① 法の目的に「児童生徒等の確保」を明記し，国，地方公共団体，学校設置者，学校（校長および教職員）が負うべき責務の内容を具体的に規定した
② 国に対して「学校安全の推進に関する計画」の策定と「財政上の措置その他の必要な施策」を義務づけ，地方公共団体もそれに準ずるとした（3 条）
③ 学校設置者と校長に対し，「事故，加害行為，災害等」の危険を防止するために，学校の施設設備や管理運営体制の整備充実（26 条），学校環境の安全の確保を講ずることを義務づけた（28 条）
④ 学校に対して「学校安全計画」の策定・実施を義務づけた（27 条）
⑤ 校長に対して，「危険等発生時対処要領」（危機管理マニュアル）の作成，全教職員への周知，訓練の実施などを講ずることを義務付けた（29 条）
⑥学校と学校設置者は，保護者や地域の住民，警察や関係団体などとの連携を図る努力をするものとした（30 条）　　　　　　　　　　　　　　　　など

このように学校保健安全法は，学校安全（子どもの安全の確保）を図るための法制を確立し，国，自治体，学校設置者，学校（校長および教職員）がそれぞれ果たすべき責務と必要な措置を明らかにし，学校が保護者および地域の住民や関係団体との連携の必要性などを定めたことは画期的である。しかし，同法採択の際の「付帯決議」でも指摘されたような積み残された課題も少なくない。学校で「子どもの安全の確保」の責任を日常的に負っているのは，校長以下の教職員であるが，国と自治体（教育委員会）・学校設置者による財政的・人的・専門的な学校支援が，十分かつ適切に実施されることが不可欠である。

（3）学校安全推進計画と学校安全・安全教育

学校保健安全法の制定を受けて，政府は「学校安全の推進に関する計画」を

閣議決定した。同計画にもとづいて文科省は、「学校事故対応に関する指針」
（2016年3月），教職員用参考資料『「生きる力」をはぐくむ学校での安全教育』
（初版2001年，再改訂版2019年），『「生きる力」を育む防災教育の展開』（1998
年初版，2013年改訂版），「学校防災マニュアル（地震・津波災害）作成の手引」
（2012年3月），「学校の危機管理マニュアル作成の手引」（2018年2月）をなど
作成して，安全教育や防災教育における児童・生徒の「主体的に行動する態
度」や「支援者としての視点」の育成と指導の充実などを強調している。

## 第3節　東日本大震災と防災教育・危機管理マニュアル

### （1）東日本大震災の教訓と学校安全

　2011年3月11日に発生した東日本大震災は，地震・津波災害（天災）と原
発災害（人災）が連鎖的に多重化された未曽有の広域巨大複合災害となって甚
大な人的，物的な被害をもたらした。巨大津波によって1万8400人余りが犠
牲となり，福島第一原発の過酷事故による放射能汚染で一時10数万もの人々
が避難を強いられた。さらに厳しい避難過程や長期の避難生活のなかで「震災
関連死」も3700人を超えている（2018年復興庁調査）。震災後すでに10年近い
歳月がたとうとしているが，壊滅した市街地の復興・再建は遅々としており，
原発の廃炉作業や除染の見通しも定かでないなかで，なお4万近い人々が住み
慣れたわが家や故郷に戻れず，避難生活を余儀なくされている。

　東日本大震災は私たちに多くの教訓をもたらした。この国が世界有数の「災
害列島」「災害大国」（地震・津波・火山噴火・台風・洪水・原発など）であるこ
とを改めて気づかせたことである。東日本大震災は「100年に一度」「1000年
に一度」の低頻度大災害であったが，「災害への対応に当たっては想定外があ
ってはならず，東日本大震災による被害状況及び対応を踏まえ，想像力を働か
せ，より多くの教訓を導き出し，（中略）防災教育等を通じて後世へしっかり
と引き継いでいく並々ならぬ努力を様々な場面で行う必要がある」と指摘され
ている（内閣府『防災白書』2012年）。今後30年以内に高い確率で首都直下地

震や南海トラフ地震津波の発生と甚大な被害が予測されてもいる。学校安全と安全教育にとっても重視されなければならない。

**（2）「学校安全の推進に関する計画」と安全教育・危機管理**

　東日本大震災の翌年，学校保健安全法で国に義務づけられた「学校安全の推進に関する計画」（2012 年 4 月閣議決定）が初めて策定された。中央教育審議会の答申を経て文科省により作成されたものである。「児童生徒等の安全を取り巻く現状と課題」「学校安全を推進するための方策」「方策の効果的な推進に必要な事項」の 3 つの柱のもとに，「生活安全」「交通安全」「災害安全」の 3 領域について，向こう 5 年間にわたり国が取り組む施策の基本的方向と具体的な方策を総合的に明らかにしたものである。大震災の直後の策定であったことから，その教訓をふまえた防災教育など安全教育の課題が強調されている。

**（3）学校安全と安全教育の課題—子どもの〈いのち〉と〈安全〉を守る**

　東日本大震災は，「震災後社会」を子どもとともに生きる教師にとって，多くの問題を問いかけている。改めて問われている事柄の 1 つは，教師と学校は，何をおいてもまず子どもの〈いのち〉と〈心身の安全・安心〉を守ることを最優先しなければならないということである。

　東日本大震災のなかでも多くの校長・教職員が，津波から子どもを必死に守り，地域住民などの避難所となった多くの学校で，子どもの〈安全と安心〉を守る献身的な努力を続けた事例は枚挙にいとまがない。しかし，児童 73 人と教職員 10 人が犠牲となった大川小学校津波被災事故のように，不幸にして子どもと教職員のいのちを守り切れなかった学校もある。大川小津波訴訟・仙台高裁判決（2018 年 4 月，2019 年 10 月の最高裁決定により確定）は，学校管理職と教育委員会・石巻市が，学校保健安全法で義務づけられていた津波防災の適切な危機管理マニュアルの作成・点検・是正など事前の対策を怠る「組織的過失」があったと指摘している。

　他方で，住民など 1000 人以上の犠牲者を出した岩手県釜石市では，公立小中学校での津波防災教育の取り組みによって在籍児童・生徒約 3000 人のほとんどが助かり，「釜石の奇跡」として全国から注目された。同市立小中学校で

は8年間にわたって，地域の実情に応じた系統的で創意的な津波防災教育が実践されてきた。その基本には，①想定にとらわれない，②自分が置かれた状況下で最善を尽くす，③率先避難者になるという「津波避難3原則」があり，「状況を観察しながら自分で判断して行動する」「率先して安全な高台に逃げる」ことであり，「自分の命は自分で守ることのできる力」をつけることがめざされてきた（釜石市教育委員会ほか「津波防災教育のための手引き」2010年）。この津波防災教育のエッセンスは，すべての教育活動に通じる〈生きる力〉と〈現実と切り結んだ学力〉の質を問い直す，本質的な要素を内包していると思われる。子どもの〈いのち〉を守り，子どもが〈生きる力〉を獲得していくために不可欠な条件の1つは，子ども・教職員・保護者・住民・専門家などが参加する，地域に根ざした教育と学校を創り出すことであり，その道筋が改めて問われている。東日本大震災でも子どもと教職員・学校が地域の人々に救われ，助けられ，支えられた事例は少なくない。教職員と学校だけでは子どもの〈いのち〉を守り，子どもの〈生きる力〉をはぐくむことはできないからである。

■**課題** 安全教育は学校教育活動の全体を通して行うことが求められているが，各教科と道徳，特別活動などを活用して，系統的で実効性のあるものにするにはどのような工夫が必要なのか，また，子ども自身が〈安全力〉を獲得するために何ができるか考えてみよう。

**参考文献**
喜多明人・堀井雅道『学校安全ハンドブック』草土文化，2010年
江澤和雄「学校安全の新たな取組みと展望」『レファレンス』国立国会図書館，2012年7月所収
片田敏孝『子どもたちに「生き抜く力」を』フレーベル館，2012年
田中正博・佐藤晴雄『教育のリスクマネジメント』時事通信社，2013年
数見隆生『子どもの命と向き合う学校防災』かもがわ出版，2015年
諏訪清二『防災教育の不思議な力—子ども・学校・地域を変える』岩波書店，2015年
文部科学省『「生きる力」をはぐくむ学校での安全教育』（学校安全資料）2019年

# 第13章　新しい時代における教師の役割と責務
## ―ILO・ユネスコ「教員の地位に関する勧告」―

## 第1節　ILO・ユネスコ「教員の地位に関する勧告」

　ILO・ユネスコ「教員の地位に関する勧告」（以下，単に「勧告」）の採択30周年にあたる1996年にジュネーブで開催されたユネスコの第45回国際教育会議では，勧告の意義を再確認し，現代社会において教師の果たすべき役割の重要性を改めて強調した報告がまとめられた。勧告は，ユネスコがILO（国際労働機関）と共同で1966年に召集し，パリで開催された特別政府間会議において採択されたものである。「教育の仕事は専門職とみなされるべきである」（第6項）という宣言によって知られ，教師が専門職として享受すべき権利と専門職ゆえに担うべき公共的責務を明示した画期的な国際文書であった。勧告のいう「地位」とは，教師が教育の仕事を通じて人間の発達と社会の発展において果たす重要な役割と，その職責の遂行に必要な専門性が認識されることによって付与される社会的な地位と尊敬，さらには保障されるべき労働条件，報酬などを意味している。しかし，勧告が採択されて約半世紀が過ぎようとしている今日でさえ，このような教師の地位が実現し，専門職としての権利が保障されているとはいいがたいであろう。

　発展途上国では，適切な資格をもった教師の不足問題が今なお解決されてはいない。とくにサハラ以南のアフリカ，アラブ，南アジア，西アジア諸国における教師不足は，基礎教育の完全実施さえ困難にしている。しかも，この状況に直面してしばしば採用されてきた政策は必ずしも勧告の趣旨に沿うものではなかった。学級規模の拡大，専門職としての適切な資格をもたない者の大量雇用，短期雇用契約の濫用など，短期的な財政優先の視点にもとづく措置が採られた結果，教師が労働・雇用条件の面で極端に厳しい条件のもとにおかれてい

る場合が少なくない。さらに教師が専門的な知識や技術を身につけ，伸長させる研修などの機会に乏しく，結果的に教育の質も低い水準にとどまらざるを得ない。

　一方の先進国でも，教師の地位の低下が憂慮されている。教育機関に対する要望・ニーズの複雑化・困難化による教師の勤務の長時間化，職務上のストレスの増大，相対的な賃金低下など労働環境の悪化が日本を含む多くの先進国で指摘されている。公教育に対する国家の責任を後退させる新自由主義的政策がこのような教師の地位低下を後押ししている。先進国でも教師の臨時的任用や非常勤任用が増えており，身分・雇用の不安定化と専門性の低下が憂慮され，勧告に即して教師の地位を抜本的に改善する必要性が指摘されている[1]。

## 第2節　教師の職業的・市民的権利

　勧告の意義は，教師の職業的および市民的な権利を包括的に明示したことにある。教師の権利をまとまったかたちで示す法規が存在しない日本において，勧告は，教師に関係する政策や制度（たとえば，後述する「指導が不適切な教員」に対する人事管理システムなど）を策定し，実施する際の参照基準となる。

　勧告では，専門職としての教師の権利と責務が「教員養成及び継続教育，採用，昇任・昇給，身分保障，懲戒手続き，非常勤勤務，職業的自由，監督と評価，教育の意思決定への参加，交渉，権利と責任，効果的な教授と授業の条件，給与，社会保障」などの項目ごとに述べられている。たとえば，職業的自由についての項目は次のとおりである。

> 「教員は専門職としての職務の遂行にあたって学問上の自由を享受すべきである。教員は生徒に最も適した教材および方法を判断するための格別の資格を認められたものであるから，承認された計画の枠内で，教育当局の援助をうけて教材の選択と採用，教科書の選択，教育方法の適用などについて不可欠な役割を与えられるべきである。」（第61項）

一方，専門職としての責務については，次のように述べられている。

「すべての教員は，専門職としての地位が教員自身に大きくかかっていることを認識し，そのすべての専門職活動の中で最高の水準を達成するよう努力しなければならない。(第73項)

　現在の日本では，国公立学校の教師の給与と労働条件は交渉の対象外とされている。しかし，この点について勧告は，「教員団体と教員の使用者の間の交渉過程を経て決定されなければならない」(第82項) としている。また，「教員は市民が一般に享受する一切の市民的権利を行使する自由をもち，かつ，公職につく権利を持たなければならない」(第80項) としており，教師であるからという理由で市民的権利が何ら制限されるべきではないと勧告している。さらに，「教員は価値ある専門家であるから，教員の仕事は，教員の時間と労力が浪費されないように組織され援助されなければならない」(第85項) は，教師の労働条件を子どもたちが必要としている授業そのほかの教育活動を万全に実施するための必要条件としてとらえた勧告である。
　勧告は，条約とはちがい，直ちに法的拘束力を発揮するものではない。しかし，ILO およびユネスコの加盟国の政府には，教師の地位や権利が勧告の定める基準を下回るようなものではないようにする国際道義上の責任がある。各国政府は，教師の権利に関する勧告内容に精通し，勧告を自国において適用することが求められているのである。

## 第3節　CEART（セアート）―世界の教師の地位の監視機関―

　ILO とユネスコは，勧告の適用を促進するため1967年に「教員に関する勧告の適用に関する共同専門家委員会（Joint ILO/UNESCO Committee of Experts on the Application of the Recommendations concerning Teaching Personnel：略称 CEART）」を設置した。CEART（セアート）は，各国の政府・教員団体・雇用者団体，国際機関，非政府国際機関などからの報告をもとに世界の教師の地位

を監視することを任務としている。設置からしばらくの間は就学前から中等教育までの教師を対象としていたが，2000 年からはユネスコ「高等教育の教育職員の地位に関する勧告（1997）」の適用促進を所掌事項に加えた。

　12 人の委員から構成される CEART は，2012 年 10 月にジュネーブの ILO 本部で開催された第 11 回会議までに通算 11 回の本会議と 4 回の特別会議を開催している。会議内容は世界の教師の地位に関する知見（findings）と勧告（recommendations）としてまとめられ，報告書のかたちで公表されている[2]。近年は，とくに新自由主義的政策の進展，グローバリゼーションなどの社会変動，情報コミュニケーション技術の発達，HIV 感染の拡大，世界的な国家緊縮財政などの影響に注視して，1966 年に採択された勧告の時代的制約を補いつつ，教師の地位に関する国際基準の実現を訴えつづけている。

　各国の教員団体は CEART に対して申立て（allegation）を行うことができる。勧告が遵守されていない旨の申立てを受理した CEART が審議の結果，その内容を妥当と判断した場合，ILO とユネスコを通じて当該国政府に対し是正の勧告を行う。これまでに行われた申立ての事由には，教育行政当局による教育課程基準の一方的変更など職業的権利の侵害，教員組合に対する弾圧など市民的権利の侵害，給与など労働条件の不当な切り下げなどがある。

　日本の教員組合からも，2002 年 6 月に「指導力不足教員」の人事管理システムと「新しい教員評価」制度に関して申立てが行われた。これを受理した CEART は，政府と教員団体双方から文書で意見の提出を求め，さらに 2008 年 4 月には日本に調査団を派遣してヒアリングなどの実地調査を実施した。この日本からの申立てで問題とされたのは，主に以下の 3 点だった。

　第一に，「指導力不足教員」の人事管理システムと「新しい教員評価」制度の導入過程で教員団体との十分な協議がなされていなかったのではないかという点である。これが懲戒問題を扱う機関の設置にあたり，教員団体との協議を求めている勧告の第 49 項，給与決定を目的とする勤務評定制度の実施にあたり，教員団体との協議および事前承認を求めている第 124 項に反するのではないかとされた。より一般的に，教育政策とその目標を決定する際に教育当局と

教員団体が協議を行うための機構の設置を求めている第75項に抵触している
のではないかということも論点であった。

　第二に，「指導力不足教員」認定や教員評価の内容を教師本人が知り，意見
を述べ，不服を申し立てる権利が十分に保障されていないのではないかとされ
た。勧告の第64項は，こうしたことを明確に教師の権利としている。

　第三に，評価の客観性が担保されるシステムや制度になっていないのではな
いかという点である。勧告の第64項は，教師の仕事に対する直接的な評価は
客観的でなければならないとしている。

　このような申立てに対して，政府側からは制度やシステムの導入に際しては
十分な協議が行われており，教師が評価結果を知り，不服を申し立てる仕組み
も整えられており，評価は客観的に実施されているとの反論がなされている。
しかし，これまでのところ CEART は，教育当局と教員団体の間で行われた
協議は形式的であり，評価の本人開示や不服申し立ての仕組みも勧告の水準を
満たすものではないとするなど，申立てを認容する結論を保持し続けており，
制度と運用の改善を勧告している。なかでも教師を評価する際の適正手続きと
客観性の担保という，申立てがもともと提起していた論点にとどまらず，教員
評価制度が教師の自由，創意，責任に及ぼしうる負の影響を問題とした点は注
目に値する。すなわち，数値目標の達成が中心となる評価，教師が A～D の
ようにランク付けされる評価，給与措置と連動する評価は，教師の専門職とし
ての自由と創意と責任を減退させるおそれがあると指摘したのである（2008 年
中間報告書）。これは，直接的には勧告の第63項「いかなる監視または監督の
制度も，教員の専門的な職務の遂行にあたって教員を励まし，かつ，援助する
ように計画されるものとし，また，教員の自由，創意および責任を減じないよ
うなものとする」との関係で，日本の教員評価のあり方を問題としたものであ
った。

# 第4節　子どもの権利の擁護者

　これまで述べてきたように，勧告は専門職としての教師に関する政策・制度や労働条件の適切性・妥当性の国際基準を提供している。しかし，忘れてならないのは，教師の地位や権利を保障することが勧告の最終目標ではないことである。勧告は，教師に対して「厳しい継続的な研究」によって高度に専門的な知識と技術を身につけることを要求している。それは，教職が子どもたちの教育と福祉＝幸福（well-being）に個人的かつ集団的に責任を負う公共的職務（public service）だからである。

　勧告は前文において，すべての子どもたちに教育を受ける権利が保障されるべきことをうたった世界人権宣言26条などとともに，1959年に採択された子どもの権利宣言に言及し，これらの教育と子どもに関する諸宣言，勧告，条約を補完するために本勧告は制定されると述べている。子どもの権利宣言は，勧告が採択された1966年時点では宣言であった。しかし，すべての子どもに生命，生存・発達の権利が保障されなくてはならないという宣言の理念は，1989年の第44回国連総会において子どもの権利条約（児童の権利に関する条約）としてより豊かな内容を備え，条約という形式のもとに結実した。子どもの権利条約（日本は1994年に批准）は，前文と全54条から成り，あらゆる政策・制度・施策において子どもの「最善の利益」が第一次的に考慮されるべきこと（3条）や，子どもは自分に影響を与えるすべてのことに関して意見を表明する権利を有し，その意見は重視されるべきこと（12条）を規定している。

　子どもの権利条約の最大の特徴は，子どもを保護される対象にとどめず，子どもを人権行使主体としてとらえ，その観点から社会のあり方を見直し，改善すべきであるとしている点にある。世界には，戦争や内戦により，子どもの生命が奪われたり，必要な保護が与えられてない現実が今も厳然としてある。政治的・宗教的理由や貧困のために教育を受ける権利が保障されていない子どもは膨大な数にのぼる。

　一見このような過酷な状況とは無縁であるように見える先進国の子どもたち

も，決して十分に権利を保障されているとはいえない。国連子どもの権利委員会によれば，日本も例外ではない。これまでに 1998 年，2004 年，2010 年の 3 回まとめられている同委員会の国別所見では，日本の子どもたちが極度に競争的な環境の下におかれていることに強い懸念が一貫して表明されている。そのような環境が原因となり，いじめや精神的不安や不登校・ドロップアウト，自殺などの諸問題が生じている可能性があるとの指摘がなされている。近年では，経済的に困窮している家庭の増加を背景として，適切な養育環境が与えられず，人権侵害の危機にある子どもの数が増加していることも問題である。このような状況に対して，同委員会は「学校その他の施設・機関，家族，司法，行政，政治において子どもの意見を聞きながら是正が進められるべきである」と勧告している。専門職として子どもたちの教育と福祉＝幸福に対する公共的責務を担っている教師が率先して子どもの権利を擁護し，子どもの権利が侵害されている状況の改革に取り組まなければならないことはいうまでもない。

## 第 5 節　教師の政治的コミットメント

　本章の冒頭で言及した 1996 年の第 45 回国際教育会議では，30 年前に採択された勧告の実現が予想以上に険しい道のりであったことを振り返るとともに，これからの教師にはより一層「専門的能力（technical competences）」と「政治的コミットメント（political commitment）」が求められるとのまとめがなされた。教師にますます高度な専門的能力が求められることは理解しやすい。では，「政治的コミットメント」とは，どんなことを意味しているのだろうか。

　教師の「政治的コミットメント」とは，「学校運営や教育改革に積極的に参加することと，それを通じて教育をめぐる多様なニーズやビジョンの『調整者』になるべきこと」であると解説されている[3]。グローバリゼーションや情報社会化などの社会変動が教育に対する要求を多様化させ，それに伴って家庭や地域や NGO などさまざまな主体がこれまでとはちがったやり方で子どもたちの教育と成長の支援にかかわるようになった。そのなかで教師は「共通の教

育の目標に向けて，多様なパートナーによって提供される教育活動のコーディ
ネータとしての役割を果たすこと」で「地域社会における変化のエージェン
ト」となることが求められているのである。

　教師の学校運営と教育政策を決定する過程への参加がなぜ必要であるのかを，
より直接的に勧告に即して考えるならば，人間の全面的発達と社会の調和のと
れた発展に貢献する教育，そして人間の知性と精神と心のなかに「人権および
基本的自由に対する深い尊敬」（第3項）が根づくのを助ける教育という目的
を実現するためであるといえる。勧告は「教育が平和のために貢献すること，
およびすべての国民の間の，そして人種的，宗教的集団相互の間の理解と寛容
と友情に対して貢献すること」（第3項）が，教育の目的として特別に重要で
あるともしている。そのような価値や目的にそぐわない教育が行われる場合，
教師には積極的に発言・行動することが求められていることを「政治的コミッ
トメント」という言葉は示しているとも考えられるのである。

■**課題**　これからの教師に求められる「専門的能力」とは何か，具体的に考えてみ
よう。また，教師の「政治的コミットメント」という言葉が意味する内容につい
ても考えてみよう。

注記
1)　ちなみに，日本の公立小・中学校における非正規教員の割合は，2005 年度の 12.3%
　　から 2011 年度には 16.0%へと増加している（文部科学省統計より）。世界的動向につ
　　いては，OECD. *Teachers Matter: Attracting, Developing and Retaining Effective*
　　*Teachers,* Paris: OECD, 2005.（国立教育政策研究所　国際研究・協力部監訳『教員の重
　　要性―優れた教員の確保・育成・定着―』2005 年）や後述する CEART（セアート）の
　　報告書を参照。
2)　CEART（セアート）の報告書は，http://www.ilo.org/global/industries-and-sectors/
　　education/WCMS_162256/lang--en/index.htm。
3)　船橋一男「教職の専門職化」木村元・小玉重夫・船橋一男『教育学をつかむ』有斐閣,
　　2007 年，p.177。

# 第14章　教師としての成長・発達

## 第1節　学部・大学院教職課程の課題─21世紀を生きる教員のために─

### （1）教員の成長とは

　なぜ教員になりたいのか。どのような教員になりたいのか。これらの問いを自分に投げかけ，自らが納得する答えをもつことは，どの学校種においても，生涯教員生活を全うできるかの重要な課題となる。しかし，「自分は数学が好きだから数学だけを教えていられる高校の教員になりたい」「自分は子どもといるのが楽しいから小学校の教員になりたい」のような答えは，教員になるきっかけとしてはありうるが，より客観的に教師の成長課題・責務として，国や社会，親たち，（はっきり意識されておらずとも）子どもたち自身が，何を必要とし，何を学校に求めているか，その学校で働く教員となる自分の果たすべき使命・責任は何か，そして何より自らの生きがいとしてとらえる必要がある。そして，教員をめざす以上，大学・大学院では，（採用試験対策に堕すことなく）教育学・教育心理学系を学問としてしっかり学ぶとともに，広く深く一般教養と教科の専門分野を学んで，研究・改革のできる能力を身につけてほしい。そして，一人ひとりの子どもたちに，深い洞察と温かい心で向き合ってほしい。これらの学びと自らの人間的成長は，生涯にわたって続けられるべきものであるが，その学問的基礎と専門性はとくに大学・大学院で築かれるのである。それは，教育委員会研修・学校現場における研修とは異なり，一見すぐには役に立たないように思えるかもしれないが，生涯にわたる確固とした土台となる重要な学びとなる。

　教員をめざす自らに期待されている事柄を理解するために，本節では，日本の教員養成の理念や制度改革の変遷，学校制度・教育課程改革，そしてさまざ

まな場面を通して人間教育にたずさわる教育者としての人格的成長などをまとめて，教員としての成長課題を考えてみたい。

## （2）今日の教員養成制度改革の現状と課題

### ① 専門職化と高度専門職化

まず，今日までの教員養成制度改革をクリティカルに眺め，よりよい教員養成はどうあるべきか，教員としての学問的成長課題とも重ねて考えてみたい。

教員養成を修士レベルに引き上げ，専門職として高度化しようとの決定的な動きは，専修免許の創設にさかのぼる。1987（昭和62）年の教養審答申「教員の資質能力の向上方策等について」において，「開放制の原則に立ちつつ，教員養成課程における専門性のいっそうの充実を図るとともに，より深い学識を備えたものが積極的に教職に就くことができるようにする必要がある」として，専修免許課程の創設が提言された。当時の文部省は当初専修免許の課程認定には「教科」名を付すため，専修免許課程の履修科目は，基本的に教科に関する科目（教職専門ではない）であると指導した。中高の該当免許科目に関して学問的に「高度」な資質能力が求められたのである。

しかし，専修免許状の取得率が伸びないうえに，学級崩壊やいじめ不登校問題への対応が急務とされ，「研究者」（専門バカとまで）は学校現場で役に立たないとまでいわれはじめた。さらに，“就職氷河期” に教員の採用が大幅に減り，管理職レベルの団塊世代の退職ラッシュが続いた結果，今日の中堅の指導教員まで不足して，学校現場における自主的な研修が成り立たず，新卒教員に “即戦力” となることが求められるようになった。そこに教員の教科および生徒指導力不足，モラルの低下，同僚や保護者とのコミュニケーション能力の無さまで指摘されるようになり，大学の養成課程に教員の “豊かな人間性” の育成が問われるようになった。学校現場の求めに専修免許批判を重ねたことは本当に正しかったのか，とくに中高の教員養成のあり方として，吟味しなおす必要がある。

その後，学部における教員養成を “専門職者” 養成として位置づけ，即戦力として現場に送り出す必要をうたった1998（平成10）年の免許法改正，私学

を中心とした開放制大学の得意分野である教科に関する専門科目を，それまでの40単位以上の履修から20単位以上の履修へと大幅に削減，それに伴い教職に関する専門科目を19単位から31単位に増加して，そのうち教科の指導法を8単位まで開設するようになった。さらに，2013（平成25）年実施の教職実践演習の開設が続き，教員養成においては，いかによりよい専門職教育（専門職化）をなすかが問われた。この時点で養成系大学出身の中高の免許保持者は，教科専門の学問的知識が非常に不足する事態になる。たとえば，中学校理科の免許課程の履修者の多くは，高校で物化生地のうち2科目のみを選択履修しているうえに，学部教職課程ではほかの2科目について2単位の概論科目履修（法的には各領域1単位以上）のみとなる学生が多い。

　そして，教員の高度専門職化議論は，専修免許創設時に期待された大学院教育による教員の"修士化"が，教育委員会研修も視野に入れた"即戦力"的な資質能力の育成，教科専門よりも教職専門の"修士レベル化"による"高度化"論争へとシフトしたのである。その結果が2012（平成24）年の中教審答申「教職生活の全体を通じた教員の資質能力の総合的な向上方策について」である（以下，24答申）。24答申の大きな特徴は，第一に，今日学校現場に求められている教員の資質能力を教職大学院を中心に育成するとしている点である。開放制大学院における養成は廃止との乱暴な議論もあったが，現実的には現行の開放制養成の専修免許課程も「実践的な科目」（4〜6単位）の設置を条件に維持することになった。

　第二に，「学び続ける教員像の確立」である。「生涯にわたる教員の学ぶ機会の保証」の提言，すなわち，養成段階に続く初任者段階・現職段階への組織的な研修の提案である。2013（平成25）年10月15日の，教員の資質能力向上に係る当面の改善方策の実施に向けた協力者会議の報告「大学院段階の教員養成の改革と充実について」において，24答申の教職大学院構想が現実的になる。

　この24答申，および協力者会議報告書には注意すべき大きな問題点が隠されている。文科省は大幅に定員を増やすべく，基本的にすべての都道府県の国立大学の教育学研究科を教職大学院に移行させる政策に出た。

教職大学院は，これまでの研究科に比して，①協働による実践を通して，省察的に実践をとらえることのできる「柔軟な実践力」，②学校づくりや授業づくりに創造的に参画することのできる「創造的な改革力」，③実践と理論の往還を可能とすることのできる「実践と理論の融合力」，④学校教育の課題を率先して解決することのできる「先導的な指導力」（東京学芸大学の事例）の育成に努め，実践的な教育研究による教員の育成に努めている。教職大学院修了で授与される学位は，文部科学大臣の定める「教職修士（専門職）」であって，便宜的に同じ「修士」という名称が用いられ同等とされているが，通常の大学院修士課程における研究業績に対して授与される「修士（教育学）」とは概念および趣旨が異なるものである。

　従来の教育学研究科は本来教育学の純粋な学問研究，および研究者養成の役割をも果たすべきであり，教員養成に貢献するにしても，特化すべきではない。教職大学院は，科目構成から小学校教員養成には耐えられるかもしれないが，学問としての教科専門の高度化にはそぐわない。通常の教育学研究科を構成する科目群は，教科教育としての内容論・方法論までで，他研究科のように中高の教科専門の学問的な高さ深さを極めさせることには対応できない。

　これから教員をめざす学生諸君は，自らに課す教員としての資質能力の"専門職化""高度化"を考えるときに，どのような観点で"専門職化""高度化"をめざすのかによって，選択の道が異なることに注意すべきである。この議論は，養成系養成，開放制養成それぞれ長短があることを理解し，どちらに属して学ぶにしても，強みを享受するとともに，その弱さを自ら補う学びが必要である。

　なお，学部レベルの"専門職化"対応の教職課程改革として，2017（平成29）年11月の教育職員免許法施行規則の改正で，教職課程に新たに加える内容の例として，以下の事柄が追記されている。①特別支援教育の充実，②総合的な学習の時間の指導法（高校での名称は，総合的な探究の時間），③学校体験活動，④アクティブラーニングの視点に立った授業改善，⑤ICTを用いた指導方法，⑥外国語教育の充実，⑦チーム学校への対応，⑧学校安全への対応，⑨学校と地域との連携，⑩道徳教育の充実，⑪キャリア教育などである。これらを具現

化すべく，教職課程科目にはコアカリキュラムと称して，各科目で扱うべき事項が設定された。コアカリキュラムには，いくつかの側面から賛否両論がある。

② 教員育成協議会・育成指標，およびチーム学校

教員の成長として，その土台となる大学・大学院における学びのあり方について考えてきたが，生涯にわたり成長しつづけるための組織的改革も進んできている。ただし，注意すべき課題は，これらの改革は基本的に公立学校の教員の組織改革・研修計画であり，更新講習を除いて，基本的に私学に勤める教員に対するものでないことは注意すべきであり，私学としてはどう対応するのか，公立校の改革を参考に，よりよいあり方を構築していかねばならない。

2015（平成27）年12月に中教審が「これからの学校教育を担う教員の資質能力向上について」を答申，学び続ける教員を支えるキャリアシステムの構築をめざし，養成・採用・現職研修の改革について具体的対策を示した。その後，教育公務員特例法関連の整備がされ，各都道府県等の教育委員会が国公私立大学関係者と「協議会（教員育成協議会）」を設置，国の策定する教員養成指標の策定指針に則り，「資質の向上に関する指標（教員育成指標）」「教員研修計画」の策定・運用をすることになった。今後，養成段階から現職研修（採用時の研修，中堅教諭等資質向上研修，教員免許状更新講習など）までさまざまな批判はあるが，中教審はこの指標が教員としての成長課題になっていくことを期待している。

いっぽう，私学にとっても，重要な課題が，「チーム学校」としての組織体制づくりである。今日の学校は一人の児童・生徒の教育課題であっても，とくに，さまざまな問題をかかえている子どもたちには，たとえ有能な教員であっても，一人の教員で対応することが非常にむずかしくなってきている。「チーム学校」とは，狭義では校長などの管理職を中心として，指導教諭，養護教諭，栄養教諭，学校司書，ほか多くの教諭，ICT 支援員等事務職員の専任スタッフとの協働をさし，今回の提言ではさらに，学外との連携・分担として，スクールカウンセラー（SC），スクールソーシャルワーカー（SSW），部活動指導員，さらに，教育委員会，地域の専門家（とくに総合的な学習・探究の時間において）

との協力体制の構築も含まれており，広義の「チーム学校」として教育の業に
たずさわるよう提言された。現実的な実施には多くの研究課題がある。

　教員は，授業においても生徒指導においても，先輩・同僚と，何より養護教
諭，スクールカウンセラーなどの専門家と協働して働くことにより，具体的な
助けが与えられると同時に，教育活動に対する視野が開け，知識・技能が磨か
れ，学校内外の研修に加えて，教員としての成長のきっかけをつかめるのであ
る。

### （3）学校制度・教育課程改革の動向への対応

### ① 学校制度改革への対応

　まず，1997（平成9）年6月の中教審答申「21世紀を展望した我が国の教育
の在り方について」の第2次答申を受け，翌1998年の学校教育法改正に伴い，
中高一貫教育としての「中等教育学校」が創設された。新免許はつくらず，中
学校，高等学校免許の複数免許取得で対応することとなった。2019年現在，
国立4校，公立32校，私立18校の合計54校が存在する。今回の改革は，小
中一貫教育が2014（平成26）年7月教育再生実行会議で提案され，翌年6月
の学校教育法改正により，「義務教育学校」として創設されることとなった。
やはり，新免許はつくられず，小学校，中学校の複数免許所持で対応すること
になっている。通常校においても隣接校種との連携・接続に考慮した教育が求
められている。

　この小中一貫教育と相まって導入されるのが，小学校における教科担任制で
ある。これらの学校制度改革により，より一層，幼小中高の教育の連携・接続
が重視されることとなり，子どもの連続的な発達段階に考慮した教科指導，生
活指導・生徒指導，学級・HR経営が求められている。さらに，高大接続のあ
り方も継続的に議論されており，大学入試改革，高等学校の基礎学力評価など
の改革もなされ，さまざまな問題の指摘はされているが，2021（令和3）年大
学入試センター試験の廃止，「大学入学共通テスト」が具体化してきている。
高等学校教育のあり方，大学入試，大学教育改革について考え直すときである。

## ② 教育課程改革への対応

重要な課題は，学習指導要領の改訂に伴う教育理念と教育内容，そして期待されている指導法の熟知，熟達である。幼稚園，小学校，中学校の改訂は2017（平成29）年，移行期間をおいて，2018（平成30）年度より幼稚園，2020（令和2）年度より小学校，2021（令和3）年度より中学校が全面実施となる。高等学校の学習指導要領は2018（平成30）年改訂，移行期間を置いて2022（令和4）年度より全面実施となる。各教員は，上記学校制度改革に伴い，現在の所属学校種だけでなく，最低隣接学校種の学習指導要領を学ぶ必要がある。

新学習指導要領改訂の方向性は，「社会に開かれた教育課程」として，「新しい時代に必要となる資質・能力の育成と，学習評価の充実」をめざすとされた。具体的には，「（学びを人生や社会に生かそうとする）学びに向かう力・人間性等の涵養」「生きて働く知識・技能の習得」「（未知の状況にも対応できる）思考力・判断力・表現力等の育成」の3つの関連させた資質・能力を示した。とくに，評価の対象として「何ができるようになるか」を重視，それに伴い「何を学ぶか」「どのように学ぶか（主体的・対話的で深い学び）」の教育目標・内容・方法の組み立てが強調されている（文科省「新指導要領について」中教審配布資料など）。

小学校・中学校における道徳の教科化，高等学校の新設教科「公共」，小学校における外国語（英語）の教科化，さらに全校種における，ICTの導入，特別支援教育の理解と教育実践，指導法としての主体的・対話的で深い学び（アクティブラーニング）などは，養成課程で学ぶだけでなく，これからの教員生活で学び続けるべき事柄である。

本節では，教員の生涯成長のためには，クリティカルな視点・問いかけをしつつ学び・考えつづけることの重要さを述べてきたが，学習指導要領についても，改訂された学習指導要領を熟知するだけでなく，教育者として，過去の改訂の理念と内容について比較・分析・評価，適切な対応をする必要がある。

注意すべきことは，教員養成・研修が，単に現行の学習指導要領のみの理解・マネジメント，研究授業と称して，その内容の展開の仕方・技術に徹して

いれば，即戦力的な教員になれても，10年後20年後に時代の変化に対応できない教員になってしまう。たとえば，1968（昭和43）年（中学校：1969年，高等学校1970年）の「現代化運動」の指導要領は，1965年以降，アメリカの教育界が現代化運動は失敗だとして「人間化運動（Humanization）」に移行したときに導入されたものである。まず，多くの現職教員は現代化運動の理数科の教育内容についていけなかった。さらに，アメリカが，1970年代の（人間化運動としての）子どもの興味に合わせたカフェテリア方式のカリキュラムを反省，1980年代，すべての高校生に，高いレベルの必修の一般教養科目を履修させて，それぞれの個性を引き出そうとしたのに対して，日本は1989（昭和64）年「能力に応じ」とした高校の選択科目で「個性化」を図るとした。アメリカの教育改革に10年遅れで追随せざるを得ない学習指導要領改訂のプロセスの問題があるが，他国の失敗したあとを追随していることをどう乗り切れるのか。教員養成・研修のあり方が課題なのである。世界の動きを真似るだけでなく，クリティカルに眺め，よりよいあり方を求めて主体的な教育研究のできる教員になれるような学びが必要である。

### （4）教育者としての人間的成長

　先に紹介した24答申は，「教員に求められる資質能力」として，①教職に対する責任感，探究力，教職生活全体を通じて自主的に学び続ける力（使命感や責任感，教育的愛情），②専門職としての高度な知識・技能（教科や教職に関する高度な専門的知識，新たな学びを展開できる実践的な指導力，教科指導，生徒指導，学級経営等を的確に実践できる力），③総合的な人間力（豊かな人間性や社会性，コミュニケーション力，同僚とチームで対応する力，地域や社会の多様な組織等と連携・協働できる力）をあげている。しかし，どんなに「②専門職としての高度な知識・技能」に秀でていても，子どもの年齢が下がるほど教育の成果はその教員の人柄（人格）に大きく左右される。上記①③の人間的・人格的成長が求められている。

　教員をめざすにあたり，自らの生涯にわたる成長課題として，具体的に以下の課題を考えてみてほしい。

1．高いモラル
　教員だけは道徳的によい模範，よりよい生き方モデルとなってほしい。子ども
　たちに行くべき道を照らす「灯台」になってほしい。
2．誠実さ・責任感・熱意
　子どもの信頼を得て，はじめて教育活動の成果を得られる。うわべではない教
　員の「誠実さ・責任感・熱意」が子どもたちから鋭く見られている。
3．感動・共感する心
　子どもの喜怒哀楽，言動の背景には，子どもの生い立ち，家庭環境，現在の友
　人関係等，さまざまな要素が絡み合っている。教員には子どもたちの喜び，悲
　しみに感動・共感できる「心」が求められている。
4．心と身体の健康
　心を病む子どもが増えている。子どもの心の問題に真摯に向き合おうとしても，
　自分の心が健康でなければ「ミイラ取りがミイラになる」心配がある。また，
　身体の健康を維持できなければ，教科指導だけでなく，多くの子どもたちの必
　要に応えようとする激務に耐えられない。
5．平和・人権・共生を尊ぶ心
　他者理解に努め，あらゆる偏見と差別に陥ることなく，平和的な問題解決，お
　互いの人権を心から大切にする共生の実現は，日ごとの教員の言動，指導に期
　待されている。
6．社会性：マナーとコミュニケーション・スキル
　同僚教員，親，子どもたちの考えを良よく聞き理解したうえで，自分の考えを
　いかにうまく相手に伝えるか，考え方のちがいをも超えて，いかに協力できる
　道を探るか。マナーを大切にしつつ，コミュニケーション・スキルと忍耐強い
　努力が求められている。民主的社会を創るよきモデルとなりたいものである。
7．優先順位のわきまえ
　教員は教科指導以外に多くの仕事をかかえている。優先順序（priority）をわ
　きまえ，的確に能率的に仕事をこなす能力が求められている。

（筆者作成）

　自分の専門教科の知識のみならず，一般教養，教職専門科目の素養が問われ
るが，何よりも「人」としての豊かさ・暖かさ，広さ・深さが求められている。


## 第2節　現職段階における発達とその支援

　教職は専門職であること，そしてその内実形成に向けての教師教育（teacher

education）が生涯にわたるべきものであることは，すでに国際的にも宣言されている[1]。日本では，1980 年代以降，国および各地方自治体レベルでの生涯研修体系（巻末資料 p.191 参照）の整備が進められてきている。

　発達段階の一般的な括りとして「養成─採用─現職」の各段階が，そしてさらに現職段階は「初任─中堅─ベテラン（指導職管理職）」の各時期がそれぞれ設定され，諸課題を整理されることが多い。本節でも，この大きな括りに従って，筆者自身の現職教師を対象とした継続的縦断的な調査データ[2]にもとづきながら，現職段階のうちの初任期を脱しはじめるころから中堅期・ベテラン期へと至るライフコース上の諸課題を整理しつつ，教師としての発達のあり様を，それらを（自己自身および周囲から）支え促す支援のあり方を考えていきたい。

## （1）ライフコース上の特徴と課題

　生涯にわたる教職生活のライフコース上の特徴と課題について，拙速に一般化平均化して描くことは慎重であらねばならない。それぞれの世代ごとに固有の時代背景をもち，それぞれの年齢段階ごとに固有の職場や家庭などの状況下で，個人ごと固有の加齢や病気などの出来事にも影響を受けながら，一人ひとりの教師としてのライフコースは多様に展開されるからである。しかし，それでもなお，多くの教師が共通して直面し，抱えることになる課題や困難が存在している。

### ① 中堅期における特徴と課題

　若い教師たちは，入職後およそ 10 年間のうちに，最初のリアリティ・ショックを経験するが，無我夢中で試行錯誤の実践に取り組み，その過程で次第に自分自身の実践上の課題を自覚化するようになる（第 9 章第 1 節を参照）。こうして，若い教師たちは，初任期から中堅期へと移行していくことになるが，そこには公的および私的生活上のさまざまな変化が待ち受けており，一時的にせよ男女の教職生活も異なる様相を呈していく場合が多い。30 歳代から 40 歳代半ばごろまでの中堅期に入り，通常，校務分掌も増え，学年・学校全体の行事等活動における中心的な役割遂行が期待されるようになる。

　一般に男性教師は，職場内において次第に重要な校務分掌を任されるように

なっていき，職場内での直行的なキャリア形成パターンを描いていく。それは，教師としての順調なキャリア形成であるといえるが，順調であるがゆえの危機もまた迎えることになる。たとえば，30歳半ばで初めて学年主任となった男性教師は，「がむしゃらに自分でやってきたことを今度は〔若い教師からそれを〕引き出す側になった苦しさ，ずっと若いつもりでやってきたのに〔若い教師に〕何を指導したらいいのか」（30歳代後半，男性）に悩むことになる。仕事の相手は児童・生徒だけではなく同僚教師も対象となり，仕事の仕方も自分一人のがんばりだけでなく教師集団としての組織力を引き出す努力と役割が期待され要求されるに至ったからである。

　それに対して女性教師は，多くの場合，結婚・出産・育児という私生活上の大きな変化と負担に直面し，迂回的なキャリア形成パターンを描いていく。出産・育児における女性の精神的身体的な負担は大きく，いわゆる「仕事と家庭の両立」という古くて新しい人生上の課題が今もなお女性教師を離職の危機へと追い込みかねない。出産・育児という私生活上の変化は，しばしばキャリア形成の停滞期をもたらすと考えられがちであり，女性教師自身もそう思いがちになる。しかしその変化は，教師としての発達を促す重要な契機となり，迂回的ながらも確実なキャリア形成期を生み出すことになる。自らの出産・育児という経験を経て，「子どもの心や行動の表れをより的確にとらえられるようになった」（40歳代後半，女性），「親から親しみや共感・悩みを受け，理解しあえるようになった。親の苦労を考えるようになった」（30歳代前半，女性）との思いを語る女性教師は非常に多い。

　中堅期の上述のようなキャリア形成の男女における〈分岐〉は，40歳半ばごろに入ると，再び〈交錯〉していく。女性教師が，子育ての一段落する時期を迎え，それまで十分に取り組めないままに抱え続けてきた教育実践課題の追求に，従来にも増して時間とエネルギーを傾けるようになっていくからである。そして男女ともに，職場内で教務・学年・研修・教科・生徒指導など各種の主任職を担い，いわば前線に立って教育活動を牽引していくことになる。

② ベテラン期における特徴と課題

40歳代後半から50歳代の年齢段階になって，多くの場合，指導主事・教頭・校長など指導職管理職への就任という職場内外での地位・役割の変化が生じる。また若い世代の教師たちとの意識のズレや一個人として体力の衰え・健康の不安なども感じはじめる。こうした変化は，一方で学級担任や授業担当を外れるという自分の学級や児童・生徒（教育実践のフィールド）の〈喪失〉と，教科指導・生徒指導などに取り組む教育実践家からの〈離脱化〉の意味を含んでいる。しかし同時に，後輩教師の育成や保護者・地域住民との連携を含む学校づくりの実践という従来とは異なったフィールドの〈獲得〉と，そうした新たな実践創造に取り組むもう1つの教育実践家への〈参入〉を意味してもいる。自分と同世代の教師たちが共有していたものとは異なった教師文化や教職意識をもった後輩世代教師たちの指導と管理，児童・生徒だけではなく保護者や地域住民などとの対応と連携，次々と打ち出される新たな教育改革方針の受容と遂行など，戸惑い悩むことも少なくない。しかし，こうした新たな職務経験を通して，「より多角的に教育をとらえていき，幅が広がった」（50代後半，男性），「教員ならびに学校そのものを外から見る機会を得たことによって視野が広がった」（50代前半，女性）という自らの変化を語る教師は多い[3]。

（2）ライフコース上の「転機」と発達

生涯にわたる教師としての発達は，職業経験や学習経験を蓄積していきながら，一定の目標（理想像）に向かって徐々に近づいていくような，いわば連続した「単調右肩上がり積み上げ型」の姿を描くわけではない。一定の知識・技術の習得ということに限ってはそのような姿を描くこともできようが，子ども観・教材観，授業観・教育観の形成といったことや，それらを基盤として成り立つ授業づくりや学級づくりの方法の獲得といったことなどは，ある種の質的な飛躍を伴う「選択的変容型」の姿を描くのである。それは，年齢や教職キャリアのさまざまな段階において遭遇する新たな出来事・状況との格闘を経て，それまでの旧い衣（新たな状況にはもはや通用しなくなったかのようなそれまでの子ども・授業・指導などについての基本的な考え方や用いる方法など）を脱ぎ捨て

ながら，進みゆく新たな方向を模索し自己選択しつつ，状況打開に有効な新た
な考え方や方法を自己創造しつつ，非連続を伴って変容していく姿なのである
（もちろん，それまでの経験と学習を通して培ってきた基本的考え方や指導方法のす
べてが脱ぎ捨てられ一新されていくような変容のみが「選択的変容型」の望ましい
姿であるというわけではない。ある場合には，新たな出来事・状況との格闘を経た
あと，結果としてそれまでの基本的考え方や指導方法の一部ないしは全部が維持・
強化・深化され，ライフコース全体を貫いていくことは当然ありえるし，そのよう
な姿もまた主体的な判断にもとづく「選択的変容型」の発達の１つなのである）。

　また，「単調右肩上がり積み上げ型」から「選択的変容型」へという発達観
の転換は，若い教師はまだ力量の乏しい未熟で未完成な存在であるとか，困難
に直面しもがき苦しんでいるベテラン教師は研鑽を怠ってきた力量不足な存在
である，といった見方の転換もまた同時に迫ることになる。なぜならば，若い
教師には若いがゆえに有する力量（たとえば「若さ」はそれだけで子どもを惹き
つける力を有する）が本来的に備わっており，その力量を年齢とともに喪失し
ていくベテラン教師は若さに代わる・補う力量を生み出し子どもたちを惹きつけ
けて（たとえば「授業で結び付いていく」など，子どもとの関係の取り方を変えて）
いかねばならないことも必要不可欠だからである[4]。また，ベテラン教師も困
難に直面しもがき苦しむことがしばしば起こるが，それは力量不足ゆえに生じ
た困難なのではなく，時代や社会の変化に伴って子どもの意識や生活習慣にも
変化が生まれ，それまでの経験や学習を通して培ってきた力量（たとえば子ど
もを理解し指導するにあたっての考え方や方法など）ではもはや対応できなくなっ
てしまったゆえのことといえるからである。そのベテラン教師に力量不足教師
のレッテルを貼ることはできないし，誤りである。

　以上のような「選択的変容型」の発達は，公私にわたる教職生活上の実にさ
まざまな経験を契機としており，どのような経験をいかなる変容創出の契機と
していくかは教師一人ひとり異なっている。上述の出産・育児の経験や，指導
職管理職への就任なども，そのなかの重要な１つである。しかし，多くの教師
たちが，年齢・性別のちがいを超えて，自らの教職生活を振り返りながら指摘

するのは，「教育実践上の経験」と「すぐれた先輩や指導者との出会い」の2
つである。

① 教育実践上の経験

この「教育実践上の経験」の多くは，障害・不登校・外国籍・非行などの問
題をかかえる児童・生徒との出会いと格闘の経験である。「ダウン症児がいる
1年生のクラスを担任し，その子の指導に悩みながら，保護者の思いや子ども
同士の関わり合いのすばらしさを体験し，それまでの教育観や子どもの見方が
大きく変わった。また，少し前のことだが，不登校児がいるクラスをもったと
きにも子どもから教えてもらうことが多かった」(50歳代後半，女性) という声
が非常に多く聞かれる。さまざまな特徴と固有の問題をかかえた児童・生徒と
の出会いは，それまで形成・蓄積してきた考え方や指導方法・技術ではもはや
通用しないという困難な状況に教師を陥れるが，同時にその状況を打開する努
力のなかから，「子ども一人ひとりをとらえ，その個性に対応する」ための新
たな考え方や指導方法の再創造が生み出されるのである。

② すぐれた先輩や指導者との出会い

同時に，そうした困難な状況を克服するために，進むべき新たな方向性をさ
し示し，具体的な対応策を示唆・助言してくれるのは，職場や地域での「すぐ
れた（と感じとることのできる）先輩や指導者との出会い」である。それは校長
や教頭など管理職であったり，学年主任や教務主任などの先輩教師であったり，
あるいはまた地域での研修会や自主的研究サークルなどで出会う教師仲間であ
ったりする。「教職に就いてから初めて6年生を担任した。6年生の心の不安
定さを目の前にして，悪戦苦闘の日々だった。…そのときの主任が授業実践，
子ども理解に大変すぐれた人で，授業研究についてかなり影響を受けた」(30
歳代後半，女性) という声も多い。「出会い」は，人ばかりではなく，学校や研
究会という組織自体である場合も少なくない。たとえば，新しい実践を創造し
ていこうとする集団的な雰囲気と組織的な研究力を有する学校への転任，ある
いは職場や地域を越えての研修会や自主的研究サークル活動への参加は，一人
ひとりの教師のライフコース上に大きな転機を生み出し，教師としての発達と

力量形成を支え促していくことになる。

## （3）発達を支え促すサポートシステム

　教師が，教師としての発達を遂げ，専門的力量を形成していくことは，外側から付与される特別な講習や訓練を受けて一定の知識や技術を習得し蓄積していくことによってのみ可能になるわけではない。むろん，さまざまに整備されてきている研修制度を活用し，力量形成の糧にしていくことは重要である。それは，次第に整備・強化されてきている「教員評価」制度についても同様である。職務遂行能力の開発という目的の実現を何よりも重視し，その具体的運用を図っていくことが重要である[5]。しかし同時に，教師としての発達と力量形成を可能にするためには，次の２つの意識的な取り組みが不可欠なのである。

　その１つは，教師自身が，常に意識的計画的な実践創造を主体的に試みて，その試みの途上および修了段階で，自らが為してきた思考・判断・行動とその反応・結果などに対する省察的な（reflective）営みを繰り返し行いつづけることである。それは，与えられた目的・目標や方針・計画に従って，実践を具体化し遂行し，その効率・効果を検証していくような従属的な営みとは異なる。目的・目標や方針・計画の立案と吟味，実践遂行過程での判断と行動，そしてその反応・結果に対する検証と改善，そして時には実践の目的・目標自体の再吟味と再構築，それら一連のすべての批判的省察の営みの過程に，教師自身の主体性と自律性と責任性が貫かれていなければならない営みなのである。

　もう１つは，そうした教師自身の主体的自律的責任的な営みを保障し支援する環境の整備である。今日，フォーマルな研修制度の整備の一方で，日本の教師たちの発達と力量形成を支え促してきたさまざまなインフォーマルな諸活動（たとえば民間教育研究団体活動や自主的研究サークル活動など）は，教職生活の（とくに若い教師の）日常から薄れつつある。また，多忙化の進行で，学校・教育関係者以外のさまざまな職種・分野の人々とのインフォーマルな交流機会も教師の生活から減りつつある。フォーマルな制度化公認化されたものだけに頼らない・収斂させない，インフォーマルではあるが，それゆえに多様で・豊かな，教師の発達と力量形成を支え促すようなサポート機能の再構築が図られね

ばならないのである。


■**課題** 教師になるにあたって，あなた自身の生涯にわたる発達課題を書き出して
みよう。学生時代，および，教師になってからの，その課題克服のための学習プ
ランを立ててみよう。


**注記**
1)　ILO・ユネスコ「教員の地位に関する勧告」(1966)，ユネスコ「教師の役割の変化と
　教職の準備・現職研修に関する勧告」(1975)。本書第 13 章を参照願いたい。
2)　筆者〔山﨑〕の継続調査とは，戦後新制国立教員養成系学部を卒業し，主に小・中学
　校教師となった年齢・性の異なる総計 1500 名余り（第 1 回卒業生以降，卒業年度 5 年
　間隔 13 コーホート）を対象として，1984 年から 5 年間隔で 2014 年まで 7 回にわたっ
　て同一対象者に継続実施してきている質問紙調査と各コーホート内成員 2 〜 3 名を対象
　とした 1994，2004，2014 年実施のインタビュー調査のことである。本文中に掲載した
　教師の声は主に同 2004 年調査からのものである。詳しくは，同調査の報告書でもある，
　山﨑準二『教師のライフコース研究』（創風社，2002），同『教師の発達と力量形成──
　続・教師のライフコース研究──』（創風社，2012）を参照願いたい。
3)　改めていうまでもないことではあるが，教師のライフコースのあり様やその発達と力
　量形成の特徴は，本文中で述べたような平均的ステップで一様に描けば事足りるわけで
　はなく，またそもそも一様に描けるというわけでもない。たとえば，未婚者の教師，既
　婚者でも出産・育児のない教師，職場内での直行的なキャリア形成とはやや異なり部活
　動指導・教職員組合活動・地域や民間の自主的研究サークル活動などに力を発揮する教
　師，指導的管理的職務に就くのではなく教科指導や生徒指導の領域において力量を高め
　後輩教師の援助・育成に力を発揮する教師，それらのどのライフコースにおいても，ほ
　かの教師とは異なる固有の経験と学習があり，一人ひとり独自な教師としての発達と力
　量形成が遂げられていくのである。教育専門職としての教職の場合，そのような多様性
　の相互承認と保障の下で，多様な個性ある教師たちが存在し，それぞれの特性を発揮し
　ながら協働して教育活動を創造していくことが重要なのである。
4)　発達するとは，全生涯を通じて常に何がしかのものの喪失と獲得とが並存しながら進
　行していくことであり，喪失したものを補うかのように別な何がしかのものを獲得しつ
　つ新たな出来事・状況に対応しつづけていくことでもあるといえる。
5)　筆者〔山﨑〕自身の「教員評価」問題を含む教師教育改革の現状認識と今後のオルタ
　ナティブな改革展望については，山﨑準二「教師の評価」（『教育目標・評価学会紀要』
　第 18 号，2008 年），同「教師教育改革の現状と展望」（日本教育学会編『教育学研究』
　第 79 巻第 2 号，2012 年），同「教師教育の多元化システムの構築」（『岩波講座 教育
　変革への展望 4 学びの専門家としての教師』岩波書店，2016 年）などを参照願いたい。

# 終　章　「学び続ける教師」をめざして

## 第1節　あなたは,"次の世代のひとたち"に何をしてあげられるのか

　「2011年度にアメリカの小学校に入学した子どもたちの65％は,大学卒業時に今は存在していない職業に就くだろう。」

　この年ニューヨーク・タイムス紙に掲載され評判を呼んだインタビュー記事である[1]。これは,私たち,次世代にかかわる仕事にたずさわる者／めざす者にとって,ある思い込みに目を向けさせてくれる警鐘である。1つは,学校で身につける知識や学習内容に対する思いこみ。そしてもう1つ,教師の仕事の仕方に対する思いこみへの注意喚起としてである。

　現代社会において,私たちは,総じて,知識を身につけることに最大の関心を払ってきた。では,今私たちの目の前にある知識が,絶対的・普遍的なものではないとしたらどうだろうか。あなたが,これが重要だと考え,懸命に教え込み,繰り返させようとしているその知識や技術が,目の前の児童・生徒が大人になった20年後に役立たないとしたらどうだろうか。変わりゆくことや移りゆくことを想定したうえで,何を教えていこうかと,1つひとつを吟味し,選択して教えているのだろうか。

　もう一歩踏みこんでいえば,教育とは目の前にある知識・ことばを,児童・生徒のアタマのなかに残すことに尽きるではないかという開き直りも通用しない。授業について考えてみれば,教育や学校の歴史のなかで,数百年来ありつづけてきた一斉指導という方法論にさえ変化は起きつつある。多人数を一度に相手にする一斉指導のなかで教師は,各自多様に同時進行する児童・生徒の認識や思考を瞬時に可視的にとらえようがなかったからこそ,挙手や指名といった指導方法を工夫し,どうにかして学習者のアタマのなかが今どのような状態

にあるかをとらえようとしてきた。ところが，2000年代以降これまでにない進化を遂げるICT技術は，瞬時に学習者の考えや疑問を可視化し，同時に教師がモニターすることを実現させつつある（例，twitterの学習活用など"双方向性"のコミュニケーション技術の応用）。もちろん，単純なバラ色の未来を描きたいわけではない。だが，少なくともこうした技術の進歩によって，次の局面への突破は可能となった。教師が長年握りしめてきた，"教えたつもり"の一方向の講義式の授業スタイルは，もはや見直されはじめた。

　では教師は，何を児童・生徒のなかに残していく仕事なのか。将来，大人・社会人になったときに役立つであろう種を蒔くことではないのだろうか。


## 第2節　"学び続ける教師"として

　そもそも教師の仕事は多岐にわたる。知識を効率的に伝達することだけではない。藤岡完治は，教師の役割の多面性について次の7つに整理して示した[2]。

①学習者に知識や技術を身につけさせる「インストラクターとしての教師」
②学習者のために学習環境を整える「学習環境のデザイナーとしての教師」
③児童生徒にとって最も権威ある言語環境としてメディアの一端となる「学習メディアとしての教師」
④社会での行動の仕方や価値観や基準を示すモデルとなる「モデルとしての教師」
⑤学びの意味や意義を問い直し学習の到達点を示す「学習のプロンプターとしての教師」
⑥児童生徒が学習上の困難点を気づき克服していくことを援助する「カウンセラーとしての教師」
⑦児童生徒と対話し，かかわりをもつ役割の「対話者としての教師」

　これらは，教師のもつ仕事の多様性をよく表すとともに，これからの教師の専門性を考えていくためのよき視点となるだろう。教師に求められる役割は，かくも多彩であり，さらに，それらが複合的に効いていかねばならない。

　同時に，「即戦力」や「すぐに○○できる」ということばに惑わされないでほしい。元来，"即，戦える"ということの意味合いがちがう。学校現場では，

働き始めてすぐにベテランと同等に動ける・役立てるほど，教職という専門職は浅いものでもないし，簡単なものでもない。一般社会において，派遣社員や代行業が一定の成果を出せる業種とは異なり，本来，入れ替わりや代行は効かない。教職という仕事を単純化しようとしてしまうと「到達点」や「仕上がる」，「完成した姿」という似つかわしくないイメージがまとわりつくことになるだろう。児童・生徒という成長していく主体を相手とするこの仕事に，効率化や単純化は相応しくない。

## 第3節　「反省」と「協働」を手がかりとして

　教職観は，これまで，"学び続ける・成長する"教師像へとシフトしてきた。1980年代以降，ショーン（Schön, D.）の提案した「反省・省察（reflect）」「リフレクション」「反省的実践家」概念は，教職だけでなく，保育者や看護師といった，相手を支える対人的な専門職をとらえる重要なキーコンセプトとして脚光を浴びてきた。過去に自身が積み重ねてきた日常業務の経験と実感をとらえなおし，意味づけながら，今後の自身の目標や方向性を探り求め，自分でアレンジしていくことが求められている（技術的熟達者から反省的実践家へ）。

　いま，"学び続ける教師"を支える手がかりとして，この「反省」と，「協働（collaborate）」が強調されている。教職の専門性は，同僚性コミュニティによって創造・発達するといわれる[3]。それは学校組織であったり，教師集団や仲間といった周囲の人間関係を必要とすることを意味する。

　2013年，Google社はCMで，児童にダンスを教えようとして教材研究をタブレット端末だけでこなす若手教師の姿を描いたICTを駆使し，独力でがんばれるのが明るい未来と言いたげに。だが，現実に，教師は自分一人で成長していけるものではない。第8章でもみたように，教師は，自己研修権によって自己研鑽を奨められ，校内研究やOJT（On-the-Job Training），メンタリングといった手法やしくみで，自らの職務をとらえ直し，ブラッシュアップしていく機会が用意されている。さらに，日本の教員社会で伝統的に行われてきた"授

業研究" は，今なお教員の力量形成に強力な役目を果たしている。それは 1990 年代末からは「Lesson Study」「Learning Study」と呼ばれて海外で注目を浴び，教師をめぐる重要な研究領域・テーマとして世界的に位置づけられている。基盤となる文化や制度は異なっても，教える専門職にとってその意義は変わらず大きい。

　長年，教職論は，「教師はいかにあるべきか」（規範的接近）ととらえることに終始しがちであって，「いかにして教師になるか」（生成的〈教育的〉接近），という "学習する人" "成長・発達していく人" としてその教師の視点はどちらかというと不問であった[4]。

　教師の成長は，一個人内の視点で，右肩上がりや比例直線でとらえる "垂直的発達" ではない。他者とのインタラクションのなかでの，対話的で水平的な成長ととらえていかねばならない。若いものはベテランから，そしてベテランもまた若いものから，常に自己を刷新し創出していくように，教師は自己を促し，保っていくことが求められる。さらには職務の相手である児童・生徒もまた，美辞麗句ではなく，成長にとっての重要な対話相手なのである。


## 第 4 節　「学び続けていく」自己をコーディネイトする

　教師も，教職人生のなかでいくつもの危機を経る。一個人としての人生とみれば，就職，転勤，家庭をもつこと，親となること，ひとと別れること，などいくつもの出来事に必ず遭遇し，ひとによってはそれらが重大な転機となる。さらに教師は，受け持つ児童・生徒にもそれぞれの成長と同時に人生をみていく。そうした日々の積み重ねから，当然，教師自身の人生観や人間観，社会観を揺さぶられ，より深まる。それを通して，教師は専門的力量が鍛えられていく。そこに王道や絶対的な基準や経路，効率的な途は見いだせない。

　さらには，自分と児童・生徒のみならず，学校生活を囲む，基盤や背景，環境や条件の変化もまた，教えるという仕事に影響を与えるだろう。

　たとえば，地域社会や共同体のあり方・仕組みも変わるなかで，学校のあり

方も変わる（第6章）。教師に求められる制度・制約も変わる。教職のこれまでと現状を理解し（第2・8・10・13章），そのむずかしさ（第1・9章）の理解とともに，児童生徒の変化にも向き合い（第7章），自らをも支えていかねばならない（第11・14章）。

　さらには，社会も変わる。あの未曾有の東日本大震災で，“戦後が終わり「災後」が始まった”（政治学者・御厨貴）とも評されたように，たしかに日本社会は，それまでとはちがうメンタリティや価値観，社会についての考え方へと移りつつあり，大きな曲がり角を曲がったように映る。また，2000年代以降の爆発的なICTやAIの進化は，人間のコミュニケーションや知識情報をめぐるありようを劇的に変えつつある。それに関連して，グローバル化も一層進み，物理的距離を越えて情報やことばを交わす私たちには，価値や文化を相対的にとらえなおす機会が日常生活にもあふれ出し，混乱や戸惑いもあるだろう。衝突や摩擦，調整や合意を重ねながら，新たな公共性やシティズンシップを模索しはじめている。このような社会の大きな変動のなかで，次世代を育てる私たちは，それに応えられる専門性と存在性を模索しながら，自らの足で進んでいかなければいけない。

　2000年代以降注目されてきた「コンピテンシー」（competency）概念は，ある職務や役割においてすぐれた結果を出しているひとの行動特性から導き出されたものを意味する。ゆえに，1つひとつ有無を確かめる要件でもなければ，チェック項目のように網羅的に獲得するための指標でもない。それらを手がかりとして，ほかの何者でもない，“教職としてある自分”を保ち，支え，歩んでいかねばならない。代替えの効くビジネスパースンとして割り切って臨める職務でもない。教師としての自分，教職に活かせる自己の“強み”と向き合うことも必要となる。

　専門性の成長には，自己変革とそれを支え進めていくコーディネート能力も重要である。その最たる手がかりは反省的思考であり，同時に，そこに他者の存在を位置づけねばならない。閉ざされた一個人内だけでは，現状打破やとらえ返しはきわめてむずかしい。ゆえに，今も広く求められるコミュニケーショ

ン能力には，表現技術だけでなく，他者理解や自己開示の要素が不可欠となる
だろう。

　日々の実践を問い返し自らに活かすうえでは，旧来の"理論／実践"と二項
対立的にとらえるにとどまる姿勢に進歩はない。教師自身がいかに実践から学
ぶか，理論と実践を深いところで結びつけられるかを見据えた「リアリスティ
ック・アプローチ」[5]は，1つの有力な手がかりとしてオランダからヨーロッ
パ，北米へと影響し広がっている。その流れは「セルフスタディ」[6]という探
究を通して「教えることを学ぶこと」をさらに一層研究や学問として教師や教
師教育者に提供するすべをもたらしてくれた。

　こうした，ほかの誰でもない"教職としてのわたし自身"をいかに育ててい
けるかを見据え，そのための智恵と術の端緒を本書から学び取ってくれたら幸
いである。

### 注記

1) ニューヨーク・タイムズのインタビュー記事。Cathy Davidson（米・デューク大学教授）による。"Education Needs a Digital-Age Upgrade" 2011.8.7.
2) 藤岡完治「学校を見直すキーワード〜学ぶ・教える・かかわる」鹿毛雅治・奈須正裕編『学ぶこと・教えること』金子書房，1997 年，pp.1-24。
3) ハーグリーブス「二十一世紀に向けてのティーチングの社会学」藤田英典・志水宏吉『変動社会の中の教育・知識・権力』新曜社，2000 年。
4) 姫野完治『学び続ける教師の養成─成長観の変容とライフヒストリー』大阪大学出版会，2013 年，p.25。
5) F・コルトハーヘン／武田信子監訳『教師教育学　理論と実践をつなぐリアリスティック・アプローチ』学文社，2010 年。あわせて，学び続ける教育者のための協会（RE-FLECT）編『リフレクション入門』学文社，2019 年，参照。
6) J・ロックラン／武田信子監修『J・ロックランに学ぶ教師教育とセルフスタディ─教師を教育する人のために─』学文社，2019 年。

# 巻末資料

○日本国憲法（抄）
(1946.11.3 公布, 1947.5.3 施行)
## 第3章　国民の権利及び義務
**第11条**　国民は，すべての基本的人権の享有を妨げられない。この憲法が国民に保障する基本的人権は，侵すことのできない永久の権利として，現在及び将来の国民に与へられる。

**第12条**　この憲法が国民に保障する自由及び権利は，国民の不断の努力によつて，これを保持しなければならない。又，国民は，これを濫用してはならないのであつて，常に公共の福祉のためにこれを利用する責任を負ふ。

**第13条**　すべて国民は，個人として尊重される。生命，自由及び幸福追求に対する国民の権利については，公共の福祉に反しない限り，立法その他の国政の上で，最大の尊重を必要とする。

**第14条**　すべて国民は，法の下に平等であつて，人種，信条，性別，社会的身分又は門地により，政治的，経済的又は社会的関係において，差別されない。

（第14条2，3　略）

**第19条**　思想及び良心の自由は，これを侵してはならない。

**第20条**　信教の自由は，何人に対してもこれを保障する。いかなる宗教団体も，国から特権を受け，又は政治上の権力を行使してはならない。

　2　何人も，宗教上の行為，祝典，儀式又は行事に参加することを強制されない。

　3　国及びその機関は，宗教教育その他いかなる宗教的活動もしてはならない。

**第21条**　集会，結社及び言論，出版その他一切の表現の自由は，これを保障する。

　2　検閲は，これをしてはならない。通信の秘密は，これを侵してはならない。

**第22条**　何人も，公共の福祉に反しない限り，居住，移転及び職業選択の自由を有する。

　2　何人も，外国に移住し，又は国籍を離脱する自由を侵されない。

**第23条**　学問の自由は，これを保障する。

**第24条**　婚姻は，両性の合意のみに基いて成立し，夫婦が同等の権利を有することを基本として，相互の協力により，維持されなければならない。

　2　配偶者の選択，財産権，相続，住居の選定，離婚並びに婚姻及び家族に関するその他の事項に関しては，法律は，個人の尊厳と両性の本質的平等に立脚して，制定されなければならない。

**第25条**　すべて国民は，健康で文化的な最低限度の生活を営む権利を有する。

　2　国は，すべての生活部面について，社会福祉，社会保障及び公衆衛生の向上及び増進に努めなければならない。

**第26条**　すべて国民は，法律の定めるところにより，その能力に応じて，ひとしく教育を受ける権利を有する。

　2　すべて国民は，法律の定めるところにより，その保護する子女に普通教育を受けさせる義務を負ふ。義務教育は，これを無償とする。

**第89条**　公金その他の公の財産は，宗教上の組織若しくは団体の使用，便益若しくは維持のため，又は公の支配に属しない慈善，教育若しくは博愛の事業に対し，これを支出し，又はその利用に供してはならない。

## 第10章　最高法規
**第97条**　この憲法が日本国民に保障する基本的人権は，人類の多年にわたる自由獲得の努力の成果であつて，これらの権利は，過去幾多の試錬に堪へ，現在及び将来の国民に対し，侵すことのできない永久の権利として信託されたものである。

**第98条**　この憲法は，国の最高法規であつて，その条規に反する法律，命令，詔勅及び国務に関するその他の行為の全部又は一部は，その効力を有しない。

　2　日本国が締結した条約及び確立された国際法規は，これを誠実に遵守することを必要とする。

**第99条**　天皇又は摂政及び国務大臣，国会議員，裁判官その他の公務員は，この憲法を尊重し擁護する義務を負ふ。

○教育基本法（抄）

(1947.3.31 公布・施行，2006.12.22 改正)

前　文

　我々日本国民は，たゆまぬ努力によって築いてきた民主的で文化的な国家を更に発展させるとともに，世界の平和と人類の福祉の向上に貢献することを願うものである。

　我々は，この理想を実現するため，個人の尊厳を重んじ，真理と正義を希求し，公共の精神を尊び，豊かな人間性と創造性を備えた人間の育成を期するとともに，伝統を継承し，新しい文化の創造を目指す教育を推進する。

　ここに，我々は，日本国憲法の精神にのっとり，我が国の未来を切り拓く教育の基本を確立し，その振興を図るため，この法律を制定する。

第1章　教育の目的及び理念

（教育の目的）

**第1条**　教育は，人格の完成を目指し，平和で民主的な国家及び社会の形成者として必要な資質を備えた心身ともに健康な国民の育成を期して行われなければならない。

（教育の目標）

**第2条**　教育は，その目的を実現するため，学問の自由を尊重しつつ，次に掲げる目標を達成するよう行われるものとする。

　一　幅広い知識と教養を身に付け，真理を求める態度を養い，豊かな情操と道徳心を培うとともに，健やかな身体を養うこと。

　二　個人の価値を尊重して，その能力を伸ばし，創造性を培い，自主及び自律の精神を養うとともに，職業及び生活との関連を重視し，勤労を重んずる態度を養うこと。

　三　正義と責任，男女の平等，自他の敬愛と協力を重んずるとともに，公共の精神に基づき，主体的に社会の形成に参画し，その発展に寄与する態度を養うこと。

　四　生命を尊び，自然を大切にし，環境の保全に寄与する態度を養うこと。

　五　伝統と文化を尊重し，それらをはぐくんできた我が国と郷土を愛するとともに，他国を尊重し，国際社会の平和と発展に寄与する態度を養うこと。

（生涯学習の理念）

**第3条**　国民一人一人が，自己の人格を磨き，豊かな人生を送ることができるよう，その生涯にわたって，あらゆる機会に，あらゆる場所において学習することができ，その成果を適切に生かすことのできる社会の実現が図られなければならない。

（教育の機会均等）

**第4条**　すべて国民は，ひとしく，その能力に応じた教育を受ける機会を与えられなければならず，人種，信条，性別，社会的身分，経済的地位又は門地によって，教育上差別されない。

　2　国及び地方公共団体は，障害のある者が，その障害の状態に応じ，十分な教育を受けられるよう，教育上必要な支援を講じなければならない。

　3　国及び地方公共団体は，能力があるにもかかわらず，経済的理由によって修学が困難な者に対して，奨学の措置を講じなければならない。

第2章　教育の実施に関する基本

（義務教育）

**第5条**　国民は，その保護する子に，別に法律で定めるところにより，普通教育を受けさせる義務を負う。

　2　義務教育として行われる普通教育は，各個人の有する能力を伸ばしつつ社会において自立的に生きる基礎を培い，また，国家及び社会の形成者として必要とされる基本的な資質を養うことを目的として行われるものとする。

　3　国及び地方公共団体は，義務教育の機会を保障し，その水準を確保するため，適切な役割分担及び相互の協力の下，その実施に責任を負う。

　4　国又は地方公共団体の設置する学校における義務教育については，授業料を徴収しない。

（学校教育）

**第6条**　法律に定める学校は，公の性質を有するものであって，国，地方公共団体及び法律に定める法人のみが，これを設置することができる。

　2　前項の学校においては，教育の目標が達成されるよう，教育を受ける者の心身の発達に応じて，体系的な教育が組織的に行われなければならない。この場合において，教育を受ける者が，学校生活を営む上で必要な規律を重んずるとともに，自ら進んで学習に取り組む意欲を高めることを重視して行われなければならない。

（大学）

**第7条**　大学は，学術の中心として，高い教養

と専門的能力を培うとともに，深く真理を探究
して新たな知見を創造し，これらの成果を広く
社会に提供することにより，社会の発展に寄与
するものとする。

2　大学については，自主性，自律性その他
の大学における教育及び研究の特性が尊重され
なければならない。

（私立学校）

**第8条**　私立学校の有する公の性質及び学校教
育において果たす重要な役割にかんがみ，国及
び地方公共団体は，その自主性を尊重しつつ，
助成その他の適当な方法によって私立学校教育
の振興に努めなければならない。

（教員）

**第9条**　法律に定める学校の教員は，自己の崇
高な使命を深く自覚し，絶えず研究と修養に励
み，その職責の遂行に努めなければならない。

2　前項の教員については，その使命と職責
の重要性にかんがみ，その身分は尊重され，待
遇の適正が期せられるとともに，養成と研修の
充実が図られなければならない。

（家庭教育）

**第10条**　父母その他の保護者は，子の教育に
ついて第一義的責任を有するものであって，生
活のために必要な習慣を身に付けさせるととも
に，自立心を育成し，心身の調和のとれた発達
を図るよう努めるものとする。

2　国及び地方公共団体は，家庭教育の自主
性を尊重しつつ，保護者に対する学習の機会及
び情報の提供その他の家庭教育を支援するため
に必要な施策を講ずるよう努めなければならな
い。

（幼児期の教育）

**第11条**　幼児期の教育は，生涯にわたる人格
形成の基礎を培う重要なものであることにかん
がみ，国及び地方公共団体は，幼児の健やかな
成長に資する良好な環境の整備その他適当な方
法によって，その振興に努めなければならない。

（社会教育）

**第12条**　個人の要望や社会の要請にこたえ，
社会において行われる教育は，国及び地方公共
団体によって奨励されなければならない。

2　国及び地方公共団体は，図書館，博物館，
公民館その他の社会教育施設の設置，学校の施
設の利用，学習の機会及び情報の提供その他の
適当な方法によって社会教育の振興に努めなけ

ればならない。

（学校，家庭及び地域住民等の相互の連携協力）

**第13条**　学校，家庭及び地域住民その他の関
係者は，教育におけるそれぞれの役割と責任を
自覚するとともに，相互の連携及び協力に努め
るものとする。

（政治教育）

**第14条**　良識ある公民として必要な政治的教
養は，教育上尊重されなければならない。

2　法律に定める学校は，特定の政党を支持
し，又はこれに反対するための政治教育その他
政治的活動をしてはならない。

（宗教教育）

**第15条**　宗教に関する寛容の態度，宗教に関
する一般的な教養及び宗教の社会生活における
地位は，教育上尊重されなければならない。

2　国及び地方公共団体が設置する学校は，
特定の宗教のための宗教教育その他宗教的活動
をしてはならない。

## 第3章　教育行政

（教育行政）

**第16条**　教育は，不当な支配に服することな
く，この法律及び他の法律の定めるところによ
り行われるべきものであり，教育行政は，国と
地方公共団体との適切な役割分担及び相互の協
力の下，公正かつ適正に行われなければならな
い。

2　国は，全国的な教育の機会均等と教育水
準の維持向上を図るため，教育に関する施策を
総合的に策定し，実施しなければならない。

3　地方公共団体は，その地域における教育
の振興を図るため，その実情に応じた教育に関
する施策を策定し，実施しなければならない。

4　国及び地方公共団体は，教育が円滑かつ
継続的に実施されるよう，必要な財政上の措置
を講じなければならない。

（教育振興基本計画）

**第17条**　政府は，教育の振興に関する施策の
総合的かつ計画的な推進を図るため，教育の振
興に関する施策についての基本的な方針及び講
ずべき施策その他必要な事項について，基本的
な計画を定め，これを国会に報告するとともに，
公表しなければならない。

2　地方公共団体は，前項の計画を参酌し，
その地域の実情に応じ，当該地方公共団体にお
ける教育の振興のための施策に関する基本的な

計画を定めるよう努めなければならない。

### 第4章 法令の制定

**第18条** この法律に規定する諸条項を実施するため，必要な法令が制定されなければならない。

## ○学校教育法（抄）

(1947.3.31 公布，同 4.1 施行，2018.6.1 改正，2019.4.1 施行)

### 第1章 総則

**第1条** この法律で，学校とは，幼稚園，小学校，中学校，義務教育学校，高等学校，中等教育学校，特別支援学校，大学及び高等専門学校とする。

**第7条** 学校には，校長及び相当数の教員を置かなければならない。

**第11条** 校長及び教員は，教育上必要があると認めるときは，文部科学大臣の定めるところにより，児童，生徒及び学生に懲戒を加えることができる。ただし，体罰を加えることはできない。

### 第2章 義務教育

**第16条** 保護者（子に対して親権を行う者（親権を行う者のないときは，未成年後見人）をいう。以下同じ。）は，次条に定めるところにより，子に9年の普通教育を受けさせる義務を負う。

**第17条** 保護者は，子の満6歳に達した日の翌日以後における最初の学年の初めから，満12歳に達した日の属する学年の終わりまで，これを小学校，義務教育学校の前期課程又は特別支援学校の小学部に就学させる義務を負う。ただし，子が，満12歳に達した日の属する学年の終わりまでに小学校の課程，義務教育学校の前期課程又は特別支援学校の小学部の課程を修了しないときは，満15歳に達した日の属する学年の終わり（それまでの間においてこれらの課程を修了したときは，その修了した日の属する学年の終わり）までとする。

2　保護者は，子が小学校の課程，義務教育学校の前期課程又は特別支援学校の小学部の課程を修了した日の翌日以後における最初の学年の初めから，満15歳に達した日の属する学年の終わりまで，これを中学校，義務教育学校の後期課程，中等教育学校の前期課程又は特別支援学校の中学部に就学させる義務を負う。

3　前2項の義務の履行の督促その他これらの義務の履行に関し必要な事項は，政令で定める。

**第18条** 前条第1項又は第2項の規定によつて，保護者が就学させなければならない子（以下それぞれ「学齢児童」又は「学齢生徒」という。）で，病弱，発育不完全その他やむを得ない事由のため，就学困難と認められる者の保護者に対しては，市町村の教育委員会は，文部科学大臣の定めるところにより，同条第1項又は第2項の義務を猶予又は免除することができる。

**第19条** 経済的理由によつて，就学困難と認められる学齢児童又は学齢生徒の保護者に対しては，市町村は，必要な援助を与えなければならない。

**第20条** 学齢児童又は学齢生徒を使用する者は，その使用によつて，当該学齢児童又は学齢生徒が，義務教育を受けることを妨げてはならない。

**第21条** 義務教育として行われる普通教育は，教育基本法（平成18年法律第120号）第5条第2項に規定する目的を実現するため，次に掲げる目標を達成するよう行われるものとする。

一　学校内外における社会的活動を促進し，自主，自律及び協同の精神，規範意識，公正な判断力並びに公共の精神に基づき主体的に社会の形成に参画し，その発展に寄与する態度を養うこと。

二　学校内外における自然体験活動を促進し，生命及び自然を尊重する精神並びに環境の保全に寄与する態度を養うこと。

三　我が国と郷土の現状と歴史について，正しい理解に導き，伝統と文化を尊重し，それらをはぐくんできた我が国と郷土を愛する態度を養うとともに，進んで外国の文化の理解を通じて，他国を尊重し，国際社会の平和と発展に寄与する態度を養うこと。

四　家族と家庭の役割，生活に必要な衣，食，住，情報，産業その他の事項について基礎的な理解と技能を養うこと。

五　読書に親しませ，生活に必要な国語を正しく理解し，使用する基礎的な能力を養うこと。

六　生活に必要な数量的な関係を正しく理解し，処理する基礎的な能力を養うこと。

七　生活にかかわる自然現象について，観察及び実験を通じて，科学的に理解し，処理する

基礎的な能力を養うこと。

八　健康，安全で幸福な生活のために必要な
習慣を養うとともに，運動を通じて体力を養い，
心身の調和的発達を図ること。

九　生活を明るく豊かにする音楽，美術，文
芸その他の芸術について基礎的な理解と技能を
養うこと。

十　職業についての基礎的な知識と技能，勤
労を重んずる態度及び個性に応じて将来の進路
を選択する能力を養うこと。

### 第3章　幼稚園

**第22条**　幼稚園は，義務教育及びその後の教
育の基礎を培うものとして，幼児を保育し，幼
児の健やかな成長のために適当な環境を与えて，
その心身の発達を助長することを目的とする。

**第23条**　幼稚園における教育は，前条に規定
する目的を実現するため，次に掲げる目標を達
成するよう行われるものとする。

一　健康，安全で幸福な生活のために必要な
基本的な習慣を養い，身体諸機能の調和的発達
を図ること。

二　集団生活を通じて，喜んでこれに参加す
る態度を養うとともに家族や身近な人への信頼
感を深め，自主，自律及び協同の精神並びに規
範意識の芽生えを養うこと。

三　身近な社会生活，生命及び自然に対する
興味を養い，それらに対する正しい理解と態度
及び思考力の芽生えを養うこと。

四　日常の会話や，絵本，童話等に親しむこ
とを通じて，言葉の使い方を正しく導くととも
に，相手の話を理解しようとする態度を養うこ
と。

五　音楽，身体による表現，造形等に親しむ
ことを通じて，豊かな感性と表現力の芽生えを
養うこと。

### 第4章　小学校

**第29条**　小学校は，心身の発達に応じて，義
務教育として行われる普通教育のうち基礎的な
ものを施すことを目的とする。

**第30条**　小学校における教育は，前条に規定
する目的を実現するために必要な程度において
第21条各号に掲げる目標を達成するよう行わ
れるものとする。

2　前項の場合においては，生涯にわたり学
習する基盤が培われるよう，基礎的な知識及び
技能を習得させるとともに，これらを活用して

課題を解決するために必要な思考力，判断力，
表現力その他の能力をはぐくみ，主体的に学習
に取り組む態度を養うことに，特に意を用いな
ければならない。

**第31条**　小学校においては，前条第1項の規
定による目標の達成に資するよう，教育指導を
行うに当たり，児童の体験的な学習活動，特に
ボランティア活動など社会奉仕体験活動，自然
体験活動その他の体験活動の充実に努めるもの
とする。この場合において，社会教育関係団体
その他の関係団体及び関係機関との連携に十分
配慮しなければならない。

**第32条**　小学校の修業年限は，6年とする。

**第33条**　小学校の教育課程に関する事項は，
第29条及び第30条の規定に従い，文部科学大
臣が定める。

**第34条**　小学校においては，文部科学大臣の
検定を経た教科用図書又は文部科学省が著作の
名義を有する教科用図書を使用しなければなら
ない。

2　前項に規定する教科用図書（以下この条
において「教科用図書」という。）の内容を文
部科学大臣の定めるところにより記録した電磁
的記録（電子的方式，磁気的方式その他人の知
覚によつては認識することができない方式で作
られる記録であつて，電子計算機による情報処
理の用に供されるものをいう。）である教材が
ある場合には，同項の規定にかかわらず，文部
科学大臣の定めるところにより，児童の教育の
充実を図るため必要があると認められる教育課
程の一部において，教科用図書に代えて当該教
材を使用することができる。

3　前項に規定する場合において，視覚障害，
発達障害その他の文部科学大臣の定める事由に
より教科用図書を使用して学習することが困難
な児童に対し，教科用図書に用いられた文字，
図形等の拡大又は音声への変換その他の同項に
規定する教材を電子計算機において用いること
により可能となる方法で指導することにより当
該児童の学習上の困難の程度を低減させる必要
があると認められるときは，文部科学大臣の定
めるところにより，教育課程の全部又は一部
において，教科用図書に代えて当該教材を使用す
ることができる。

4　教科用図書及び第2項に規定する教材以
外の教材で，有益適切なものは，これを使用す

ることができる。

（5　略）

**第35条**　市町村の教育委員会は，次に掲げる行為の一又は二以上を繰り返し行う等性行不良であつて他の児童の教育に妨げがあると認める児童があるときは，その保護者に対して，児童の出席停止を命ずることができる。

　　一　他の児童に傷害，心身の苦痛又は財産上の損失を与える行為

　　二　職員に傷害又は心身の苦痛を与える行為

　　三　施設又は設備を損壊する行為

　　四　授業その他の教育活動の実施を妨げる行為

　2　市町村の教育委員会は，前項の規定により出席停止を命ずる場合には，あらかじめ保護者の意見を聴取するとともに，理由及び期間を記載した文書を交付しなければならない。

　3　前項に規定するもののほか，出席停止の命令の手続に関し必要な事項は，教育委員会規則で定めるものとする。

　4　市町村の教育委員会は，出席停止の命令に係る児童の出席停止の期間における学習に対する支援その他の教育上必要な措置を講ずるものとする。

**第36条**　学齢に達しない子は，小学校に入学させることができない。

**第37条**　小学校には，校長，教頭，教諭，養護教諭及び事務職員を置かなければならない。

　2　小学校には，前項に規定するもののほか，副校長，主幹教諭，指導教諭，栄養教諭その他必要な職員を置くことができる。

　3　第1項の規定にかかわらず，副校長を置くときその他特別の事情のあるときは教頭を，養護をつかさどる主幹教諭を置くときは養護教諭を，特別の事情のあるときは事務職員を，それぞれ置かないことができる。

　4　校長は，校務をつかさどり，所属職員を監督する。

　5　副校長は，校長を助け，命を受けて校務をつかさどる。

　6　副校長は，校長に事故があるときはその職務を代理し，校長が欠けたときはその職務を行う。この場合において，副校長が二人以上あるときは，あらかじめ校長が定めた順序で，その職務を代理し，又は行う。

　7　教頭は，校長（副校長を置く小学校にあ

つては，校長及び副校長）を助け，校務を整理し，及び必要に応じ児童の教育をつかさどる。

　8　教頭は，校長（副校長を置く小学校にあつては，校長及び副校長）に事故があるときは校長の職務を代理し，校長（副校長を置く小学校にあつては，校長及び副校長）が欠けたときは校長の職務を行う。この場合において，教頭が2人以上あるときは，あらかじめ校長が定めた順序で，校長の職務を代理し，又は行う。

　9　主幹教諭は，校長（副校長を置く小学校にあつては，校長及び副校長）及び教頭を助け，命を受けて校務の一部を整理し，並びに児童の教育をつかさどる。

　10　指導教諭は，児童の教育をつかさどり，並びに教諭その他の職員に対して，教育指導の改善及び充実のために必要な指導及び助言を行う。

　11　教諭は，児童の教育をつかさどる。

　12　養護教諭は，児童の養護をつかさどる。

　13　栄養教諭は，児童の栄養の指導及び管理をつかさどる。

　14　事務職員は，事務をつかさどる。

　15　助教諭は，教諭の職務を助ける。

　16　講師は，教諭又は助教諭に準ずる職務に従事する。

　17　養護助教諭は，養護教諭の職務を助ける。

　18　特別の事情のあるときは，第1項の規定にかかわらず，教諭に代えて助教諭又は講師を，養護教諭に代えて養護助教諭を置くことができる。

　19　学校の実情に照らし必要があると認めるときは，第9項の規定にかかわらず，校長（副校長を置く小学校にあつては，校長及び副校長）及び教頭を助け，命を受けて校務の一部を整理し，並びに児童の養護又は栄養の指導及び管理をつかさどる主幹教諭を置くことができる。

**第38条**　市町村は，その区域内にある学齢児童を就学させるに必要な小学校を設置しなければならない。ただし，教育上有益かつ適切であると認めるときは，義務教育学校の設置をもってこれに代えることができる。

**第39条**　市町村は，適当と認めるときは，前条の規定による事務の全部又は一部を処理するため，市町村の組合を設けることができる。

**第42条**　小学校は，文部科学大臣の定めるところにより当該小学校の教育活動その他の学校

運営の状況について評価を行い，その結果に基づき学校運営の改善を図るため必要な措置を講ずることにより，その教育水準の向上に努めなければならない。

**第43条** 小学校は，当該小学校に関する保護者及び地域住民その他の関係者の理解を深めるとともに，これらの者との連携及び協力の推進に資するため，当該小学校の教育活動その他の学校運営の状況に関する情報を積極的に提供するものとする。

**第44条** 私立の小学校は，都道府県知事の所管に属する。

## 第5章　中学校

**第45条** 中学校は，小学校における教育の基礎の上に，心身の発達に応じて，義務教育として行われる普通教育を施すことを目的とする。

**第46条** 中学校における教育は，前条に規定する目的を実現するため，第21条各号に掲げる目標を達成するよう行われるものとする。

**第47条** 中学校の修業年限は，3年とする。

**第48条** 中学校の教育課程に関する事項は，第45条及び第46条の規定並びに次条において読み替えて準用する第30条第2項の規定に従い，文部科学大臣が定める。

**第49条** 第30条第2項，第31条，第34条，第35条及び第37条から第44条までの規定は，中学校に準用する。この場合において，第30条第2項中「前項」とあるのは「第46条」と，第31条中「前条第1項」とあるのは「第46条」と読み替えるものとする。

## 第5章の2　義務教育学校

**第49条の2** 義務教育学校は，心身の発達に応じて，義務教育として行われる普通教育を基礎的なものから一貫して施すことを目的とする。

**第49条の3** 義務教育学校における教育は，前条に規定する目的を実現するため，第21条各号に掲げる目標を達成するよう行われるものとする。

**第49条の4** 義務教育学校の修業年限は，9年とする。

**第49条の5** 義務教育学校の課程は，これを前期6年の前期課程及び後期3年の後期課程に区分する。

**第49条の6** 義務教育学校の前期課程における教育は，第49条の2に規定する目的のうち，心身の発達に応じて，義務教育として行われる普通教育のうち基礎的なものを施すことを実現するために必要な程度において第21条各号に掲げる目標を達成するよう行われるものとする。

2 義務教育学校の後期課程における教育は，第49条の2に規定する目的のうち，前期課程における教育の基礎の上に，心身の発達に応じて，義務教育として行われる普通教育を施すことを実現するため，第21条各号に掲げる目標を達成するよう行われるものとする。

**第49条の7** 義務教育学校の前期課程及び後期課程の教育課程に関する事項は，第49条の2，第49条の3及び前条の規定並びに次条において読み替えて準用する第30条第2項の規定に従い，文部科学大臣が定める。

**第49条の8** 第30条第2項，第31条，第34条から第37条まで及び第42条から第44条までの規定は，義務教育学校に準用する。この場合において，第30条第2項中「前項」とあるのは「第49条の3」と，第31条中「前条第1項」とあるのは「第49条の3」と読み替えるものとする。

## 第6章　高等学校

**第50条** 高等学校は，中学校における教育の基礎の上に，心身の発達及び進路に応じて，高度な普通教育及び専門教育を施すことを目的とする。

**第51条** 高等学校における教育は，前条に規定する目的を実現するため，次に掲げる目標を達成するよう行われるものとする。

一　義務教育として行われる普通教育の成果を更に発展拡充させて，豊かな人間性，創造性及び健やかな身体を養い，国家及び社会の形成者として必要な資質を養うこと。

二　社会において果たさなければならない使命の自覚に基づき，個性に応じて将来の進路を決定させ，一般的な教養を高め，専門的な知識，技術及び技能を習得させること。

三　個性の確立に努めるとともに，社会について，広く深い理解と健全な批判力を養い，社会の発展に寄与する態度を養うこと。

**第52条** 高等学校の学科及び教育課程に関する事項は，前2条の規定及び第62条において読み替えて準用する第30条第2項の規定に従い，文部科学大臣が定める。

**第53条** 高等学校には，全日制の課程のほか，定時制の課程を置くことができる。

2　高等学校には，定時制の課程のみを置く
ことができる。

**第 54 条**　高等学校には，全日制の課程又は定
時制の課程のほか，通信制の課程を置くことが
できる。

2　高等学校には，通信制の課程のみを置く
ことができる。

3　市町村の設置する高等学校については都
道府県の教育委員会，私立の高等学校について
は都道府県知事は，高等学校の通信制の課程の
うち，当該高等学校の所在する都道府県の区域
内に住所を有する者のほか，全国的に他の都道
府県の区域内に住所を有する者を併せて生徒と
するものその他政令で定めるもの（以下この項
において「広域の通信制の課程」という。）に
係る第四条第一項に規定する認可（政令で定め
る事項に係るものに限る。）を行うときは，あ
らかじめ，文部科学大臣に届け出なければなら
ない。都道府県又は指定都市の設置する高等学
校の広域の通信制の課程について，当該都道府
県又は指定都市の教育委員会がこの項前段の政
令で定める事項を行うときも，同様とする。

4　通信制の課程に関し必要な事項は，文部
科学大臣が，これを定める。

**第 56 条**　高等学校の修業年限は，全日制の課
程については，3 年とし，定時制の課程及び通
信制の課程については，3 年以上とする。

**第 57 条**　高等学校に入学することのできる者
は，中学校若しくはこれに準ずる学校若しくは
義務教育学校を卒業した者若しくは中等教育学
校の前期課程を修了した者又は文部科学大臣の
定めるところにより，これと同等以上の学力が
あると認められた者とする。

**第 60 条**　高等学校には，校長，教頭，教諭及
び事務職員を置かなければならない。

2　高等学校には，前項に規定するもののほ
か，副校長，主幹教諭，指導教諭，養護教諭，
栄養教諭，養護助教諭，実習助手，技術職員そ
の他必要な職員を置くことができる。

3　第 1 項の規定にかかわらず，副校長を置
くときは，教頭を置かないことができる。

4　実習助手は，実験又は実習について，教
諭の職務を助ける。

5　特別の事情のあるときは，第 1 項の規定
にかかわらず，教諭に代えて助教諭又は講師を
置くことができる。

6　技術職員は，技術に従事する。

## 第 7 章　中等教育学校

**第 63 条**　中等教育学校は，小学校における教
育の基礎の上に，心身の発達及び進路に応じて，
義務教育として行われる普通教育並びに高度な
普通教育及び専門教育を一貫して施すことを目
的とする。

**第 64 条**　中等教育学校における教育は，前条
に規定する目的を実現するため，次に掲げる目
標を達成するよう行われるものとする。

一　豊かな人間性，創造性及び健やかな身体
を養い，国家及び社会の形成者として必要な資
質を養うこと。

二　社会において果たさなければならない使
命の自覚に基づき，個性に応じて将来の進路を
決定させ，一般的な教養を高め，専門的な知識，
技術及び技能を習得させること。

三　個性の確立に努めるとともに，社会につ
いて，広く深い理解と健全な批判力を養い，社
会の発展に寄与する態度を養うこと。

**第 65 条**　中等教育学校の修業年限は，6 年と
する。

**第 66 条**　中等教育学校の課程は，これを前期
3 年の前期課程及び後期 3 年の後期課程に区分
する。

**第 67 条**　中等教育学校の前期課程における教
育は，第 63 条に規定する目的のうち，小学校
における教育の基礎の上に，心身の発達に応じ
て，義務教育として行われる普通教育を施すこ
とを実現するため，第 21 条各号に掲げる目標
を達成するよう行われるものとする。

2　中等教育学校の後期課程における教育は，
第 63 条に規定する目的のうち，心身の発達及
び進路に応じて，高度な普通教育及び専門教育
を施すことを実現するため，第 64 条各号に掲
げる目標を達成するよう行われるものとする。

## 第 8 章　特別支援教育

**第 72 条**　特別支援学校は，視覚障害者，聴覚
障害者，知的障害者，肢体不自由者又は病弱者
（身体虚弱者を含む。以下同じ。）に対して，幼
稚園，小学校，中学校又は高等学校に準ずる教
育を施すとともに，障害による学習上又は生活
上の困難を克服し自立を図るために必要な知識
技能を授けることを目的とする。

**第 73 条**　特別支援学校においては，文部科学
大臣の定めるところにより，前条に規定する者

に対する教育のうち当該学校が行うものを明らかにするものとする。

**第74条** 特別支援学校においては、第72条に規定する目的を実現するための教育を行うほか、幼稚園、小学校、中学校、高等学校又は中等教育学校の要請に応じて、第81条第1項に規定する幼児、児童又は生徒の教育に関し必要な助言又は援助を行うよう努めるものとする。

**第75条** 第72条に規定する視覚障害者、聴覚障害者、知的障害者、肢体不自由者又は病弱者の障害の程度は、政令で定める。

**第76条** 特別支援学校には、小学部及び中学部を置かなければならない。ただし、特別の必要のある場合においては、そのいずれかのみを置くことができる。

2 特別支援学校には、小学部及び中学部のほか、幼稚部又は高等部を置くことができ、また、特別の必要のある場合においては、前項の規定にかかわらず、小学部及び中学部を置かないで幼稚部又は高等部のみを置くことができる。

**第77条** 特別支援学校の幼稚部の教育課程その他の保育内容、小学部及び中学部の教育課程又は高等部の学科及び教育課程に関する事項は、幼稚園、小学校、中学校又は高等学校に準じて、文部科学大臣が定める。

○学校教育法施行規則（抄）
(1947.5.23公布、同4.1適用、2017.3.31改正)

### 第1章　総則

**第24条** 校長は、その学校に在学する児童等の指導要録（学校教育法施行令第31条に規定する児童等の学習及び健康の状況を記録した書類の原本をいう。以下同じ。）を作成しなければならない。

2 校長は、児童等が進学した場合においては、その作成に係る当該児童等の指導要録の抄本又は写しを作成し、これを進学先の校長に送付しなければならない。

3 校長は、児童等が転学した場合においては、その作成に係る当該児童等の指導要録の写しを作成し、その写し（転学してきた児童等については転学により送付を受けた指導要録（就学前の子どもに関する教育、保育等の総合的な提供の推進に関する法律施行令（平成26年政令第203号）第8条に規定する園児の学習及び

健康の状況を記録した書類の原本を含む。）の写しを含む。）及び前項の抄本又は写しを転学先の校長、保育所の長又は認定こども園の長に送付しなければならない。

**第25条** 校長（学長を除く。）は、当該学校に在学する児童等について出席簿を作成しなければならない。

**第28条** 学校において備えなければならない表簿は、概ね次のとおりとする。

　一　学校に関係のある法令

　二　学則、日課表、教科用図書配当表、学校医執務記録簿、学校歯科医執務記録簿、学校薬剤師執務記録簿及び学校日誌

　三　職員の名簿、履歴書、出勤簿並びに担任学級、担任の教科又は科目及び時間表

　四　指導要録、その写し及び抄本並びに出席簿及び健康診断に関する表簿

　五　入学者の選抜及び成績考査に関する表簿

　六　資産原簿、出納簿及び経費の予算決算についての帳簿並びに図書機械器具、標本、模型等の教具の目録

　七　往復文書処理簿

2 前項の表簿（第24条第2項の抄本又は写しを除く。）は、別に定めるもののほか、5年間保存しなければならない。ただし、指導要録及びその写しのうち入学、卒業等の学籍に関する記録については、その保存期間は、20年間とする。

3 （略）

### 第4章　小学校

**第48条** 小学校には、設置者の定めるところにより、校長の職務の円滑な執行に資するため、職員会議を置くことができる。

2 職員会議は、校長が主宰する。

**第49条** 小学校には、設置者の定めるところにより、学校評議員を置くことができる。

2 学校評議員は、校長の求めに応じ、学校運営に関し意見を述べることができる。

3 学校評議員は、当該小学校の職員以外の者で教育に関する理解及び識見を有するもののうちから、校長の推薦により、当該小学校の設置者が委嘱する。

**第50条** 小学校の教育課程は、国語、社会、算数、理科、生活、音楽、図画工作、家庭、体育及び外国語の各教科（以下この節において「各教科」という。）、特別の教科である道徳、

外国語活動，総合的な学習の時間並びに特別活動によつて編成するものとする。

2 私立の小学校の教育課程を編成する場合は，前項の規定にかかわらず，宗教を加えることができる。この場合においては，宗教をもつて前項の特別の教科である道徳に代えることができる。

**第51条** 小学校（第52条の2第2項に規定する中学校連携型小学校及び第79条の9第2項に規定する中学校併設型小学校を除く。）の各学年における各教科，特別の教科である道徳，外国語活動，総合的な学習の時間及び特別活動のそれぞれの授業時数並びに各学年におけるこれらの総授業時数は，別表第一に定める授業時数を標準とする。（別表略）

**第52条** 小学校の教育課程については，この節に定めるもののほか，教育課程の基準として文部科学大臣が別に公示する小学校学習指導要領によるものとする。

**第5章 中学校**

**第72条** 中学校の教育課程は，国語，社会，数学，理科，音楽，美術，保健体育，技術・家庭及び外国語の各教科（以下本章及び第七章中「各教科」という。），特別の教科である道徳，総合的な学習の時間並びに特別活動によつて編成するものとする。

**第73条** 中学校（併設型中学校，第74条の2第2項に規定する小学校連携型中学校，第75条第2項に規定する連携型中学校及び第79条の9第2項に規定する小学校併設型中学校を除く。）の各学年における各教科，特別の教科である道徳，総合的な学習の時間及び特別活動のそれぞれの授業時数並びに各学年におけるこれらの総授業時数は，別表第二に定める授業時数を標準とする。（別表 略）

**第74条** 中学校の教育課程については，この章に定めるもののほか，教育課程の基準として文部科学大臣が別に公示する中学校学習指導要領によるものとする。

**第6章 高等学校**

**第83条** 高等学校の教育課程は，別表第三に定める各教科に属する科目，総合的な学習の時間及び特別活動によつて編成するものとする。（別表 略）

**第84条** 高等学校の教育課程については，この章に定めるもののほか，教育課程の基準とし

て文部科学大臣が別に公示する高等学校学習指導要領によるものとする。

**○教育公務員特例法（抄）**

(1949.1.12公布・施行，2017.5.17改正)

**第1章 総則**

**第1条** この法律は，教育を通じて国民全体に奉仕する教育公務員の職務とその責任の特殊性に基づき，教育公務員の任免，給与，分限，懲戒，服務及び研修等について規定する。

**第2条** この法律において「教育公務員」とは，地方公務員のうち，学校（学校教育法（昭和22年法律第26号）第1条に規定する学校及び就学前の子どもに関する教育，保育等の総合的な提供の推進に関する法律（平成18年法律第77号）第2条第7項に規定する幼保連携型認定こども園（以下「幼保連携型認定こども園」という。）をいう。以下同じ。）であつて地方公共団体が設置するもの（以下「公立学校」という。）の学長，校長（園長を含む。以下同じ。），教員及び部局長並びに教育委員会の専門的教育職員をいう。

2 この法律において「教員」とは，公立学校の教授，准教授，助教，副校長（副園長を含む。以下同じ。），教頭，主幹教諭（幼保連携型認定こども園の主幹養護教諭及び主幹栄養教諭を含む。以下同じ。），指導教諭，教諭，助教諭，養護教諭，養護助教諭，栄養教諭，主幹保育教諭，指導保育教諭，保育教諭，助保育教諭及び講師（常時勤務の者及び地方公務員法（昭和25年法律第261号）第28条の5第1項に規定する短時間勤務の職を占める者に限る。第23条第2項を除き，以下同じ。）をいう。

3 この法律で「部局長」とは，大学（公立学校であるものに限る。第26条第1項を除き，以下同じ。）の副学長，学部長その他政令で指定する部局の長をいう。

4 この法律で「評議会」とは，大学に置かれる会議であつて当該大学を設置する地方公共団体の定めるところにより学長，学部長その他の者で構成するものをいう。

5 この法律で「専門的教育職員」とは，指導主事及び社会教育主事をいう。

**第2章 任免，人事評価，給与，分限及び懲戒**

**第11条** 公立学校の校長の採用（現に校長の職以外の職に任命されている者を校長の職に任

命する場合を含む。）並びに教員の採用（現に教員の職以外の職に任命されている者を教員の職に任命する場合を含む。以下この条において同じ。）及び昇任（採用に該当するものを除く。）は，選考によるものとし，その選考は，大学附置の学校にあつては当該大学の学長が，大学附置の学校以外の公立学校（幼保連携型認定こども園を除く。）にあつてはその校長及び教員の任命権者である教育委員会の教育長が，大学附置の学校以外の公立学校（幼保連携型認定こども園に限る。）にあつてはその校長及び教員の任命権者である地方公共団体の長が行う。

**第 12 条**　公立の小学校，中学校，義務教育学校，高等学校，中等教育学校，特別支援学校，幼稚園及び幼保連携型認定こども園（以下「小学校等」という。）の教諭，助教諭，保育教諭，助保育教諭及び講師（以下「教諭等」という。）に係る地方公務員法第 22 条第 1 項に規定する採用については，同項中「6 月」とあるのは「1 年」として同項の規定を適用する。

　2　地方教育行政の組織及び運営に関する法律（昭和 31 年法律第 162 号）第 40 条に定める場合のほか，公立の小学校等の校長又は教員で地方公務員法第 22 条第 1 項（前項の規定において読み替えて適用する場合を含む。）の規定により正式任用になつている者が，引き続き同一都道府県内の公立の小学校等の校長又は教員に任用された場合には，その任用については，同条同項の規定は適用しない。

**第 15 条**　専門的教育職員の採用及び昇任は，選考によるものとし，その選考は，当該教育委員会の教育長が行う。

## 第 4 章　研修

**第 21 条**　教育公務員は，その職責を遂行するために，絶えず研究と修養に努めなければならない。

　2　教育公務員の任命権者は，教育公務員（公立の小学校等の校長及び教員（臨時的に任用された者その他の政令で定める者を除く。以下この章において同じ。）を除く。）の研修について，それに要する施設，研修を奨励するための方途その他研修に関する計画を樹立し，その実施に努めなければならない。

**第 22 条**　教育公務員には，研修を受ける機会が与えられなければならない。

　2　教員は，授業に支障のない限り，本属長の承認を受けて，勤務場所を離れて研修を行うことができる。

　3　教育公務員は，任命権者の定めるところにより，現職のままで，長期にわたる研修を受けることができる。

**第 23 条**　公立の小学校等の教諭等の任命権者は，当該教諭等（政令で指定する者を除く。）に対して，その採用の日から 1 年間の教諭の職務の遂行に必要な事項に関する実践的な研修（以下「初任者研修」という。）を実施しなければならない。

　2　任命権者は，初任者研修を受ける者（次項において「初任者」という。）の所属する学校の副校長，教頭，主幹教諭（養護又は栄養の指導及び管理をつかさどる主幹教諭を除く。），指導教諭，教諭，主幹保育教諭，指導保育教諭，保育教諭又は講師のうちから，指導教員を命じるものとする。

　3　指導教員は，初任者に対して教諭又は保育教諭の職務の遂行に必要な事項について指導及び助言を行うものとする。

**第 24 条**　公立の小学校等の教諭等（臨時的に任用された者その他の政令で定める者を除く。以下この項において同じ。）の任命権者は，当該教諭等に対して，個々の能力，適性等に応じて，公立の小学校等における教育に関し相当の経験を有し，その教育活動その他の学校運営の円滑かつ効果的な実施において中核的な役割を果たすことが期待される中堅教諭等としての職務を遂行する上で必要とされる資質の向上を図るために必要な事項に関する研修（以下「中堅教諭等資質向上研修」という。）を実施しなければならない。

　2　任命権者は，中堅教諭等資質向上研修を実施するに当たり，中堅教諭等資質向上研修を受ける者の能力，適性等について評価を行い，その結果に基づき，当該者ごとに中堅教諭等資質向上研修に関する計画書を作成しなければならない。

**第 25 条**　公立の小学校等の教諭等の任命権者は，児童，生徒又は幼児（以下「児童等」という。）に対する指導が不適切であると認定した教諭等に対して，その能力，適性等に応じて，当該指導の改善を図るために必要な事項に関する研修（以下「指導改善研修」という。）を実施しなければならない。

2 指導改善研修の期間は，1年を超えては
ならない。ただし，特に必要があると認めると
きは，任命権者は，指導改善研修を開始した日
から引き続き2年を超えない範囲内で，これを
延長することができる。

3 任命権者は，指導改善研修を実施するに
当たり，指導改善研修を受ける者の能力，適性
等に応じて，その者ごとに指導改善研修に関す
る計画書を作成しなければならない。

4 任命権者は，指導改善研修の終了時にお
いて，指導改善研修を受けた者の児童等に対す
る指導の改善の程度に関する認定を行わなけれ
ばならない。

5 任命権者は，第1項及び前項の認定に当
たつては，教育委員会規則（幼保連携型こども
園にあっては，地方公共団体の規則。次項にお
いて同じ。）で定めるところにより，教育学，
医学，心理学その他の児童等に対する指導に関
する専門的知識を有する者及び当該任命権者の
属する都道府県又は市町村の区域内に居住する
保護者（親権を行う者及び未成年後見人をい
う。）である者の意見を聴かなければならない。

6 前項に定めるもののほか，事実の確認の
方法その他第1項及び第4項の認定の手続に関
し必要な事項は，教育委員会規則で定めるもの
とする。

7 前各項に規定するもののほか，指導改善
研修の実施に関し必要な事項は，政令で定める。

**第25条の2** 任命権者は，前条第4項の認定
において指導の改善が不十分でなお児童等に対
する指導を適切に行うことができないと認める
教諭等に対して，免職その他の必要な措置を講
ずるものとする。

## 第5章 大学院修学休業

**第26条** 公立の小学校等の主幹教諭，指導教
諭，教諭，養護教諭，栄養教諭，主幹保育教諭，
指導保育教諭，保育教諭又は講師（以下「主幹
教諭等」という。）で次の各号のいずれにも該
当するものは，任命権者の許可を受けて，3年
を超えない範囲内で年を単位として定める期間，
大学（短期大学を除く。）の大学院の課程若し
くは専攻科の課程又はこれらの課程に相当する
外国の大学の課程（次項及び第28条第2項に
おいて「大学院の課程等」という。）に在学し
てその課程を履修するための休業（以下「大学
院修学休業」という。）をすることができる。

一 主幹教諭（養護又は栄養の指導及び管理
をつかさどる主幹教諭を除く。），指導教諭，教
諭，主幹保育教諭，指導保育教諭，保育教諭又
は講師にあつては教育職員免許法（昭和24年
法律第147号）に規定する教諭の専修免許状，
養護をつかさどる主幹教諭又は養護教諭にあつ
ては同法に規定する養護教諭の専修免許状，栄
養の指導及び管理をつかさどる主幹教諭又は栄
養教諭にあつては同法に規定する栄養教諭の専
修免許状の取得を目的としていること。

二 取得しようとする専修免許状に係る基礎
となる免許状（教育職員免許法に規定する教諭
の一種免許状若しくは特別免許状，養護教諭の
一種免許状又は栄養教諭の一種免許状であつて，
同法別表第三，別表第五，別表第六，別表第六
の二又は別表第七の規定により専修免許状の授
与を受けようとする場合には有することを必要
とされるものをいう。次号において同じ。）を
有していること。

三 取得しようとする専修免許状に係る基礎
となる免許状について，教育職員免許法別表第
三，別表第五，別表第六，別表第六の二又は別
表第七に定める最低在職年数を満たしているこ
と。

四 条件付採用期間中の者，臨時的に任用さ
れた者，初任者研修を受けている者その他政令
で定める者でないこと。

2 大学院修学休業の許可を受けようとする
主幹教諭等は，取得しようとする専修免許状の
種類，在学しようとする大学院の課程等及び大
学院修学休業をしようとする期間を明らかにし
て，任命権者に対し，その許可を申請するもの
とする。

**第27条** 大学院修学休業をしている主幹教諭
等は，地方公務員としての身分を保有するが，
職務に従事しない。

2 大学院修学休業をしている期間について
は，給与を支給しない。

**第28条** 大学院修学休業の許可は，当該大学
院修学休業をしている主幹教諭等が休職又は停
職の処分を受けた場合には，その効力を失う。

2 任命権者は，大学院修学休業をしている
主幹教諭等が当該大学院修学休業の許可に係る
大学院の課程等を退学したことその他政令で定
める事由に該当すると認めるときは，当該大学
院修学休業の許可を取り消すものとする。

○教育職員免許法（抄）

（1949.5.31 公布，9.1 施行，2017.5.31 公布，2019.4.1 施行）

**第1章　総則**

**第1条**　この法律は，教育職員の免許に関する基準を定め，教育職員の資質の保持と向上を図ることを目的とする。

**第2条**　この法律において「教育職員」とは，学校（学校教育法（昭和22年法律第26号）第1条に規定する幼稚園，小学校，中学校，義務教育学校，高等学校，中等教育学校及び特別支援学校（第3項において「第1条学校」という。）並びに就学前の子どもに関する教育，保育等の総合的な提供の推進に関する法律（平成18年法律第77号）第2条第7項に規定する幼保連携型認定こども園（以下「幼保連携型認定こども園」という。）をいう。以下同じ。）の主幹教諭（幼保連携型認定こども園の主幹養護教諭及び主幹栄養教諭を含む。以下同じ。），指導教諭，教諭，助教諭，養護教諭，養護助教諭，栄養教諭，主幹保育教諭，指導保育教諭，保育教諭，助保育教諭及び講師（以下「教員」という。）をいう。

　2　この法律で「免許管理者」とは，免許状を有する者が教育職員及び文部科学省令で定める教育の職にある者である場合にあつてはその者の勤務地の都道府県の教育委員会，これらの者以外の者である場合にあつてはその者の住所地の都道府県の教育委員会をいう。

　3　この法律において「所轄庁」とは，大学附置の国立学校（国（国立大学法人法（平成15年法律第112号）第2条第1項に規定する国立大学法人を含む。以下この項において同じ。）が設置する学校をいう。以下同じ。）又は公立学校（地方公共団体（地方独立行政法人法（平成15年法律第118号）第68条第1項に規定する公立大学法人（以下単に「公立大学法人」という。）を含む。）が設置する学校をいう。以下同じ。）の教員にあつてはその大学の学長，大学附置の学校以外の公立学校（第1条学校に限る。）の教員にあつてはその学校を所管する教育委員会，大学附置の学校以外の公立学校（幼保連携型認定こども園に限る。）の教員にあつてはその学校を所管する地方公共団体の長，私立学校（国及び地方公共団体（公立大学法人を含む。）以外の者が設置する学校をいう。以下同じ。）の教員にあつては都道府県知事（地方自治法（昭和22年法律第67号）第252条の19第1項の指定都市又は同法第252条の22第1項の中核市（以下この項において「指定都市等」という。）の区域内の幼保連携型認定こども園の教員にあつては，当該指定都市等の長）をいう。

（4，5　略）

**第3条**　教育職員は，この法律により授与する各相当の免許状を有する者でなければならない。

　2　前項の規定にかかわらず，主幹教諭（養護又は栄養の指導及び管理をつかさどる主幹教諭を除く。）及び指導教諭については各相当学校の教諭の免許状を有する者を，養護をつかさどる主幹教諭については養護教諭の免許状を有する者を，栄養の指導及び管理をつかさどる主幹教諭については栄養教諭の免許状を有する者を，講師については各相当学校の教員の相当免許状を有する者を，それぞれ充てるものとする。

　3　特別支援学校の教員（養護又は栄養の指導及び管理をつかさどる主幹教諭，養護教諭，養護助教諭，栄養教諭並びに特別支援学校において自立教科等の教授を担任する教員を除く。）については，第1項の規定にかかわらず，特別支援学校の教員の免許状のほか，特別支援学校の各部に相当する学校の教員の免許状を有する者でなければならない。

　4　義務教育学校の教員（養護又は栄養の指導及び管理をつかさどる主幹教諭，養護教諭，養護助教諭並びに栄養教諭を除く。）については，第1項の規定にかかわらず，小学校の教員の免許状及び中学校の教員の免許状を有する者でなければならない。

　5　中等教育学校の教員（養護又は栄養の指導及び管理をつかさどる主幹教諭，養護教諭，養護助教諭並びに栄養教諭を除く。）については，第1項の規定にかかわらず，中学校の教員の免許状及び高等学校の教員の免許状を有する者でなければならない。

（6　略）

**第2章　免許状**

**第4条**　免許状は，普通免許状，特別免許状及び臨時免許状とする。

　2　普通免許状は，学校（義務教育学校，中等教育学校及び幼保連携型認定こども園を除く。）の種類ごとの教諭の免許状，養護教諭の

免許状及び栄養教諭の免許状とし，それぞれ専修免許状，一種免許状及び二種免許状（高等学校教諭の免許状にあつては，専修免許状及び一種免許状）に区分する。

3　特別免許状は，学校（幼稚園，義務教育学校，中等教育学校及び幼保連携型認定こども園を除く。）の種類ごとの教諭の免許状とする。

4　臨時免許状は，学校（義務教育学校，中等教育学校及び幼保連携型認定こども園を除く。）の種類ごとの助教諭の免許状及び養護助教諭の免許状とする。

5　中学校及び高等学校の教員の普通免許状及び臨時免許状は，次に掲げる各教科について授与するものとする。

一　中学校の教員にあつては，国語，社会，数学，理科，音楽，美術，保健体育，保健，技術，家庭，職業（職業指導及び職業実習（農業，工業，商業，水産及び商船のうちいずれか一以上の実習とする。以下同じ。）を含む。），職業指導，職業実習，外国語（英語，ドイツ語，フランス語その他の各外国語に分ける。）及び宗教

二　高等学校の教員にあつては，国語，地理歴史，公民，数学，理科，音楽，美術，工芸，書道，保健体育，保健，看護，看護実習，家庭，家庭実習，情報，情報実習，農業，農業実習，工業，工業実習，商業，商業実習，水産，水産実習，福祉，福祉実習，商船，商船実習，職業指導，外国語（英語，ドイツ語，フランス語その他の各外国語に分ける。）及び宗教

6　小学校教諭，中学校教諭及び高等学校教諭の特別免許状は，次に掲げる教科又は事項について授与するものとする。

一　小学校教諭にあつては，国語，社会，算数，理科，生活，音楽，図画工作，家庭及び体育及び外国語（英語，ドイツ語，フランス語その他の各外国語に分ける。）

二　中学校教諭にあつては，前項第1号に掲げる各教科及び第16条の3第1項の文部科学省令で定める教科

三　高等学校教諭にあつては，前項第2号に掲げる各教科及びこれらの教科の領域の一部に係る事項で第16条の4第1項の文部科学省令で定めるもの並びに第16条の3第1項の文部科学省令で定める教科

第4条の2　特別支援学校の教員の普通免許状

及び臨時免許状は，一又は二以上の特別支援教育領域について授与するものとする。

2　特別支援学校において専ら自立教科等の教授を担任する教員の普通免許状及び臨時免許状は，前条第2項の規定にかかわらず，文部科学省令で定めるところにより，障害の種類に応じて文部科学省令で定める自立教科等について授与するものとする。

3　特別支援学校教諭の特別免許状は，前項の文部科学省令で定める自立教科等について授与するものとする。

第5条　普通免許状は，別表第1，別表第2若しくは別表第2の2に定める基礎資格を有し，かつ，大学若しくは文部科学大臣の指定する養護教諭養成機関において別表第1，別表第2若しくは別表第2の2に定める単位を修得した者又はその免許状を授与するため行う教育職員検定に合格した者に授与する。ただし，次の各号のいずれかに該当する者には，授与しない。

一　18歳未満の者

二　高等学校を卒業しない者（通常の課程以外の課程におけるこれに相当するものを修了しない者を含む。）。ただし，文部科学大臣において高等学校を卒業した者と同等以上の資格を有すると認めた者を除く。

三　成年被後見人又は被保佐人

四　禁錮以上の刑に処せられた者

五　第10条第1項第2号又は第3号に該当することにより免許状がその効力を失い，当該失効の日から3年を経過しない者

六　第11条第1項から第3項までの規定により免許状取上げの処分を受け，当該処分の日から3年を経過しない者

七　日本国憲法施行の日以後において，日本国憲法又はその下に成立した政府を暴力で破壊することを主張する政党その他の団体を結成し，又はこれに加入した者

2　前項本文の規定にかかわらず，別表第1から別表第2の2までに規定する普通免許状に係る所要資格を得た日の翌日から起算して十年を経過する日の属する年度の末日を経過した者に対する普通免許状の授与は，その者が免許状更新講習（第9条の3第1項に規定する免許状更新講習をいう。以下第9条の2までにおいて同じ。）の課程を修了した後文部科学省令で定める2年以上の期間内にある場合に限り，行う

ものとする。

　3　特別免許状は，教育職員検定に合格した者に授与する。ただし，第1項各号のいずれかに該当する者には，授与しない。

　4　前項の教育職員検定は，次の各号のいずれにも該当する者について，教育職員に任命し，又は雇用しようとする者が，学校教育の効果的な実施に特に必要があると認める場合において行う推薦に基づいて行うものとする。

　一　担当する教科に関する専門的な知識経験又は技能を有する者

　二　社会的信望があり，かつ，教員の職務を行うのに必要な熱意と識見を持っている者

　5　第7項で定める授与権者は，第3項の教育職員検定において合格の決定をしようとするときは，あらかじめ，学校教育に関し学識経験を有する者その他の文部科学省令で定める者の意見を聴かなければならない。

　6　臨時免許状は，普通免許状を有する者を採用することができない場合に限り，第1項各号のいずれにも該当しない者で教育職員検定に合格したものに授与する。ただし，高等学校助教諭の臨時免許状は，次の各号のいずれかに該当する者以外の者には授与しない。

　一　短期大学士の学位又は準学士の称号を有する者

　二　文部科学大臣が前号に掲げる者と同等以上の資格を有すると認めた者

　7　免許状は，都道府県の教育委員会（以下「授与権者」という。）が授与する。

（第5条の2　略）

**第10条**　免許状を有する者が，次の各号のいずれかに該当する場合には，その免許状はその効力を失う。

　一　第5条第1項第3号，第4号又は第7号に該当するに至つたとき。

　二　公立学校の教員であつて懲戒免職の処分を受けたとき。

　三　公立学校の教員（地方公務員法（昭和25年法律第261号）第29条の2第1項各号に掲げる者に該当する者を除く。）であつて同法第28条第1項第1号又は第3号に該当するとして分限免職の処分を受けたとき。

　2　前項の規定により免許状が失効した者は，速やかに，その免許状を免許管理者に返納しなければならない。

**第11条**　国立学校又は私立学校の教員が，前条第1項第2号に規定する者の場合における懲戒免職の事由に相当する事由により解雇されたと認められるときは，免許管理者は，その免許状を取り上げなければならない。

（2～5　略）

別表第1（第5条，第5条の2関係）

| 第1欄 | | 第2欄 | 第3欄 | |
|---|---|---|---|---|
| 所要資格 | | 基礎資格 | 大学において修得することを必要とする最低単位数 | |
| | | | 教科及び教職に関する科目 | 特別支援教育に関する科目 |
| 免許状の種類 | | | | |
| 幼稚園教諭 | 専修免許状 | 修士の学位を有すること。 | 75 | |
| | 一種免許状 | 学士の学位を有すること。 | 51 | |
| | 二種免許状 | 短期大学士の学位を有すること。 | 31 | |
| 小学校教諭 | 専修免許状 | 修士の学位を有すること。 | 83 | |
| | 一種免許状 | 学士の学位を有すること。 | 59 | |
| | 二種免許状 | 短期大学士の学位を有すること。 | 37 | |
| 中学校教諭 | 専修免許状 | 修士の学位を有すること。 | 83 | |
| | 一種免許状 | 学士の学位を有すること。 | 59 | |
| | 二種免許状 | 短期大学士の学位を有すること。 | 35 | |

| 高等学校教諭 | 専修免許状 | 修士の学位を有すること。 | 83 | |
|---|---|---|---|---|
| | 一種免許状 | 学士の学位を有すること。 | 59 | |
| 特別支援学校教諭 | 専修免許状 | 修士の学位を有すること及び小学校，中学校，高等学校又は幼稚園の教諭の普通免許状を有すること。 | 50 | |
| | 一種免許状 | 学士の学位を有すること及び小学校，中学校，高等学校又は幼稚園の教諭の普通免許状を有すること。 | 26 | |
| | 二種免許状 | 小学校，中学校，高等学校又は幼稚園の教諭の普通免許状を有すること。 | 16 | |

備考：

一　この表における単位の修得方法については，文部科学省令で定める（別表第2から別表第8までの場合においても同様とする。）。

一の二　文部科学大臣は，前号の文部科学省令を定めるに当たつては，単位の修得方法が教育職員として必要な知識及び技能を体系的かつ効果的に修得させるものとなるよう配慮するとともに，あらかじめ，第16条の3第4項の政令で定める審議会等の意見を聴かなければならない（別表第2から別表第8までの場合においても同様とする。）。

二　第2欄の「修士の学位を有すること」には，学校教育法第104条第3項に規定する文部科学大臣の定める学位を有する場合又は大学（短期大学を除く。第6号及び第7号において同じ。）の専攻科若しくは文部科学大臣の指定するこれに相当する課程に1年以上在学し，30単位以上修得した場合を含むものとする（別表第2及び別表第2の2の場合においても同様とする。）。

二の二　第2欄の「学士の学位を有すること」には，学校教育法第104条第2項に規定する文部科学大臣の定める学位（専門職大学を卒業した者に対して授与されるものに限る。）を有する場合又は文部科学大臣が学士の学位を有することと同等以上の資格を有すると認めた場合を含むものとする。（別表第2の場合においても同様とする。）。

二の三　第2欄の「短期大学士の学位有すること」には，学校教育法第10条第2項に規定する文部科学大臣の定める学位（専門職大学を卒業した者に対して授与されるものを除く。）若しくは同条第6項に規定する文部科学大臣の定める学位を有する場合，文部科学大臣の指定する教員養成機関を卒業した場合又は文部科学大臣が短期大学の学位を有することと同等以上の資格を有すると認めた場合を含むものとする（別表第2の2の場合においても同様とする。）。

三　高等学校教諭以外の教諭の二種免許状の授与の所要資格に関しては，第3種の「大学」には，文部科学大臣の指定する教員養成機関を含むものとする。

四　この表の規定により幼稚園，小学校，中学校若しくは高等学校の教諭の専修免許状若しくは一種免許状又は幼稚園，小学校，若しくは中学校の教諭の二種免許状の授与を受けようとする者については，特に必要なものとして文部科学省令で定める科目の単位を大学又は文部科学大臣の指定する教員養成機関において同様に修得していることを要するものとする（別表第2及び別表第2の2の場合においても同様とする。）。

五　第3欄に定める科目の単位は，次のいずれかに該当するものでなければならない（別表第2及び別表第2の2の場合においても同様とする。）。

　　イ　文部科学大臣が第16条の3第4項の政令で定める審議会等に諮問して免許状の授与の所要資格を得させるために適当と認める課程（以下「認定課程」という。）において修得したもの

ロ　免許状の授与を受けようとする者が認定課程以外の大学の課程又は文部科学大臣が大学の課程に相当するものとして指定する課程において修得したもので，文部科学省令で定めるところにより当該者の在学する認定課程を有する大学が免許状の授与の所要資格を得させるための教科及び教職に関する科目として適当であると認めるもの

六　前号の認定課程には，第3欄に定める科目の単位のうち，教科及び教職に関する科目（教員の職務の遂行に必要な基礎的な知識技能を修得させるためのものとして文部科学省令で定めるものに限る。）又は特別支援教育に関する科目の単位を修得させるために大学が設置する修業年限を1年とする過程を含むものとする。

七　専修免許状に係る第3欄に定める科目の単位数のうち，その単位数からそれぞれの一種免許状に係る同欄に定める科目の単位数を差し引いた単位数については，大学院の課程又は大学の専攻科の課程において修得するものとする（別表第2の2の場合においても同様とする。）。

八　一種免許状（高等学校教諭の一種免許状を除く。）に係る第3欄に定める科目の単位数は，短期大学の課程及び短期大学の専攻科で文部科学大臣が指定するものの課程において修得することができる。この場合において，その単位数からそれぞれの二種免許状に係る同欄に定める科目の単位数を差し引いた単位数については，短期大学の専攻科の課程において修得するものとする。

## ○教育職員免許法施行規則（抄）

（1954.10.27 公布，同 12.3 施行，2018.12.26 改正，2019.4.1 施行）

| 第1欄 | 最低修得単位数 | | | | | |
|---|---|---|---|---|---|---|
| | 第2欄 | 第3欄 | 第4欄 | 第5欄 | | 第6欄 |
| 教科及び教職に関する科目 | 教科及び教科の指導法に関する科目 ※1 | 教育の基礎的理解に関する科目 | 道徳，総合的な学習の時間等の指導法及び生徒指導，教育相談等に関する科目 | 教育実践に関する科目 | | 大学が独自に設定する科目 |
| 右項の各科目に含めることが必要な事項 | 教科に関する専門的事項 ※2／各教科の指導法（情報機器及び教材の活用を含む。）※3 | 思想教育の理念並びに教育に関する歴史及び／教職の意義及び教員の役割・職務内容（チーム学校運営への対応を含む。）／教育に関する社会的，制度的又は経営的事項（学校と地域との連携及び学校安全への対応を含む。）／幼児，児童及び生徒の心身の発達及び学習の過程／特別の支援を必要とする幼児，児童及び生徒に対する理解／教育課程の意義及び編成の方法（カリキュラム・マネジメントを含む。）※4 | 道徳の理論及び指導法 ※5／総合的な学習の時間の指導法 ※6／特別活動の指導法／教育の方法及び技術（情報機器及び教材の活用を含む。）※7／生徒指導の理論及び方法／教育相談（カウンセリングに関する基礎的な知識を含む。）の理論及び方法／進路指導及びキャリア教育の理論及び方法 ※8 | 教育実習 | 教職実践演習 | |
| 幼稚園教諭 専修 | 16 | 10 | 4 | 5 | 2 | 38 |
| 幼稚園教諭 一種 | 16 | 10 | 4 | 5 | 2 | 14 |
| 幼稚園教諭 二種 | 12 | 6 | 4 | 5 | 2 | 2 |
| 小学校教諭 専修 | 30 | 10 | 10 | 5 | 2 | 26 |
| 小学校教諭 一種 | 30 | 10 | 10 | 5 | 2 | 2 |
| 小学校教諭 二種 | 16 | 6 | 6 | 5 | 2 | 2 |

| | | | | | | | |
|---|---|---|---|---|---|---|---|
| 中学校教諭 | 専修 | 28 | 10(6) | 10(6) | 5(3) | 2 | 28 |
| | 一種 | 28 | 10(6) | 10(6) | 5(3) | 2 | 4 |
| | 二種 | 12 | 6(3) | 6(4) | 5(3) | 2 | 4 |
| 高等学校教諭 | 専修 | 24 | 10(4) | 8(5) | 3(2) | 2 | 36 |
| | 一種 | 24 | 10(4) | 8(5) | 3(2) | 2 | 12 |
| | 二種 | | | | | | |

※1：「幼稚園教諭」の場合，「教科及び教科の指導法」は「領域及び保育内容の指導方法」。※2：「幼稚園教諭」の場合，「教科に関する」は「領域に関する」。※3：「幼稚園教諭」の場合，「各教科の指導法」は「保育内容の指導法」。※4：「幼稚園教諭」及び「高等学校教諭」の場合は無し。※5：「幼稚園教諭」の場合は無し。※6：「幼稚園教諭」の場合は無し。※7：「幼稚園教諭」の場合，「生徒指導」は「幼児理解」。※8：「幼稚園教諭」の場合は無し。

出所：同施行規則第2，3，4，5条より筆者（山﨑）作成

## ○地方教育行政の組織及び運営に関する法律(抄)

(1956.6.30公布，同6.1施行，2018.6.8改正)

### 第1章　総則

**第1条**　この法律は，教育委員会の設置，学校その他の教育機関の職員の身分取扱その他地方公共団体における教育行政の組織及び運営の基本を定めることを目的とする。

**第1条の2**　地方公共団体における教育行政は，教育基本法（平成18年法律第120号）の趣旨にのっとり，教育の機会均等，教育水準の維持向上及び地域の実情に応じた教育の振興が図られるよう，国との適切な役割分担及び相互の協力の下，公正かつ適正に行われなければならない。

**第1条の3**　地方公共団体の長は，教育基本法第17条第1項に規定する基本的な方針を参酌し，その地域の実情に応じ，当該地方公共団体の教育，学術及び文化の振興に関する総合的な施策の大綱（以下単に「大綱」という。）を定めるものとする。

2　地方公共団体の長は，大綱を定め，又はこれを変更しようとするときは，あらかじめ，次条第1項の総合教育会議において協議するものとする。

3　地方公共団体の長は，大綱を定め，又はこれを変更したときは，遅滞なく，これを公表しなければならない。

4　第1項の規定は，地方公共団体の長に対し，第21条に規定する事務を管理し，又は執行する権限を与えるものと解釈してはならない。

**第1条の4**　地方公共団体の長は，大綱の策定に関する協議及び次に掲げる事項についての協議並びにこれらに関する次項各号に掲げる構成員の事務の調整を行うため，総合教育会議を設けるものとする。

一　教育を行うための諸条件の整備その他の地域の実情に応じた教育，学術及び文化の振興を図るため重点的に講ずべき施策

二　児童，生徒等の生命又は身体に現に被害が生じ，又はまさに被害が生ずるおそれがあると見込まれる場合等の緊急の場合に講ずべき措置

2　総合教育会議は，次に掲げる者をもって構成する。

一　地方公共団体の長

二　教育委員会

3　総合教育会議は，地方公共団体の長が招集する。

4　教育委員会は，その権限に属する事務に関して協議する必要があると思料するときは，地方公共団体の長に対し，協議すべき具体的事項を示して，総合教育会議の招集を求めることができる。

5　総合教育会議は，第一項の協議を行うに当たつて必要があると認めるときは，関係者又は学識経験を有する者から，当該協議すべき事項に関して意見を聴くことができる。

(6～9　略)

### 第2章　教育委員会の設置及び組織

**第2条**　都道府県，市（特別区を含む。以下同じ。）町村及び第21条に規定する事務の全部又は一部を処理する地方公共団体の組合に教育委員会を置く。

**第3条**　教育委員会は，教育長及び4人の委員

をもつて組織する。ただし，条例で定めるところにより，都道府県若しくは市又は地方公共団体の組合のうち都道府県若しくは市が加入するものの教育委員会にあつては教育長及び5人以上の委員，町村又は地方公共団体の組合のうち町村のみが加入するものの教育委員会にあつては教育長及び2人以上の委員をもつて組織することができる。

**第4条**　教育長は，当該地方公共団体の長の被選挙権を有する者で，人格が高潔で，教育行政に関し識見を有するもののうちから，地方公共団体の長が，議会の同意を得て，任命する。

　2　委員は，当該地方公共団体の長の被選挙権を有する者で，人格が高潔で，教育，学術及び文化（以下単に「教育」という。）に関し識見を有するもののうちから，地方公共団体の長が，議会の同意を得て，任命する。

（3〜5　略）

**第4章　教育機関**

**第44条**　県費負担教職員の人事評価は，地方公務員法第23条の2第1項の規定にかかわらず，都道府県委員会の計画の下に，市町村委員会が行うものとする。

**第45条**　県費負担教職員の研修は，地方公務員法第39条第2項の規定にかかわらず，市町村委員会も行うことができる。

　2　市町村委員会は，都道府県委員会が行う県費負担教職員の研修に協力しなければならない。

（第47条　略）

**第47条の2**　都道府県委員会は，地方公務員法第27条第2項及び第28条第1項の規定にかかわらず，その任命に係る市町村の県費負担教職員（教諭，養護教諭，栄養教諭，助教諭及び養護助教諭（同法第28条の4第1項又は第28条の5第1項の規定により採用された者（以下この項において「再任用職員」という。）を除く。）並びに講師（再任用職員及び非常勤の講師を除く。）に限る。）で次の各号のいずれにも該当するもの（同法第28条第1項各号又は第2項各号のいずれかに該当する者を除く。）を免職し，引き続いて当該都道府県の常時勤務を要する職（指導主事並びに校長，園長及び教員の職を除く。）に採用することができる。

　一　児童又は生徒に対する指導が不適切であること。

　二　研修等必要な措置が講じられたとしてもなお児童又は生徒に対する指導を適切に行うことができないと認められること。

　2　事実の確認の方法その他前項の県費負担教職員が同項各号に該当するかどうかを判断するための手続に関し必要な事項は，都道府県の教育委員会規則で定めるものとする。

　3　都道府県委員会は，第1項の規定による採用に当たつては，公務の能率的な運営を確保する見地から，同項の県費負担教職員の適性，知識等について十分に考慮するものとする。

（4　略）

## ○教員の地位に関する勧告（抄）
(1966.9.21〜10.5) 特別政府間会議採択

**前　文**

　教員の地位に関する特別政府間会議は，

　教育を受ける権利が基本的人権の一つであることを想起し，

　世界人権宣言の第26条，児童の権利宣言の第5原則，第7原則および第10原則および諸国民間の平和，相互の尊重と理解の精神を青少年の間に普及することに関する国連宣言を達成するうえで，すべての者に適正な教育を与えることが国家の責任であることを自覚し，

　不断の道徳的・文化的進歩および経済的社会的発展に本質的な寄与をなすものとして，役立てうるすべての能力と知性を十分に活用するために，普通教育，技術教育および職業教育をより広範に普及させる必要を認め，

　教育の進歩における教員の不可欠な役割，ならびに人間の開発および現代社会の発展への彼らの貢献の重要性を認識し，

　教員がこの役割にふさわしい地位を享受することを保障することに関心を持ち，

　異なった国々における教育のパターンおよび編成を決定する法令および慣習が非常に多岐にわたっていることを考慮し，

　かつ，それぞれの国で教育職員に適用される措置が，とくに公務に関する規制が教員にも適用されるかどうかによって非常に異なった種類のものが多く存在することを考慮に入れ，

　これらの相違にもかかわらず教員の地位に関してすべての国々で同じような問題が起こっており，かつ，これらの問題が，今回の勧告の作成の目的であるところの，一連の共通基準およ

び措置の適用を必要としていることを確信し,

　教員に適用される現行国際諸条約，とくに ILO 総会で採択された結社の自由及び団結権保護条約（1948 年），団結権及び団体交渉権条約（1949 年），同一報酬条約（1951 年），差別待遇（雇用及び職業）条約（1958 年），および，ユネスコ総会で採択された教育の差別待遇防止条約（1960 年）等の基本的人権に関する諸条項に注目し,

　また，ユネスコおよび国際教育局が合同で召集した国際公教育会議で採択された初中等学校教員の養成と地位の諸側面に関する諸勧告，およびユネスコ総会で，1962 年に採択された技術・職業教育に関する勧告にも注目し,

　教員にとくに関連する諸問題に関した諸規定によって現行諸基準を補足し，また，教員不足の問題を解決したいと願い,

以下の勧告を採択した。

《1　定義》

　1　本勧告の適用上,

　(a)　「教員」（teacher）という語は，学校において生徒の教育に責任を持つすべての人々をいう。

　(b)　教員に関して用いられる「地位」（status）という表現は，教員の職務の重要性およびその職務遂行能力の評価の程度によって示される社会的地位または尊敬，ならびに他の専門職集団と比較して教員に与えられる労働条件，報酬その他の物質的給付等の双方を意味する。

《2　範囲》

　2　本勧告は，公立・私立共に中等教育終了段階までの学校，すなわち，技術教育，職業教育および芸術教育を行なうものを含めて，保育園・幼稚園・初等および中間または中等学校のすべての教員に適用される。

《3　指導的諸原則》

　3　教育は，その最初の学年から，人権および基本的自由に対する深い尊敬をうえつけることを目的とすると同時に，人間個性の全面的発達および共同社会の精神的，道徳的，社会的，文化的ならびに経済的な発展を目的とするものでなければならない。これらの諸価値の範囲の中で最も重要なものは，教育が平和の為に貢献をすること，およびすべての国民の間の，そして人種的，宗教的集団相互の間の理解と寛容と友情に対して貢献することである。

　4　教育の進歩は，教育職員一般の資格と能力および個々の教員の人間的，教育学的，技術的資質に大いに依存するところが大きいことが認識されなければならない。

　5　教員の地位は，教育の目的，目標に照らして評価される教育の必要性にみあったものでなければならない。教育の目的，目標を完全に実現する上で，教員の正当な地位および教育職に対する正当な社会的尊敬が，大きな重要性をもっているということが認識されなければならない。

　6　教育の仕事は専門職とみなされるべきである。この職業は厳しい，継続的な研究を経て獲得され，維持される専門的知識および特別な技術を教員に要求する公共的業務の一種である。また，責任をもたされた生徒の教育および福祉に対して，個人的および共同の責任感を要求するものである。

　7　教員の養成および雇用のすべての面にわたって，人種，皮膚の色，性別，宗教，政治的見解，国籍または門地もしくは経済的条件にもとづくいかなる形態の差別も行なわれてはならない。

　8　教員の労働条件は，効果的な学習を最もよく促進し，教員がその職業的任務に専念することができるものでなければならない。

《5　教職への準備》

養成のための選抜

　11　教員養成課程への入学に関する政策は，必要な道徳的，知的および身体的資質を備え，かつ要求される専門的知識および技能をもった十分な数の教員を社会に提供するという必要にもとづいたものでなければならない。

教員養成課程

　19　教員養成課程の目的は，学生一人ひとりが，一般教育および個人的教養，他人を教える能力，国の内外を問わず良い人間関係の基礎をなす諸原則の理解，および，社会，文化，経済の進歩に，授業を通して，また自らの実践を通して貢献するという責任感を発展させるものでなければならない。

　20　基本的に教員養成課程は次のものを含むべきである。

　(a)　一般教養科目

　(b)　教育に応用されているような哲学・心理学・社会学・教育および比較教育の理論と歴

史・実験教育学・教育行政および各種教科の教授法等の諸科目の重要点に関する学習

(c) その学生が教えようとする分野に関する諸科目

(d) 十分に資格ある教員の指導の下での授業および課外活動指導の実習

21 (1)すべての教員は，一般教養科目，専門科目，教育学諸科目によって，大学または大学と同等の教育機関で，あるいは教員養成のための特別機関で養成されなければならない。

(2)教員養成課程の内容は，障害児施設あるいは技術・職業学校等，種別を異にする学校で，教員が果たすことを求められる任務に応じて，合理的に変更することができる。後者の場合，この課程は，工業，商業または農業の現場において習得されるべき実際経験を含みうる。

《6　教員の継続教育》

31 当局と教員は，教育の質と内容および教授技術を系統的に向上させていくことを企図する現職教育の重要性を認識しなければならない。

32 当局は，教員団体と協議して，すべての教員が無料で利用できる広範な現職教育の制度の樹立を促進しなければならない。この種の制度は，多岐にわたる手段を準備し，かつ，教員養成機関，科学・文化機関および教員団体がそれぞれ参加するものでなければならない。一時教職から離れて再び教職に戻る教員のためとくに再訓練課程を設けなければならない。

33 (1)教員がその資格を向上させ職務の範囲を変更もしくは拡大し，または，昇進を希望し，かつ，担当教科や教育分野の内容および方法について最も新しいものを常に身につけるために，講習または他の適当な便宜が考慮されるべきである。

(2)教員が，その一般教育や職業資格を向上するための書物，その他の資料を利用できるようにする諸手段が講じられなければならない。

34 教員には継続教育の課程や便宜に参加するための機会および刺激が与えられ，また教員はこれらを十分に活用すべきである。

35 学校当局は，学校が教科および教授法に関する研究成果をとり入れられるようにするため，あらゆる努力を払わなければならない。

36 当局は，教員が，継続教育を目的として，集団であれ，個人であれ，自国内および国外を旅行するのを奨励すべきであり，できるかぎり，

援助を与えなければならない。

37 国際的または地域的な規模での財政的技術的協力によって，教員の養成および継続教育のためにとられる措置が発展され補足されることが望ましい。

《7　雇用とキャリア》

身分保障

45 教職における雇用の安定と身分保障は，教員の利益にとって不可欠であることはいうまでもなく，教育の利益のためにも不可欠なものであり，たとえ学校制度，または，学校内の組織に変更がある場合でも，あくまでも保護されるべきである。

46 教員は，その専門職としての身分またはキャリアに影響する専断的行為から十分に保護されなければならない。

《8　教員の権利と責任》

職業上の自由

61 教育職は専門職としての職務の遂行にあたって学問上の自由を享受すべきである。教員は生徒に最も適した教材および方法を判断するための格別の資格を認められたものであるから，承認された計画の枠内で，教育当局の援助を受けて教材の選択と採用，教科書の選択，教育方法の採用などについて不可欠な役割を与えられるべきである。

62 教員と教員団体は，新しい課程，新しい教科書，新しい教具の開発に参加しなければならない。

63 一切の視学，あるいは監督制度は，教員がその専門職としての任務を果たすのを励まし，援助するように計画されるものでなければならず，教員の自由，創造性，責任感をそこなうようなものであってはならない。

64 (1)教員の仕事を直接評価することが必要な場合には，その評価は客観的でなければならず，また，その評価は当該教員に知らされなければならない。

(2)教員は，不当と思われる評価がなされた場合に，それに対して不服を申し立てる権利をもたなければならない。

65 教員は，生徒の進歩を評価するのに役立つと思われる評価技術を自由に利用できなければならない。しかし，その場合，個々の生徒に対していかなる不公平も起こらないことが確保されなければならない。

**66** 当局は，各種の課程および多様な継続教育への個々の生徒の適合性に関する教員の勧告を，正当に重視しなければならない。

**67** 生徒の利益となるような，教員と父母の密接な協力を促進するために，あらゆる可能な努力が払われなければならないが，しかし，教員は，本来教員の専門職上の責任である問題について，父母による不公正または不当な干渉から保護されなければならない。

## ○児童の権利に関する条約（抄）（政府訳）

(1989.11.20) 国連総会第44回総会採択

### 前 文

この条約の締約国は，

国際連合憲章において宣明された原則によれば，人類社会のすべての構成員の固有の尊厳及び平等のかつ奪い得ない権利を認めることが世界における自由，正義及び平和の基礎を成すものであることを考慮し，

国際連合加盟国の国民が，国際連合憲章において，基本的人権並びに人間の尊厳及び価値に関する信念を改めて確認し，かつ，一層大きな自由の中で社会的進歩及び生活水準の向上を促進することを決意したことに留意し，

国際連合が，世界人権宣言及び人権に関する国際規約において，すべての人は人種，皮膚の色，性，言語，宗教，政治的意見その他の意見，国民的若しくは社会的出身，財産，出生又は他の地位等によるいかなる差別もなしに同宣言及び同規約に掲げるすべての権利及び自由を享有することができることを宣明し及び合意したことを認め，

国際連合が，世界人権宣言において，児童は特別な保護及び援助についての権利を享有することができることを宣明したことを想起し，

家族が，社会の基礎的な集団として，並びに家族のすべての構成員，特に，児童の成長及び福祉のための自然な環境として，社会においてその責任を十分に引き受けることができるよう必要な保護及び援助を与えられるべきであることを確信し，

児童が，その人格の完全なかつ調和のとれた発達のため，家庭環境の下で幸福，愛情及び理解のある雰囲気の中で成長すべきであることを認め，

児童が，社会において個人として生活するた

め十分な準備が整えられるべきであり，かつ，国際連合憲章において宣明された理想の精神並びに特に平和，尊厳，寛容，自由，平等及び連帯の精神に従って育てられるべきであることを考慮し，

児童に対して特別な保護を与えることの必要性が，1924年の児童の権利に関するジュネーヴ宣言及び1959年11月20日に国際連合総会で採択された児童の権利に関する宣言において述べられており，また，世界人権宣言，市民的及び政治的権利に関する国際規約（特に第23条及び第24条），経済的，社会的及び文化的権利に関する国際規約（特に第10条）並びに児童の福祉に関係する専門機関及び国際機関の規程及び関係文書において認められていることに留意し，

児童の権利に関する宣言において示されているとおり「児童は，身体的及び精神的に未熟であるため，その出生の前後において，適当な法的保護を含む特別な保護及び世話を必要とする。」ことに留意し，

国内の又は国際的な里親委託及び養子縁組を特に考慮した児童の保護及び福祉についての社会的及び法的な原則に関する宣言，少年司法の運用のための国際連合最低基準規則（北京規則）及び緊急事態及び武力紛争における女子及び児童の保護に関する宣言の規定を想起し，

極めて困難な条件の下で生活している児童が世界のすべての国に存在すること，また，このような児童が特別の配慮を必要としていることを認め，

児童の保護及び調和のとれた発達のために各人民の伝統及び文化的価値が有する重要性を十分に考慮し，

あらゆる国特に開発途上国における児童の生活条件を改善するために国際協力が重要であることを認めて，

次のとおり協定した。

### 第1部

**第1条** この条約の適用上，児童とは，18歳未満のすべての者をいう。ただし，当該児童で，その者に適用される法律によりより早く成年に達したものを除く。

**第2条** 1 締約国は，その管轄の下にある児童に対し，児童又はその父母若しくは法定保護者の人種，皮膚の色，性，言語，宗教，政治的

意見その他の意見，国民的，種族的若しくは社会的出身，財産，心身障害，出生又は他の地位にかかわらず，いかなる差別もなしにこの条約に定める権利を尊重し，及び確保する。

2　締約国は，児童がその父母，法定保護者又は家族の構成員の地位，活動，表明した意見又は信念によるあらゆる形態の差別又は処罰から保護されることを確保するためのすべての適当な措置をとる。

第3条　1　児童に関するすべての措置をとるに当たっては，公的若しくは私的な社会福祉施設，裁判所，行政当局又は立法機関のいずれによって行われるものであっても，児童の最善の利益が主として考慮されるものとする。

2　締約国は，児童の父母，法定保護者又は児童について法的に責任を有する他の者の権利及び義務を考慮に入れて，児童の福祉に必要な保護及び養護を確保することを約束し，このため，すべての適当な立法上及び行政上の措置をとる。

3　締約国は，児童の養護又は保護のための施設，役務の提供及び設備が，特に安全及び健康の分野に関し並びにこれらの職員の数及び適格性並びに適正な監督に関し権限のある当局の設定した基準に適合することを確保する。

第12条　1　締約国は，自己の意見を形成する能力のある児童がその児童に影響を及ぼすすべての事項について自由に自己の意見を表明する権利を確保する。この場合において，児童の意見は，その児童の年齢及び成熟度に従って相応に考慮されるものとする。

2　このため，児童は，特に，自己に影響を及ぼすあらゆる司法上及び行政上の手続において，国内法の手続規則に合致する方法により直接に又は代理人若しくは適当な団体を通じて聴取される機会を与えられる。

第13条　1　児童は，表現の自由についての権利を有する。この権利には，口頭，手書き若しくは印刷，芸術の形態又は自ら選択する他の方法により，国境とのかかわりなく，あらゆる種類の情報及び考えを求め，受け及び伝える自由を含む。

2　1の権利の行使については，一定の制限を課することができる。ただし，その制限は，法律によって定められ，かつ，次の目的のために必要とされるものに限る。

(a)　他の者の権利又は信用の尊重

(b)　国の安全，公の秩序又は公衆の健康若しくは道徳の保護

第14条　1　締約国は，思想，良心及び宗教の自由についての児童の権利を尊重する。

2　締約国は，児童が1の権利を行使するに当たり，父母及び場合により法定保護者が児童に対しその発達しつつある能力に適合する方法で指示を与える権利及び義務を尊重する。

3　宗教又は信念を表明する自由については，法律で定める制限であって公共の安全，公の秩序，公衆の健康若しくは道徳又は他の者の基本的な権利及び自由を保護するために必要なもののみを課することができる。

第15条　1　締約国は，結社の自由及び平和的な集会の自由についての児童の権利を認める。

2　1の権利の行使については，法律で定める制限であって国の安全若しくは公共の安全，公の秩序，公衆の健康若しくは道徳の保護又は他の者の権利及び自由の保護のため民主的社会において必要なもの以外のいかなる制限も課することができない。

第16条　1　いかなる児童も，その私生活，家族，住居若しくは通信に対して恣意的に若しくは不法に干渉され又は名誉及び信用を不法に攻撃されない。

2　児童は，1の干渉又は攻撃に対する法律の保護を受ける権利を有する。

第28条　1　締約国は，教育についての児童の権利を認めるものとし，この権利を漸進的にかつ機会の平等を基礎として達成するため，特に，

(a)　初等教育を義務的なものとし，すべての者に対して無償のものとする。

(b)　種々の形態の中等教育（一般教育及び職業教育を含む。）の発展を奨励し，すべての児童に対し，これらの中等教育が利用可能であり，かつ，これらを利用する機会が与えられるものとし，例えば，無償教育の導入，必要な場合における財政的援助の提供のような適当な措置をとる

(c)　すべての適当な方法により，能力に応じ，すべての者に対して高等教育を利用する機会が与えられるものとする。

(d)　すべての児童に対し，教育及び職業に関する情報及び指導が利用可能であり，かつ，こ

れらを利用する機会が与えられるものとする。

(e) 定期的な登校及び中途退学率の減少を奨励するための措置をとる。

2 締約国は，学校の規律が児童の人間の尊厳に適合する方法で及びこの条約に従って運用されることを確保するためのすべての適当な措置をとる。

3 締約国は，特に全世界における無知及び非識字の廃絶に寄与し並びに科学上及び技術上の知識並びに最新の教育方法の利用を容易にするため，教育に関する事項についての国際協力を促進し，及び奨励する。これに関しては，特に，開発途上国の必要を考慮する。

**第31条** 1 締約国は，休息及び余暇についての児童の権利並びに児童がその年齢に適した遊び及びレクリエーションの活動を行い並びに文化的な生活及び芸術に自由に参加する権利を認める。

2 締約国は，児童が文化的及び芸術的な生活に十分に参加する権利を尊重しかつ促進するものとし，文化的及び芸術的な活動並びにレクリエーション及び余暇の活動のための適当かつ平等な機会の提供を奨励する。

**第32条** 1 締約国は，児童が経済的な搾取から保護され及び危険となり若しくは児童の教育の妨げとなり又は児童の健康若しくは身体的，精神的，道徳的若しくは社会的な発達に有害となるおそれのある労働への従事から保護される権利を認める。

2 締約国は，この条の規定の実施を確保するための立法上，行政上，社会上及び教育上の措置をとる。このため，締約国は，他の国際文書の関連規定を考慮して，特に，

(a) 雇用が認められるための1又は2以上の最低年齢を定める。

(b) 労働時間及び労働条件についての適当な規則を定める。

(c) この条の規定の効果的な実施を確保するための適当な罰則その他の制裁を定める。

**第33条** 締約国は，関連する国際条約に定義された麻薬及び向精神薬の不正な使用から児童を保護し並びにこれらの物質の不正な生産及び取引における児童の使用を防止するための立法上，行政上，社会上及び教育上の措置を含むすべての適当な措置をとる。

**第34条** 締約国は，あらゆる形態の性的搾取及び性的虐待から児童を保護することを約束する。このため，締約国は，特に，次のことを防止するためのすべての適当な国内，二国間及び多数国間の措置をとる。

(a) 不法な性的な行為を行うことを児童に対して勧誘し又は強制すること。

(b) 売春又は他の不法な性的な業務において児童を搾取的に使用すること

(c) わいせつな演技及び物において児童を搾取的に使用すること

**第35条** 締約国は，あらゆる目的のための又はあらゆる形態の児童の誘拐，売買又は取引を防止するためのすべての適当な国内，二国間及び多数国間の措置をとる。

**第36条** 締約国は，いずれかの面において児童の福祉を害する他のすべての形態の搾取から児童を保護する。

**第38条** 1 締約国は，武力紛争において自国に適用される国際人道法の規定で児童に関係を有するものを尊重し及びこれらの規定の尊重を確保することを約束する。

2 締約国は，15歳未満の者が敵対行為に直接参加しないことを確保するためのすべての実行可能な措置をとる。

3 締約国は，15歳未満の者を自国の軍隊に採用することを差し控えるものとし，また，15歳以上18歳未満の者の中から採用するに当たっては，最年長者を優先させるよう努める。

4 締約国は，武力紛争において文民を保護するための国際人道法に基づく自国の義務に従い，武力紛争の影響を受ける児童の保護及び養護を確保するためのすべての実行可能な措置をとる。

**第2部**

**第42条** 締約国は，適当かつ積極的な方法でこの条約の原則及び規定を成人及び児童のいずれにも広く知らせることを約束する。

**第43条** 1 この条約において負う義務の履行の達成に関する締約国による進捗の状況を審査するため，児童の権利に関する委員会（以下「委員会」という。）を設置する。委員会は，この部に定める任務を行う。

2 委員会は，徳望が高く，かつ，この条約が対象とする分野において能力を認められた10人の専門家で構成する。委員会の委員は，

締約国の国民の中から締約国により選出される
ものとし，個人の資格で職務を遂行する。その
選出に当たっては，衡平な地理的配分及び主要
な法体系を考慮に入れる。(3〜12　略)

○いじめ防止対策推進法(抄)
(2013.6.28公布，2013.9.28施行)
**第1章　総則**
(目的)
**第1条**　この法律は，いじめが，いじめを受け
た児童等の教育を受ける権利を著しく侵害し，
その心身の健全な成長及び人格の形成に重大な
影響を与えるのみならず，その生命又は身体に
重大な危険を生じさせるおそれがあるものであ
ることに鑑み，児童等の尊厳を保持するため，
いじめの防止等(いじめの防止，いじめの早期
発見及びいじめへの対処をいう。以下同じ。)
のための対策に関し，基本理念を定め，国及び
地方公共団体等の責務を明らかにし，並びにい
じめの防止等のための対策に関する基本的な方
針の策定について定めるとともに，いじめの防
止等のための対策の基本となる事項を定めるこ
とにより，いじめの防止等のための対策を総合
的かつ効果的に推進することを目的とする。
(定義)
**第2条**　この法律において「いじめ」とは，児
童等に対して，当該児童等が在籍する学校に在
籍している等当該児童等と一定の人的関係にあ
る他の児童等が行う心理的又は物理的な影響を
与える行為(インターネットを通じて行われる
ものを含む。)であって，当該行為の対象とな
った児童等が心身の苦痛を感じているものをい
う。(第2条2-4　略)
(基本理念)
**第3条**　いじめの防止等のための対策は，いじ
めが全ての児童等に関係する問題であることに
鑑み，児童等が安心して学習その他の活動に取
り組むことができるよう，学校の内外を問わず
いじめが行われなくなるようにすることを旨と
して行われなければならない。
　2　いじめの防止等のための対策は，全ての
児童等がいじめを行わず，及び他の児童等に対
して行われるいじめを認識しながらこれを放置
することがないようにするため，いじめが児童
等の心身に及ぼす影響その他のいじめの問題に
関する児童等の理解を深めることを旨として行

われなければならない。
　3　いじめの防止等のための対策は，いじめ
を受けた児童等の生命及び心身を保護すること
が特に重要であることを認識しつつ，国，地方
公共団体，学校，地域住民，家庭その他の関係
者の連携の下，いじめの問題を克服することを
目指して行われなければならない。
(いじめの禁止)
**第4条**　児童等は，いじめを行ってはならない。
(第5〜9条：国，地方公共団体，学校の設置
者，学校及び学校の教職員，保護者の責務等，
**第10条**：財政上の措置等　略)
**第2章　いじめ防止基本方針等**
(いじめ防止基本方針)
**第11条**　文部科学大臣は，関係行政機関の長
と連携協力して，いじめの防止等のための対策
を総合的かつ効果的に推進するための基本的な
方針(以下「いじめ防止基本方針」という。)
を定めるものとする。(第11条2　略)
**第3章　基本的施策**
(いじめの早期発見のための措置)
**第16条**　学校の設置者及びその設置する学校
は，当該学校におけるいじめを早期に発見する
ため，当該学校に在籍する児童等に対する定期
的な調査その他の必要な措置を講ずるものとする。
(第16条2-4　略)
**第4章　いじめの防止等に関する措置**
(いじめに対する措置)
**第23条**　学校の教職員，地方公共団体の職員
その他の児童等からの相談に応じる者及び児童
等の保護者は，児童等からいじめに係る相談を
受けた場合において，いじめの事実があると思
われるときは，いじめを受けたと思われる児童
等が在籍する学校への通報その他の適切な措置
をとるものとする。(第23条2-5　略)
6.　学校は，いじめが犯罪行為として取り扱わ
れるべきものであると認めるときは所轄警察署
と連携してこれに対処するものとし，当該学校
に在籍する児童等の生命，身体又は財産に重大
な被害が生じるおそれがあるときは直ちに所轄
警察署に通報し，適切に，援助を求めなければ
ならない。
(出席停止制度の適切な運用等)
**第26条**　市町村の教育委員会は，いじめを行
った児童等の保護者に対して学校教育法第35
条第1項(同法第49条において準用する場合

を含む。）の規定に基づき当該児童等の出席停止を命ずる等，いじめを受けた児童等その他の児童等が安心して教育を受けられるようにするために必要な措置を速やかに講ずるものとする。
（以下略）

## ○子どもの貧困対策の推進に関する法律
（2013.6.26 公布，2014.1.17 施行）

### 第1章　総則
（目的）
**第1条**　この法律は，子どもの将来がその生まれ育った環境によって左右されることのないよう，貧困の状況にある子どもが健やかに育成される環境を整備するとともに，教育の機会均等を図るため，子どもの貧困対策に関し，基本理念を定め，国等の責務を明らかにし，及び子どもの貧困対策の基本となる事項を定めることにより，子どもの貧困対策を総合的に推進することを目的とする。
（基本理念）
**第2条**　子どもの貧困対策は，子ども等に対する教育の支援，生活の支援，就労の支援，経済的支援等の施策を，子どもの将来がその生まれ育った環境によって左右されることのない社会を実現することを旨として講ずることにより，推進されなければならない。
2　子どもの貧困対策は，国及び地方公共団体の関係機関相互の密接な連携の下に，関連分野における総合的な取組として行われなければならない。
（国の責務）
**第3条**　国は，前条の基本理念（次条において「基本理念」という。）にのっとり，子どもの貧困対策を総合的に策定し，及び実施する責務を有する。
（地方公共団体の責務）
**第4条**　地方公共団体は，基本理念にのっとり，子どもの貧困対策に関し，国と協力しつつ，当該地域の状況に応じた施策を策定し，及び実施する責務を有する。
（国民の責務）
**第5条**　国民は，国又は地方公共団体が実施する子どもの貧困対策に協力するよう努めなければならない。
（法制上の措置等）
**第6条**　政府は，この法律の目的を達成するた

め，必要な法制上又は財政上の措置その他の措置を講じなければならない。
（子どもの貧困の状況及び子どもの貧困対策の実施の状況の公表）
**第7条**　政府は，毎年一回，子どもの貧困の状況及び子どもの貧困対策の実施の状況を公表しなければならない。

### 第2章　基本的施策
（子どもの貧困対策に関する大綱）
**第8条**　政府は，子どもの貧困対策を総合的に推進するため，子どもの貧困対策に関する大綱（以下「大綱」という。）を定めなければならない。
2　大綱は，次に掲げる事項について定めるものとする。
　　一　子どもの貧困対策に関する基本的な方針
　　二　子どもの貧困率，生活保護世帯に属する子どもの高等学校等進学率等子どもの貧困に関する指標及び当該指標の改善に向けた施策
　　三　教育の支援，生活の支援，保護者に対する就労の支援，経済的支援その他の子どもの貧困対策に関する事項
　　四　子どもの貧困に関する調査及び研究に関する事項（3－6項　略）
（都道府県子どもの貧困対策計画）
**第9条**　都道府県は，大綱を勘案して，当該都道府県における子どもの貧困対策についての計画（次項において「計画」という。）を定めるよう努めるものとする。
2　都道府県は，計画を定め，又は変更したときは，遅滞なく，これを公表しなければならない。
（教育の支援）
**第10条**　国及び地方公共団体は，就学の援助，学資の援助，学習の支援その他の貧困の状況にある子どもの教育に関する支援のために必要な施策を講ずるものとする。
（**第11条**（生活の支援），**第12条**（保護者に対する就労の支援），**第13条**（経済的支援）　略）
（調査研究）
**第14条**　国及び地方公共団体は，子どもの貧困対策を適正に策定し，及び実施するため，子どもの貧困に関する調査及び研究その他の必要な施策を講ずるものとする。

### 第3章　子どもの貧困対策会議
（設置及び所掌事務等）

第15条 内閣府に, 特別の機関として, 子ど もの貧困対策会議（以下「会議」という。）を 置く。(2-5項 略)
(以下略)

## ○公立の義務教育諸学校等の教育職員の給与等に関する特別措置法(抄)

(1971.5.28 公布, 1972.1.1 施行, 2019.12.3 公布, 5 条関係 2021.4.1 及び 7 条関係 2020.4.1 に各施行)

**第1条** この法律は, 公立の義務教育諸学校等 の教育職員の職務と勤務態様の特殊性に基づき, その給与その他の勤務条件について特例を定め るものとする。

**第2条** この法律において,「義務教育諸学校 等」とは, 学校教育法（昭和 22 年法律第 26 号）に規定する公立の小学校, 中学校, 義務教 育学校, 高等学校, 中等教育学校, 特別支援学 校又は幼稚園をいう。

2 この法律において,「教育職員」とは, 義務教育諸学校等の校長（園長を含む。次条第 1 項において同じ。）, 副校長（副園長を含む。 同項において同じ。）, 教頭, 主幹教諭, 指導教 諭, 教諭, 養護教諭, 栄養教諭, 助教諭, 養護 助教諭, 講師（常時勤務の者及び地方公務員法 （昭和 25 年法律第 261 号）第 28 条の 5 第 1 項 に規定する短時間勤務の職を占める者に限る。）, 実習助手及び寄宿舎指導員をいう。

**第3条** 教育職員（校長, 副校長及び教頭を除 く。以下この条において同じ。）には, その者 の給料月額の 100 分の 4 に相当する額を基準と して, 条例で定めるところにより, 教職調整額 を支給しなければならない。

2 教育職員については, 時間外勤務手当及 び休日勤務手当は, 支給しない。

3 第 1 項の教職調整額の支給を受ける者の 給与に関し, 次の各号に掲げる場合においては, 当該各号に定める内容を条例で定めるものとす る。

一 地方自治法（昭和 22 年法律第 67 号）第 204 条第 2 項に規定する地域手当, 特地勤務手 当（これに準ずる手当を含む。）, 期末手当, 勤 勉手当, 定時制通信教育手当, 産業教育手当又 は退職手当について給料をその算定の基礎とす る場合 当該給料の額に教職調整額の額を加え た額を算定の基礎とすること。

二 休職の期間中に給料が支給される場合 当該給料の額に教職調整額の額を加えた額を支 給すること。

(三～四 略)

**第4条** 前条の教職調整額の支給を受ける者に 係る次に掲げる法律の規定及びこれらに基づく 命令の規定の適用については, 同条の教職調整 額は, 給料とみなす。

一 地方自治法

二 市町村立学校職員給与負担法（昭和 23 年法律第 135 号）

三 へき地教育振興法（昭和 29 年法律第 143 号）

四 地方公務員等共済組合法（昭和 37 年法 律第 152 号）

五 地方公務員等共済組合法の長期給付等に 関する施行法（昭和 37 年法律第 153 号）

六 地方公務員災害補償法（昭和 42 年法律 第 121 号）

**第5条** 教育職員については, 地方公務員法第 58 条第 3 項本文中「第 2 条,」とあるのは「第 32 条の 4 第 1 項中「当該事業場に, 労働者の 過半数で組織する労働組合がある場合において はその労働組合, 労働者の過半数で組織する労 働組合がない場合においては労働者の過半数を 代表する者との書面による協定により, 次に掲 げる事項を定めたときは」とあるのは「次に掲 げる事項について条例に特別の定めがある場合 は」と,「その協定」とあるのは「その条例」 と,「当該協定」とあるのは「当該条例」と, 同項第 5 号中「厚生労働省令」とあるのは「文 部科学省令」と, 同条第 2 項中「前項の協定で 同項第 4 号の区分をし」とあるのは「前項第 4 号の区分並びに」と,「を定めたときは」とあ るのは「について条例に特別の定めがある場合 は」と,「当該事業場に, 労働者の過半数で組 織する労働組合がある場合においてはその労働 組合, 労働者の過半数で組織する労働組合がな い場合においては労働者の過半数を代表する者 の同意を得て, 厚生労働省令」とあるのは「文 部科学省令」と, 同条第 3 項中「厚生労働大臣 は, 労働政策審議会」とあるのは「文部科学大 臣は, 審議会等（国家行政組織法（昭和 23 年 法律第 120 号）第 8 条に規定する機関をいう。） で政令で定めるもの」と,「厚生労働省令」と あるのは「文部科学省令」と,「協定」とある

のは「条例」と，同法第33条第3項中「官公署の事業（別表第1に掲げる事業を除く。）」とあるのは「別表第1第12号に掲げる事業」と，「労働させることができる」とあるのは「労働させることができる。この場合において，公務員の健康及び福祉を害しないように考慮しなければならない」と読み替えて同法第32条の4第1項から第3項まで及び第33条第3項の規定を適用するものとし，同法第2条，」と，「から第32条の5 まで」とあるのは「，第32条の3の二，第32条の4の二，第32条の5，第37条」と，「第53条第1項」とあるのは「第53条第1項，第66条（船員法第88条の2の二第4項及び第5項並びに第88条の3第4項において準用する場合を含む。）」と，「規定は」とあるのは「規定（船員法第73条の規定に基づく命令の規定中同法第66条に係るものを含む。）は」と，同条第4項中「同法第37条第3項中「使用者が，当該事業場に，労働者の過半数で組織する労働組合があるときはその労働組合，労働者の過半数で組織する労働組合がないときは労働者の過半数を代表する者との書面による協定により」とあるのは「使用者が」と，同法」とあるのは「同法」と読み替えて同条第3項及び第4項の規定を適用するものとする。

**第6条** 教育職員（管理職手当を受ける者を除く。以下この条において同じ。）を正規の勤務時間（一般職の職員の勤務時間，休暇等に関する法律（平成6年法律第33号）第5条から第8条まで，第11条及び第12条の規定に相当する条例の規定による勤務時間をいう。第3項及び次条第1項において同じ。）を超えて勤務させる場合は，政令で定める基準に従い条例で定める場合に限るものとする。

（2～3　略）

**第7条** 文部科学大臣は，教育職員の健康及び福祉の確保を図ることにより学校教育の水準の維持向上に資するため，教育職員が正規の勤務時間及びそれ以外の時間において行う業務の量の適切な管理その他教育職員の服務を監督する教育委員会が教育職員の健康及び福祉の確保を図るために講ずべき措置に関する指針（次項において単に「指針」という。）を定めるものとする。

2 文部科学大臣は，指針を定め，又はこれを変更したときは，遅滞なく，これを公表しなければならない。

## ○教員研修の実施体系

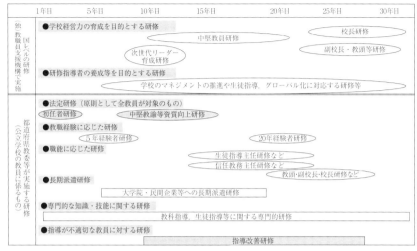

出所：文部科学省HP（2013.12.26取得，参照）

## ○戦前日本（昭和19年）の学校系統図

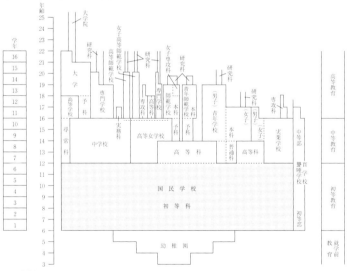

注：■■部分は義務教育を示す。
出所：文部省『学制百二十年史』ぎょうせい，1992年

## ○戦後日本の学校系統図（現行）

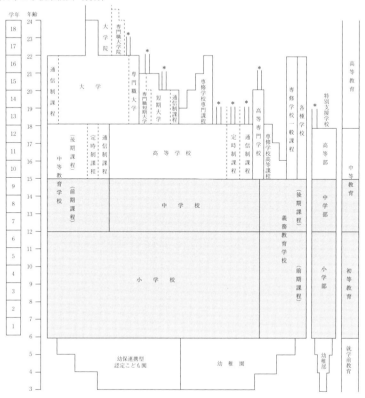

注：□部分は義務教育を示す。＊印は専攻科を示す。高等学校，中等教育学校後期課程，大学，短期大学，特別支援学校高等部には修業1年以上の別科を置くことができる。幼保連携型認定こども園は，学校かつ児童福祉施設であり0〜2歳児も入園することができる。専修学校の一般課程と各種学校については年齢や入学資格を一律に定めていない。

出所：文部省『教育指標の国際比較　平成31（2019）年版』

## ○アメリカ合衆国の学校系統図

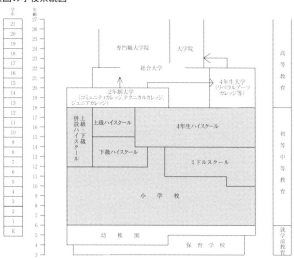

## ○イギリスの学校系統図

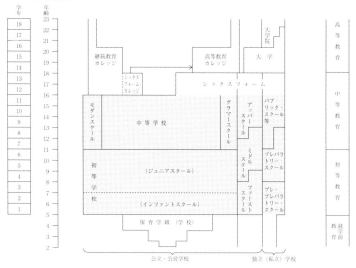

注：▨部分は義務教育を示す。
出所：文部科学省，上下とも同前

# キーワード一覧

[編著者]

山﨑　準二（やまざき　じゅんじ）
　　1953 年生まれ。
　　学習院大学教授
　　〈主要著書〉
　　『教師のライフコース研究』創風社，2002 年
　　『教師の発達と力量形成』創風社，2012 年
　　『教師という仕事・生き方〔第 2 版〕』（編著）日本標準，2009 年
　　『考える教師—省察，創造，実践する教師—』（共著）学文社，2012 年

矢野　博之（やの　ひろし）
　　1965 年生まれ。
　　大妻女子大学教授
　　〈主要著書〉
　　『教職論』（共著）学文社，2012 年
　　シリーズ『こどもの世界』（全 3 巻）大学図書出版，2013 年
　　『部活動　その現状とこれからのあり方』（共著）学事出版，2006 年
　　『リフレクション入門』（共著）学文社，2019 年

新・教職入門　改訂版

2014年 3 月28日　　第 1 版第 1 刷発行
2018年 4 月 5 日　　第 1 版第 5 刷発行
2020年 3 月25日　　改訂版第 1 刷発行
2023年11月20日　　改訂版第 4 刷発行

　　　　　　　　　　　　　　　編著者　　山﨑　準二

　　　　　　　　　　　　　　　　　　　　矢野　博之

発行者　田 中 千 津 子　　〒153-0064　東京都目黒区下目黒 3 - 6 - 1
　　　　　　　　　　　　　　電話　03（3715）1501 代
　　　　株式　学 文 社　　FAX　03（3715）2012
発行所　会社　　　　　　　　http://www.gakubunsha.com

ISBN 978-4-7620-2960-8